相澤　央著

越後と佐渡の古代社会

出土文字資料の読解

高志書院刊

序

本書は、越後国・佐渡国(現在の新潟県域)を研究対象として、古代国家による地域支配の実態や、地域社会の実像を探ろうとしたものである。

周知のとおり、古代律令国家は律令法に基づき、列島各地域を支配しようとした。しかし、その支配の対象となる各地域は、自然的にも、文化的にも、歴史的にも、それぞれの個性(地域性)を有し多様である。古代国家による地域支配が実現された場面では、このような地域の多様性に対応した、様々な支配の実態があったと考えられる。そのため、古代国家による地域支配の実態や、地域社会の実像を明らかにするためには、研究対象を特定の地域に限定して考察することが有効な方法であると考える。そして、各地域における実態的研究を積み重ね、集積・統合することによって、総体としての律令国家による地域支配の実態や地域社会の実像に迫ることができるのであろう。

しかし、古代の地域史に関する文献史料は少なく、それは地域を限定すればなおさらである。このような状況において、近年多く出土する木簡、墨書土器、漆紙文書などの出土文字資料は、いまや地域の古代史を考察するうえで欠かせない資料となっている。平川南氏(『漆紙文書の研究』一九八九年、『墨書土器の研究』二〇〇〇年、『古代地方木簡の研究』二〇〇三年、いずれも吉川弘文館)、高島英之氏(『古代出土文字資料の研究』(二〇〇〇年、東京堂出版)、三上喜孝氏(『日本古代の文字と地方社会』吉川弘文館、二〇一四年)らの出土文字資料を用いた研究によって、古代の地域の実像が明らかにされてきている。

ところで、本書が研究の対象とする越後国・佐渡国は、地下水位が高いため有機質遺物が残りやすく、これまでに多くの木簡が出土している。二〇一五年現在の出土点数は五九二点であり、この内二〇〇点が古代の木簡である。また、漆紙文書は七点、墨書土器は四〇〇〇点以上出土している。古代の越後・佐渡に関する文献史料は非常に少ない。しかし、これらの出土文字資料を活用することよって、文献史料だけでは明らかにできなかった、より具体的な古代の越後・佐渡の実像を解明できるのであり、ここに本書の目的がある。以下、各章の内容を簡単に述べる。

第一編には、越後国と律令国家の蝦夷政策との関わりについて考察した論考を収載した。

第一章「越後国の成立と蝦夷政策」（初出は『新潟史学』五八、二〇〇七年）では、越後国の成立期における領域変遷について検討し、それが蝦夷政策に対する令制国としての対応の仕方の変化と関わることを指摘した。律令国家は蝦夷集団の居住地域に城柵を設置し、柵戸を導入して、蝦夷政策の実施を専らとする地域を一国として切り離し、それ以外の地域を日常的な蝦夷問題から解放する方針をとったが、日常的な蝦夷問題から解放された地域でも、臨時的な後方支援の役割を担っており、越前・越中を含めた旧越（高志）国にそれが認められることを論じた。

第二章「古代北疆地域の郡制支配」（初出は小林昌二・小嶋芳孝編『日本海域歴史大系第一巻古代編Ｉ』清文堂出版、二〇〇五年）では、古代の辺境に位置する越後国沼垂郡・磐船郡の地域的特質について検討した。両郡は蝦夷が居住し、城柵が設置され、柵戸が導入された地域でありながら、調・庸が京進されるなど、陸奥・出羽の辺境地域とは異なる特質を有しており、ここに日本古代国家の中華思想の特質が現出していることを指摘した。

第三章「律令国家の蝦夷政策と古代越後国」（初出は『歴史評論』六四三、二〇〇三年）では、近年出土の木簡資料を用いて越後国の地域的特質について考察した。越後国は歴史的性格の異なる二つの地域から構成されているが、出土木簡の検討の結果、その辺境としての性格は阿賀野川以北の地域（初期越後国）の歴史に起因すると考えられることを指摘した。

第二編には、越後国における国郡制の支配や地域開発に関わる論考を収載した。

第一章「長岡市八幡林遺跡と郡の支配」(初出は『新潟史学』四〇、一九九八年)では、八幡林遺跡出土の墨書土器の分析を起点として、古代の郡支配の実態について考察した。郡内がいくつかの地域に分割され、郡司(大領・少領)が各地域を専当的に支配していることや、郡司による地域支配が伝統的な豪族的支配に依存しながらも、官僚制的な支配システムによってはじめて実現していることを指摘した。

第二章「長岡市下ノ西遺跡出土の出挙関係木簡について」(初出は『上越市史研究』四、一九九九年)では、下ノ西遺跡から出土した出挙に関わる木簡の検討を通して、これまで不明な点の多かった、末端における出挙運営の実態について考察した。出挙稲の収納・集計が段階的にシステム化されて行われていることを指摘した。

第三章「上越市榎井A遺跡出土木簡と古代の頸城郡」(新稿)では、榎井A遺跡から出土した木簡について機能面を中心とした考察を行った。出土した木簡は古代荘園における田打ち労働終了後に行われた神事の際に、人夫に支給される功賃と神事で使用される物品を書き上げた記録簡と考えられる。また、荘園開発に頸城郡の郡領氏族の関与が想定されることを指摘した。

第四章「新潟市駒首潟遺跡出土木簡と九世紀の越後国」(初出は『新潟史学』六四、二〇一〇年)では、駒首潟遺跡出土木簡に記された「諸王臣資人」の検討を起点として、九世紀の越後国の様相について考察した。九世紀の越後には、「諸王臣資人」の記載にうかがえるように富豪層が存在し、王臣家や土着した貴族と結託して国郡と対立したり、富豪層同士で争ったりしている状況がうかがえることを論じた。

第三編には、越後国の交通に関する論考を収めた。

第一章「柏崎市箕輪遺跡出土木簡の「駅家村」と交通」(初出は『前近代の潟湖河川交通と遺跡立地の地域史的研究』二〇〇〇~二〇〇三年度科学研究費補助金基盤研究A2研究成果報告書:研究代表者小林昌二、二〇〇四年)では、箕輪遺跡

出土木簡に記された「駅家村」の実態や、駅家周辺の景観などについて考察した。駅家村は駅家経営のために設定された計画村落と考えられ、その景観としては、駅家施設を中心に、駅戸集団の居住区と耕作地を内部に含む一定の領域が想定されることなどを指摘した。

第二章「古代越後平野の内水面交通」(初出は『日本古代の運河と水上交通』八木書店、二〇一五年。原題は「出土文字資料からみた古代越後平野の内水面交通」)では、津(港)と考えられる遺跡から出土した文字資料の検討を通して、古代越後平野における内水面交通の実態を考察した。陸上交通や海上交通との結節点に位置する遺跡からは国レベルの施設の存在をうかがわせる文字資料が出土しており、国内の交通の要衝を、国府が直接掌握していることなどを指摘した。

第四編には、佐渡国に関わる論考を収めた。

第一章「佐渡国の贄」(初出は『新潟史学』四九、二〇〇二年)では、平城京二条大路から出土した佐渡国の木簡について検討し、それがワカメの贄に付された荷札木簡であること。贄が海人の集団労働によって調達されたと考えられることなどを指摘した。また、『延喜式』にみられる佐渡鰒に対する特殊な扱いから、北方の境界地域である佐渡国から貢進された物品に対する特別な認識があったことなどを指摘した。

第二章「北の辺境・佐渡国の特質」(初出は小林昌二編『古代の越後と佐渡』高志書院、二〇〇五年)では、古代国家によって国土の北の境界と位置付けられた佐渡国の諸特質について検討した。佐渡国が、大陸や朝鮮半島諸国との間の緊張関係の中で辺要国に位置付けられたことや、孤島であることが流刑地とされた根本的な要因であることなどを指摘した。

第三章「佐渡国の鵜」(新稿)では、『日本後紀』の一篇の記事を起点として、佐渡国と鵜との関係や古代王権と鵜・鵜飼漁との関わりについて検討した。佐渡国からは毎年、鵜が貢進されていたことや、鵜飼漁がその特殊な漁法から、王権によって特殊視されていた可能性のあることなどを指摘した。

以上、四編十二章にわたる考察によって、古代の越後国・佐渡国に展開した古代律令国家の支配の実態や、地域社会の実像の一端を明らかにできたものと考える。律令国家による越後国の支配は、蝦夷の居住域に接し、また国内にも蝦夷が居住するという特殊性ゆえに、他の地域の支配とは異なる特質を有していた。そしてこの特質は、同じように蝦夷の居住域を含む陸奥国・出羽国の支配とも異なるものであった。また、佐渡国に対する支配おいても、律令国家によって北の辺要国に位置付けられたことに起因する特殊性がみられた。一方、古代の越後・佐渡の地域社会では、地質や地形、気候など、それぞれの地域の自然環境に適応した、人々のさまざまな生活が営まれていた。

木簡・墨書土器等の出土文字資料が増えたとはいえ、絶対的な資料不足に変わりはなく、本書の考察も多くの推測をまじえている。しかし、得られる資料を最大限に活用して、現段階での仮説を提示しておくことが、今後の研究の進展のために必要な作業であろう。

目次

第一編　越後国と蝦夷政策

第一章　越後国の成立と蝦夷政策

はじめに

和銅五(七一二)年、出羽国の建国によって、越後国の北限は画され、後代に受け継がれる越後国の領域が確定した。(1) ここにいたるまで、越後国の領域は幾度かの変遷をたどる。本章では、越後国の成立に至るまでの領域変遷について、その歴史的意義を考察する。

越後国は、その北方に蝦夷集団が存在し、また、内部にも蝦夷集団を抱える国であった。(2) 繰り返された国域の変遷に、律令国家の蝦夷政策が関係していることは確実である。とくに国域の変遷は、蝦夷政策に対して、人的・物的負担の点も含めて、令制国としてどのように対応するのかということが深く関わっていると考えられる。このような視点に立つ先行研究として、工藤雅樹氏の研究がある。(3) 工藤氏は、石城・石背国の分置、広域陸奥国の復活という、陸奥国の国域変遷について検討し、国域の変遷が蝦夷政策に対する令制国としての関わり方や、支援体制の変化と関係していることを指摘した。この中で工藤氏は出羽国の越後国からの分置・建国についても触れている。しかし、越後国の領域変遷には、その前段階があり、変遷過程を全体として考察する必要がある。以下、次のような越後国の領域変遷の過程に従って検討する。

一、越(高志)国…越前・越中・越後・佐渡に分割される以前
二、初期越後国…越国の分割以降、大宝二(七〇二)年の越中四郡の編入まで
三、広域越後国…越中四郡の編入以降、和銅五年の出羽建国まで
四、越後国の成立…出羽建国以降

また、蝦夷政策に対する令制国としての関わり方については、次のような相違に注意して考察する。
①職員令大国条に規定される饗給・征討・斥候など、直接的に蝦夷集団と関わり、日常的に蝦夷問題を扱う。
②柵戸の移配や征討軍派遣の際の人的・物的負担など、後方支援的な役割で臨時的に蝦夷問題に関わる。

一　越(高志)国

越前・越中・越後・佐渡に分割される以前、北陸地方の大部分は越(高志)国という一つの広大な国であった[4]。越国の成立時期については、常駐性を伴う「国司」の派遣が大化期に始まるとされ[5]、また、孝徳期において「国―評」の地方行政機構・行政区画の初現的な姿が現れるとされていることから[6]、孝徳期に成立の淵源を求められるだろう。越国については、近年、次のような木簡が出土している。

○奈良県明日香村飛鳥池遺跡出土木簡[7]
・「<高志□新川評　」
・「<石□〔背カ〕五十戸大□〔家カ〕□目」　一三五×二四×六　〇三二型式

飛鳥池遺跡南地区の水溜SX一二二八から出土。「新川評石背五十戸」は『和名類聚抄』の越中国新川郡石勢郷に該当する。オモテ面の二文字目と四文字目の間は一文字半分のスペースがあるが、「国」字のみが記されていた可能

性が高いとされる。

○奈良県明日香村飛鳥京跡苑池遺構出土木簡[8]

・「高志国利浪評　　」

・「ツ非野五十戸造鳥」　　一一四×(一八)×六　　〇八一型式

飛鳥京跡苑池遺構のⅣ―2トレンチ導水路SD〇〇一三から出土。「利浪評」は後の越中国砺波郡にあたるが、「ツ非野五十戸」に該当する郷名は『和名類聚抄』にみられない。

どちらも「評―里」制より古い「評―五十戸」制下の木簡である。五十戸表記から里表記への改称時期は天武期末年から持統期初年にかけてであり、大局的にみて五十戸表記は天武期以前、里表記は持統期以後とされている[9]。これらの荷札木簡は、分割以前の越(高志)国の実在を示すとともに、税物の貢進主体として記されていることから、越(高志)国が地方行政組織として機能していたことを示している。

さて、分割以前の越国の特異な点は、その広大な領域にある。後の越前・越中・越後・佐渡の地域であり、北陸道のほぼ全域にあたる。とくに、その北辺は、『日本書紀』皇極天皇元(六四二)年九月癸酉条に「越辺蝦夷、数千内附」とあるように、蝦夷が居住する地域であり、そのため、大化三(六四七)年には渟足柵、翌四年には磐舟柵が設置された。このような、行政運営の点で不利と考えられる広大な領域を、何故一つの「国」としたのであろうか。

そもそも越国の「コシ」とは、ヤマト政権の側からする東日本の日本海側一帯を対象とする地域呼称である[10]。つまり、ヤマト政権は「コシ」を一つの「地域」として認識していたのである。このことが、越国が広大な領域を擁する一国として成立した前提であろうが、孝徳期の「国司」派遣が、複数の国造の上に、行政単位として適切な範囲となるように行われたという指摘からすれば[11]、行政単位としては全く不適切と思われる広い領域からなる越国については、さらに他の要因があるように考えられる[12]。

まず、想定される理由としては、コシが、ヤマト政権の側の認識だけではなく、本来的に一個の「地域」として自律性の強い地域であり、その自律的地域をそのまま「国」としたということが考えられよう。「国造本紀」によると、コシには、十二の国造の名が記されている。[13] コシの地域としての自律性を考えるとき、これらの国造の存立形態を検討する必要がある。

『日本書紀』欽明天皇三十一（五七〇）年四月乙酉条

夏四月甲申朔乙酉、幸二泊瀬柴籬宮一、越人江渟臣裙代、詣レ京奏曰、高麗使人、辛二苦風浪一、迷失二浦津一、任レ水漂流、忽到二着岸一、郡司隠匿、故臣顕奏、詔曰、朕承二帝業一、若干年、高麗迷レ路、始到二越岸一、雖レ苦二漂溺一、尚全二性命一、豈非二徽猷広被、至徳巍々、仁化傍通、洪恩蕩々一者哉、有司、宜於二山背国相楽郡一、起レ館浄治、厚相資養、

『同』同年五月条

五月、遣二膳臣傾子於越一、饗二高麗使一、〈傾子、此云二舸拕部古一、〉大使審知二膳臣是皇華使一、乃謂二道君一曰、汝非二天皇一、果如二我疑一、汝既伏拝二膳臣一、倍復足レ知二百姓一、而前詐レ余、取レ調入レ己、宜二速還一之、莫二煩飾語一、膳臣聞之、使三人探二索其調一、具為与之、還レ京復命、

これらの史料からは、漂着した高句麗使をめぐって、天皇と詐称して使を隠匿した「郡司」（＝国造、道君）と、それを朝廷に奏上した「越人江渟臣裙代」の対抗関係を読み取ることができる。道君は「国造本紀」に記された「加我（宜）国造」、江渟臣は「江渟国造」と考えられることから、[14] コシでは隣接する国造が対立する場面のあったことがうかがえる。コシの国造たちは、それぞれ独立性を有して存在しており、場合によっては対立・対抗するような関係だったのである。一事例ではあるが、コシを、自律性を有する一つの「地域」と考えることは難しいのではなかろうか。何より、のちの北陸道のほぼ全域という広大な領域を考えた場合、自律的な「地域」としての一括性は想定しがたい

と思われる。

広大な領域を一個の「国」とした理由としては、国家の政策的要因も考えられるだろう。

ここで、越国と同様に、広大な領域が一国とされ、のちに前・（中）・後に分割された地域について考えてみたい。そのような例として、吉備・筑紫・豊・肥があげられる。(15)興味深いことは、これらの地域が、後に辺要とされる西海道の地域であったり、総領が派遣されたりする地域であることである。つまり、軍事的に重要な地域という共通性が認められよう。

越国について具体的にみると、先述したように、越国は北辺に蝦夷が居住する国である。コシと蝦夷政策との関係については、コシの中でも後の越後との関わりで論じられることが多い。これに対して、米沢康氏は、大化以降、持統期までの『日本書紀』のコシに関する記載が、蝦夷との関係になるものが圧倒的であることから、改新から持統期に至る間のコシの歴史的地域性は、ヤマト政権の蝦夷政策によって特徴付けられるとする。(16)越国と蝦夷政策との関わりを考える際、越国全体として考察する視点は重要である。この時期の越国と蝦夷との関わりでは、当然、阿倍比羅夫の北方遠征が検討の対象となる。この点についても、すでに米沢氏の論考がある。(17)氏の論考などによりながら、比羅夫の遠征軍の特徴について確認しておきたい。

比羅夫は、少なくとも斉明天皇四（六五八）・五・六年の三年間に毎年一度ずつ遠征を行ったと考えられている。(18)その軍は、「船師一百八十艘」（『日本書紀』斉明天皇四年四月条、同五年三月是月条）、「船師二百艘」（『同』斉明天皇六年三月条）などと記されているように、水軍が中心であった。そして、その水軍を構成していたのは、越国の国造氏族をはじめとする豪族たちであった。つまり、斉明天皇五年の遠征における論功行賞で、道奥や越の「国司」とともに、「郡領」や「主政」が位階を授かっており、これら「郡領」や「主政」は、比羅夫の軍に動員された越国の諸豪族と考えられている。また、斉明天皇六年の粛慎との戦闘では、能登地方の国造氏族出身と考えられる能登臣馬身龍が戦死している。一方、比羅夫の水軍には、越国の北辺に導入された柵戸も動員されている。斉明天皇四年の遠征における論功行賞では、「都岐沙羅柵造」や「渟足柵造大伴君稲積」が位階を授かっている。つまり、比羅夫の水軍は、越国全域の豪族や柵戸で構成されていたのである。

このような越国全域からの兵力動員が可能であったのは、比羅夫が「越国守」という地位にあった(『日本書紀』斉明天皇四年是歳条)ことによると考えられるが、注意しておきたいことは、越国が、全体として比羅夫の北方遠征に関わる負担を担っているという点である。兵力の動員という人的負担だけでなく、おそらく、物的負担も越国全体で担っていたであろう。ここに広大なコシの地域が、「越国」という一国で統括された理由を求めることができるのではなかろうか。つまり、「越国」は北辺に蝦夷集団の居住域を含むことから、直接的に蝦夷集団と関わり、日常的に蝦夷問題を扱うとともに、征討の際の大規模な兵力の動員や経済的負担という、臨時的な人的・物的負担をも担う地域とされ、そのために、広大な領域を「越国」という一国で統括したのであり、蝦夷政策という国家の政策的要請による、政治的領域として誕生したのであろう。越国と同様に、広い領域が一国とされた吉備や筑紫、豊、肥などについても、辺境政策における人的・物的負担という政策的要請によって成立したのではなかろうか。

ところで、同じ越国でも、開発の進展度や生産力において国内に差異がある。とくに、のちの越後地域(大宝二年以降の越後)は、製鉄遺跡や須恵器窯などの生産遺跡の成立が越中以西よりも遅れ、また、生産力も極めて低い地域であったことが指摘されている。[19] 一国全体で蝦夷政策における人的・物的負担を担う越国においては、このような地域に対する開発の促進、生産力の向上が課題であったと思われる。この点については、次のような木簡が出土している。

○新潟県長岡市八幡林遺跡出土第四号木簡[20]

「<射水臣□□□□×　　(一〇〇)×二二×五　　〇三九型式

○同遺跡出土第二三号木簡(21)

「当荷取文　合駄馬廿七匹与綱丁并夫十二人

綱丁□〔四米カ〕□六斗五升□　呉マ八千万呂進丁□〔科カ〕濃人□×

夫八持内子鮭廿□　□八千万呂進丁神人浄□×

鮭□□□　物マ□万呂進丁□田□×

□四□　刑部□進丁□□×

□進丁日置蓑万呂持内子鮭四隻米一斗

又千進丁能等豊万呂持内子鮭四隻米一斗

万呂進丁物マ□〔黒カ〕栖持内子鮭三隻米一斗

×渕万呂持内子鮭×

(三〇〇)×(七〇)×四　〇八一型式

これらの木簡は、四面庇付建物跡が検出された舌状丘陵の南側に広がる低地のI地区から出土した。土器の年代観から八世紀末から九世紀前半のものと考えられている。

この他、同遺跡出土の三五号木簡(文箱)には、「足羽郡」と読める可能性のある文字がある。また、新潟市駒首潟遺跡では、「足羽臣」と書かれた習書木簡が出土した。(22)これらの資料は、それぞれの遺跡の所在する、越後国古志郡や蒲原郡における射水臣や能登臣、足羽臣などの存在を示しており、越中・越前地域からの人々の移住があったことが分かる。また、『和名類聚抄』にみられる越後国諸郡の郷名について、阿賀北(=初期越後国)の磐船郡利波郷、同郡坂井郷、沼垂郡足羽郷などが、北陸地方から導入された柵戸に因むことが指摘されているが、(23)阿賀野川より南の地域でも、頸城郡佐味郷(↓越中国新川郡佐味郷)、三嶋郡三嶋郷(↓越中国射水郡三嶋郷)、蒲原郡日置郷(↓能登国珠洲郡日置郷)など、越中国・能登国の郷名と共通するものが見られ、前述した木簡資料とともに、越前・越中地域からの人々の移住によるものとも考えられる。

このような移住が行われた要因としては、前述したように、越後地域の開発、生産力の向上が目的と考えられるが、具体的な事例として、柏崎地域における製鉄技術についての指摘がある[24]。柏崎平野の南部に広がる丘陵地帯には、藤橋東遺跡群や軽井川南遺跡群などの製鉄遺跡が立地しており、その木炭窯の形態は越中射水丘陵の製鉄遺跡のものと類似している。古代の柏崎地域は越後国三嶋郡三嶋郷に属し、前述した郷名が共通する点や、「射水臣」と書かれた木簡が出土したことなどから[25]、越中国射水郡を本拠とする地方豪族「射水臣」を介した製鉄技術の移植があった可能性が指摘されている。

それでは、このような越前・越中地域からの人々の移住はいつごろ行われたのであろうか。律令国家の領域的人民支配において、基本となる領域区分は「国」の領域であり、「国」が領域的緊縛の単位であることが指摘されている[26]。この指摘からすれば、越前地域からの移住の時期は、越国の分割以前であり、越中地域からの移住は、大宝二年以前と考えられよう[27]。

越国は、蝦夷政策という国家的要請のために、広大な領域を擁する一国として成立し、国内における移住を行うなどして、その開発や生産力の向上を図ったものと考えられる。

二　初期越後国

のちの北陸道のほぼ全域という広大な領域を有する越国は、その後、越前・越中・越後・佐渡の各国に分割される。分割の時期については、『日本書紀』天智天皇七(六六八)年七月条に「又越国献二燃土与一燃水一」とあり、これが分割前の越国の下限史料である。一方、分割後の各国に関する初見史料は、『日本書紀』持統天皇六(六九二)年九月癸酉条の「越前国司献㆓白蛾㆒」であり、天智天皇七年から持統天皇六年の間に分割されたことが確認される。また、前述したように、近年、里制に先行する五十戸の表記を伴う「高志国」と記載された木簡が出土しており、分割の時期を考える上で重要な資料である。越国の分割時期をめぐっては、鐘江宏之氏の指摘が重要であろう(28)。鐘江氏は越国の分割について、他の吉備・筑紫・豊・肥などとともに、天武天皇十二（六八三）年から十四年にかけてなされた国境画定事業の際に行われたとする。地方支配単位の分割という国家的な施策であることからも、同時に、同様の基準で、画一的に実施されたと考えるのが妥当であり、説得的な見解である。越国は天武天皇十二年から十四年の間に越前・越中・越後・佐渡に分割されたのであろう。周知のことではあるが、越前はのちの加賀と能登を含み、越中はのちの阿賀野川以南の越後を含む。そして、分割当初の越後は、阿賀野川以北の地域であり、北限は画定されていない。この分割当初の越後国を初期越後国と称しておきたい。

それでは、越国の分割は、どのように歴史的に位置づけることができるであろうか。周知のように、越国の分割については、ヤマト政権によるコシへの段階的な勢力拡張を、その歴史的前提とする米沢康氏の説がある(29)。すでに指摘があるが(30)、米沢氏がコシの第一段階の指標とした前期古墳の分布が、第二段階に該当するとした地域にも及んでいることなどから、今日では米沢氏の理解にそのまま従うことはできない。しかし、コシの第二段階と第三段階の相違、つまり、越国の分割における、越中国以南と初期越後国との相違についての指摘は継承すべきものと考える。米沢氏がコシの第二段階とした越中国以南の地域はヤマト政権の国造制による支配が及んでいた地域であり、第三段階とした初期越後国の地域は国造制による支配が及んでおらず、七世紀半ばに城柵が設置された地域である。この国造制による地域支配の有無、および城柵設置の有無という、歴史的性格の相違に基づいて越中国と初期越後国の境界が定められたのであろう(31)。

別稿で詳細に述べたように、初期越後国は蝦夷の居住域であり、そのため城柵が設置され柵戸が導入された(32)。

○新潟市的場遺跡出土第二号木簡[33]

×狄食狄食　狄食　狄食×　（一八七）×（二〇）×七　〇八一型式

○阿賀野市発久遺跡出土第五号木簡[34]

「□（饗カ）食□『（異筆）　人人大大□』」　二三九×四二×二　〇一一型式

これらの木簡は、初期越後国の時期のものではないが、渟足柵や磐舟柵において、朝貢してきた蝦夷に対する饗給が行われていたことを示唆する。饗給の対象は初期越後国に居住する蝦夷集団であろう[35]。饗給の際には、蝦夷に対して禄物（狄禄）が支給されるが、この財源も初期越後国が負担していたと考えられる。『延喜式』主計上には、越後国の庸として、白木韓櫃や鮭とともに、狭布が規定されている。調や庸として狭布が賦課されたのは、越後国の他には陸奥国と出羽国だけであり、蝦夷の朝貢・饗給における禄物として消費されたことが指摘されている[36]。越後国の狭布は、初期越後国の地域（沼垂郡・磐船郡）において行われていた饗給の際の禄物として用いられたのであろう。

以上のように、初期越後国は直接的に蝦夷集団と関わり、日常的に蝦夷問題を扱う国である。言わば蝦夷対策に特化した国と言うことができよう。そのため越国の分割の際に「越後国」という一国とされたのであろう。

一方、その他の越国の地域、つまり、越前・越中・佐渡の各国は、直接的・日常的な蝦夷対策から解放された。しかし、磐舟柵（石船柵）の修繕について、越後国とともに佐渡国にも命じられているように（『続日本紀』文武天皇四年二月己亥条）、蝦夷対策に係る臨時的な労働力の動員や物的負担を担う地域であることに注意しておきたい。

越国の分割は、直接的に蝦夷集団と関わり、日常的に蝦夷問題を扱う、蝦夷対策に特化した地域を「越後国」として切り離し、他の地域を日常的な蝦夷問題から解放し、より一般的な令制国に近づけるという意味があったものと考える。

三　広域越後国

大宝二(七〇二)年三月、越中国の四郡が越後国に編入された(『続日本紀』大宝二年三月甲申条)。この時に編入された四郡が、頸城・古志・魚沼・蒲原の各郡であることは、すでに明らかにされている。[37]これによって越後国は、頸城・古志・魚沼・蒲原・沼垂・磐船の六郡から構成される国となり、その北限は未画定のままであった。この段階の越後国を広域越後国と称しておきたい。

四郡編入の理由として、『新潟県史』では、地理的に交通の難所である親不知によって隔てられていて越中国より分割しやすかったことと、蝦夷集団を内部に抱え、一般的な令制国への転換を課題とする越後国(＝初期越後国)の経営が困難であり、そのため国力の補強が必要であったことをあげている。[38]越後国の国力を補強するという目的は確かにあったであろう。『和名類聚抄』によれば、初期越後国を構成していた沼垂郡・磐船郡の郷はわずかに七郷であるが、四郡の編入された広域越後国では三十三郷となり、一気に五倍近くに増強されたのである。

しかし、国力増強の目的は、『新潟県史』が説くような、単に国内の経営のためだけとは考えられない。確かに、初期越後国からの疫の報告がされるなど(『続日本紀』文武天皇二年三月丁卯条、大宝二年二月庚戌条)、国内の疲弊状況はうかがえるが、蝦夷集団の抵抗など、政情不安を伝える史料が見られないからである。四郡編入の理由については、すでに指摘もあるが、[39]和銅元(七〇八)年以降に具体的な実施に移される、庄内方面を対象とした領域的支配地域の拡大のための前提準備としての性格が強いように思われる。つまり、大宝二年に四郡を編入させることによって国力を充実させ、慶雲二(七〇五)年には、中央で少納言・侍従・左少弁であった威奈真人大村を越後城司に任じている。[40]大村の起用は、その墓誌に「越後北彊衝接蝦虜、柔懐鎮撫允属其人」とあるように、蝦夷政策の推進を期待されてのことであり、その在任中に庄内方面への支配地域の拡大計画が進められていたものと思われる。そして、大村の没後の和銅元年九月、庄内地域は出羽郡として建郡される[41]（『続日本紀』和銅元年九月丙戌条）。大宝二年の越中四郡の越後編入は、以上のような、庄内方面への領域的支配地域拡大へ向けた一連の流れの中で捉えるべきであろう[42]。

和銅二年三月、陸奥・越後の蝦夷集団に対して征討軍が派遣された。

『続日本紀』和銅二年三月壬戌条

陸奥・越後二国蝦夷、野心難レ馴、屢害二良民一、於レ是、遣レ使徴二発遠江・駿河・甲斐・信濃・上野・越前・越中等国一、以二左大弁正四位下巨勢朝臣麻呂一為二陸奥鎮東将軍一、民部大輔正五位下佐伯宿禰石湯為二征越後蝦夷将軍一、内蔵頭従五位下紀朝臣諸人為二副将軍一、出レ自二両道一、征伐、因授二節刀并軍令一

この征討は、前年に実施した出羽郡の建郡に対する郡域内居住の蝦夷集団の抵抗が直接的な原因と考えられ、庄内地域を主な対象とした軍事行動であった[43]。

ここで注目したいのは兵力の徴発範囲である。前掲の記事では、遠江・駿河・甲斐・信濃・上野・越前・越中とされているが、『続日本紀』同年七月丁卯条には「令二越前・越中・越後・佐渡四国船一百艘送二于征狄所一」とあり、越後や佐渡からも徴発されたことが分かる[44]。つまり、日本海側の諸国に限って見れば、旧越国全域から徴発されているのであり、天武期における越国の分割によって、日常的な蝦夷問題から解放された越前国や越中国、佐渡国も、征討という非常時の蝦夷対策には動員されているのである。このことは、天武期以前の越国の段階に、蝦夷問題に対して越国全域で人的・物的負担を担っていた、前代の歴史を継承しているものと考えられよう[45]。

さて、和銅二年の征討において、越後国はどのような役割を果たしたのであろうか。まず、確認しておかなければならないことは、今回の征討も阿倍比羅夫の北方遠征と同様に、水軍による軍事行動と考えられる点である。七月丁卯条の記事では、旧越国の諸国に対して、船を征狄所へ輸送するように命じており、また、沼垂・磐船地域から庄内

方面へのルートを考えた場合、地形的にも陸路ではなく海路をとるのが効率的である。『続日本紀』和銅二年七月乙卯朔条にみられる、諸国から出羽柵への兵器の輸送も、海路で行われたであろう。海路で庄内方面へ向かう場合、その拠点的な出航地となるのは、やはり、信濃川・阿賀野川の旧河口付近に形成された港であろう。比羅夫水軍の遠征の論功行賞で、渟足柵造大伴君稲積が授位されたことについて、渟足柵が水軍の停泊地たりうる位置にあったことを示唆するとされている。(46) 渟足柵の正確な所在位置については、もとより明らかではないが、大局的にみて信濃川・阿賀野川の旧河口右岸付近と考えられ、渟足柵に附属する河口港の存在が想定される。和銅二年の征討においても、この港が重要な役割を果たしたのではないか。旧越国の諸国から動員された水軍が、渟足柵附属の港に集結し、庄内方面へと出航していったという想定も、あながち無理なことではないと思われる。

水軍の集結地となるだけでなく、越後国からは船や兵力の動員も行われた。前述したように、この征討では旧越国全域から兵力を動員しているが、最も大きな負担を強いられたのは、やはり最前線に位置する越後国だったのではなかろうか。(47) すなわち、庄内方面への領域的支配地域の拡大を考えた場合、兵力の徴発や物資の調達など、後方支援的な活動で最も重要な役割を担う地域は、最前線に位置する越後国なのであり、そのため国力を充実させる必要があったのである。

四郡を編入した広域越後国は、庄内地域で展開される蝦夷征討との関わりにおいて、後方支援的な役割も担う国となった。つまり、広域越後国は、国内の沼垂・磐船・出羽の各郡に居住する蝦夷集団と直接的に関わり、日常的に蝦夷問題を扱うだけではなく、征討における人的・物的負担など後方支援的な役割で、臨時的にも蝦夷問題に関わるという、蝦夷政策における二つの役割を一国の内で担うことになったのである。

ところで、越中国の四郡を編入して広域越後国が成立したことに伴い、初期越後国の地域、つまり、沼垂郡・磐船郡の地域に変化がみられる点にも注意しておきたい。四郡編入の直後、『続日本紀』大宝二年四月壬子条には「令下筑紫七国及越後国簡二点采女・兵衛一貢上レ之」とあり、越後国からの采女と兵衛の貢進が命じられた。この政策については、四郡の郡司たちが、越中国から越後国への所属変更によって、采女・兵衛の貢進という地方豪族としての権威を高める機会を失うことを回避し、継続させるための措置であることが指摘されている(48)。一方で、この政策は、采女・兵衛の貢進地域の拡大でもあり、初期越後国の地域からも采女や兵衛が貢進されるようになった。広域越後国の成立に伴い、国内全体における同質化が政策的に図られたのである。別稿で述べたように(49)、初期越後国の沼垂郡・磐船郡は、郡内に蝦夷集団が居住するとともに、各地から多くの柵戸が導入された郡であり、郡司には在地性を有さない柵戸(移民系住民)が任じられたと考えられる。地方豪族としての在地性を有さない郡司による支配は、不安定なものであったろう。このような状況の地域に対して、采女・兵衛の貢進が命じられたことは、采女・兵衛を貢進する氏族の権威を高め、沼垂郡・磐船郡の地域に在地の支配秩序の形成をもたらし、郡司に任用される氏族(郡領層)がある程度限定されていったと考えられる。郡内に支配秩序が形成されることによって、郡内は安定し、租調庸をはじめとする令制的な負担をスムーズに担えるようになった。沼垂郡・磐船郡は、郡内に蝦夷集団を抱え、そのため城柵が設置されているにもかかわらず(50)、さまざまな令制的負担を負い、調や庸は京進されていた。ここに陸奥や出羽の城柵設置地域とは異なる特徴がある。このようなことが可能であったのは、より北方に、武力衝突の可能性も含んだ蝦夷問題を直接的に扱う出羽国が建国されたことによるのであろう。

四　越後国の成立

和銅五(七一二)年、出羽国が建国される。この建国は、和銅元年の出羽郡の建郡、および翌年の征討を経てなされたのであり、建国後の和銅〜養老年間、出羽国には多くの柵戸が導入され、本格的な領域的支配が実現されていく。

表1　北陸道諸国の辺境政策に関わる負担

年月	負担国	移送先	内容	出典
大化4年	越・信濃	磐船柵戸	民	日本書紀
和銅2・3	遠江・駿河・甲斐・信濃・上野・越前・越中	陸奥・越後	軍士	続日本紀
和銅2・7	越前・越中・越後・佐渡	征狄所	船100艘	続日本紀
和銅7・10	尾張・上野・信濃・越後	出羽柵戸	民200戸	続日本紀
霊亀2・9	信濃・上野・越前・越後	出羽	百姓各100戸	続日本紀
養老元・2	信濃・上野・越前・越後	出羽柵	百姓各100戸	続日本紀
養老3・7	東海・東山・北陸	出羽柵	民200戸	続日本紀
養老4・11	遠江・常陸・美濃・武蔵・越前・出羽	陸奥・出羽	征卒および廝馬従等	類聚国史
天平宝字3・9	坂東八国・越前・能登・越後	雄勝柵戸	浮浪人2000人	続日本紀
天平宝字4・3	越前	秋田城	米	大日本古文書
宝亀8・5	相模・武蔵・下総・下野・越後	出羽国鎮	甲200領	続日本紀
天応元・10	尾張・相模・越後・甲斐・常陸	陸奥	軍粮	続日本紀
延暦7・3	東海・東山・北陸等国	陸奥	糒23000余斛、塩	続日本紀
延暦15・11	相模・武蔵・上総・常陸・上野・下野・出羽・越後	陸奥国伊治城	民9000人	日本後紀
延暦21・1	越後・佐渡	出羽国雄勝城	米10600斛、塩120斛	日本紀略
延暦22・2	越後	造志波城所	米30斛、塩30斛	日本紀略
弘仁4・9	信濃・越後	陸奥・出羽	公廨	類聚国史
元慶2・8	越中・越後	出羽	米1000斛	三代実録

出羽の越後国からの分割・建国については、すでに工藤氏が指摘しているように、(51) 蝦夷対策を専らとする地域(＝出羽)を切り離すという意味があったのであろう。越国の分割のときと同様の分割方法である。出羽国は、国内に蝦夷集団が存在しており、和銅二年のような武力衝突の可能性のある蝦夷集団と直接的に関わり、日常的に蝦夷問題を扱う、蝦夷対策に特化した国であり、そのため分割され一国とされたのであろう。

一方、出羽国を切り離した越後国は、初期越後国の地域(沼垂郡・磐船郡)に蝦夷集団が引き続き存在しているため、蝦夷集団との直接的・日常的な関係も持ち続けているが、出羽国のような、武力衝突の可能性を含む、より緊迫した蝦夷問題からは解放された。そのため、人的・物的負担といった、より間接的・臨時的な関わり方へと、その重点を移していったと考えられる。

表1は、越後国、及び他の北陸道諸国から出羽・陸奥国への人的・物的支援についてまとめたものである。和銅〜養老年間に一つの時期的な集中がみられる。これは養老五(七二一)年に出羽国が陸奥按察使の管内となり

（『続日本紀』養老五年八月癸巳条）、それ以後は、出羽国への人的・物的支援は基本的に陸奥按察使の体制で担うようになったことによるのであろう。つまり、越後国は、蝦夷対策を専らとする出羽の地域を分割・建国させることによって、人的・物的負担といった後方支援的役割へ、その重点を移し、さらに出羽国が陸奥按察使の管内となることによって、後方支援的役割でも、より臨時的なものへと、その役割を変化させたと考えられる。このことによって、越後国は、さらに一般的な令制国と同様な体裁を整えていったと考えられる。越後国では、七世紀末から八世紀前半にかけて、須恵器窯や製鉄、製塩などの生産遺跡が出現し始める。このことは、軍事的衝突の可能性を含む直接的・日常的な蝦夷問題から解放され、国内の開発に、これまで以上に比重を置くことができるようになったことを示しているのではなかろうか。

また、出羽国の建国から間もなく、越後国府は、国域西南部の頸城郡へ移転したと考えられている。それまでは、渟足柵が国府としての機能を有していたという[52]。前述したように、庄内地域を対象とした蝦夷征討では、水軍による軍事行動が重要であり、渟足柵（附属する港）が拠点的出航地としての機能を有していたと考えられるからである。越後国府の渟足柵から頸城郡への移動は、越後国から、蝦夷問題を専らとする地域を出羽国として切り離し、さらに、出羽国への支援が、より臨時的なものへと変化したことによって可能となったのではなかろうか。越後国府の頸城郡への移転時期については、出羽建国後まもなくとするよりも、出羽国が陸奥按察使の管轄下とされ、越後国の出羽国に対する後方支援的機能が相対的に緩和された養老五年ころとしたほうがより合理的であるように思われる[53]。

さて、表1によれば、北陸道諸国の中では、出羽国に隣接する越後国が、最も負担を強いられているとはいえ、越前国や越中国も人的・物的負担を負っていることにも注意したい。秋田城跡では図1の漆紙文書が出土している[54]。この漆紙文書は、嘉祥二（八四九）～三年ころの死亡人帳と考えられているが、ここに見られるウジ名に注目したい。越後国に本拠を有する豪族である「高志公」とともに、越前国江沼郡の地方豪族「江沼臣」の名が見え、越前国から出羽国への移民のあったことを示しており、『続日本紀』にみられる八世紀前半の出羽国への柵戸の移配記事に越前国が見られることと対応する。改めて、越後国だけではなく、越前国・越中国・佐渡国を含めた旧越国が全体として人的・物的負担を負っていることを重視したい。

戸令新附条

凡新附㆑戸、皆取㆓保証㆒、本㆓問元由㆒、知㆑非㆓逃亡詐冒㆒、然後聴之、其先有㆓両貫㆒者、従㆓本国㆒為㆑定、唯大宰部内、及三越、陸奥、石城、石背等国者、従㆓見住㆒為㆑定、若有㆓両貫㆒者、従㆓先貫㆒為㆑定、其於㆑法不㆑合㆓分析㆒、而因㆓失郷㆒分㆑貫、応㆓合戸㆒者、亦如㆑之

軍防令帳内条

凡帳内、取㆓六位以下子及庶人㆒為之、其資人不㆑得㆑取㆓内八位以上子㆒、唯充㆓職分㆒者聴、並不㆑得㆑取㆓三関及大宰部内、陸奥、石城、石背、越中、越後国人㆒

これらの条文に見られる諸国は、軍事的に重要な地域であり、そのため特別な措置がとられたと考えられている。(55) ここに大宰部内や陸奥、石城、石背などとともに、蝦夷集団と接する地域から遠く離れた越前国や越中国が規定されていることが注目されよう。これらの条文は、石城、石背の国名がみられることから、養老二年以降、同五年頃までの間の規定と考えられ(56)、この時期に、越前国や越中国が、蝦夷政策において後方支援的役割を果たすべき、軍事的に

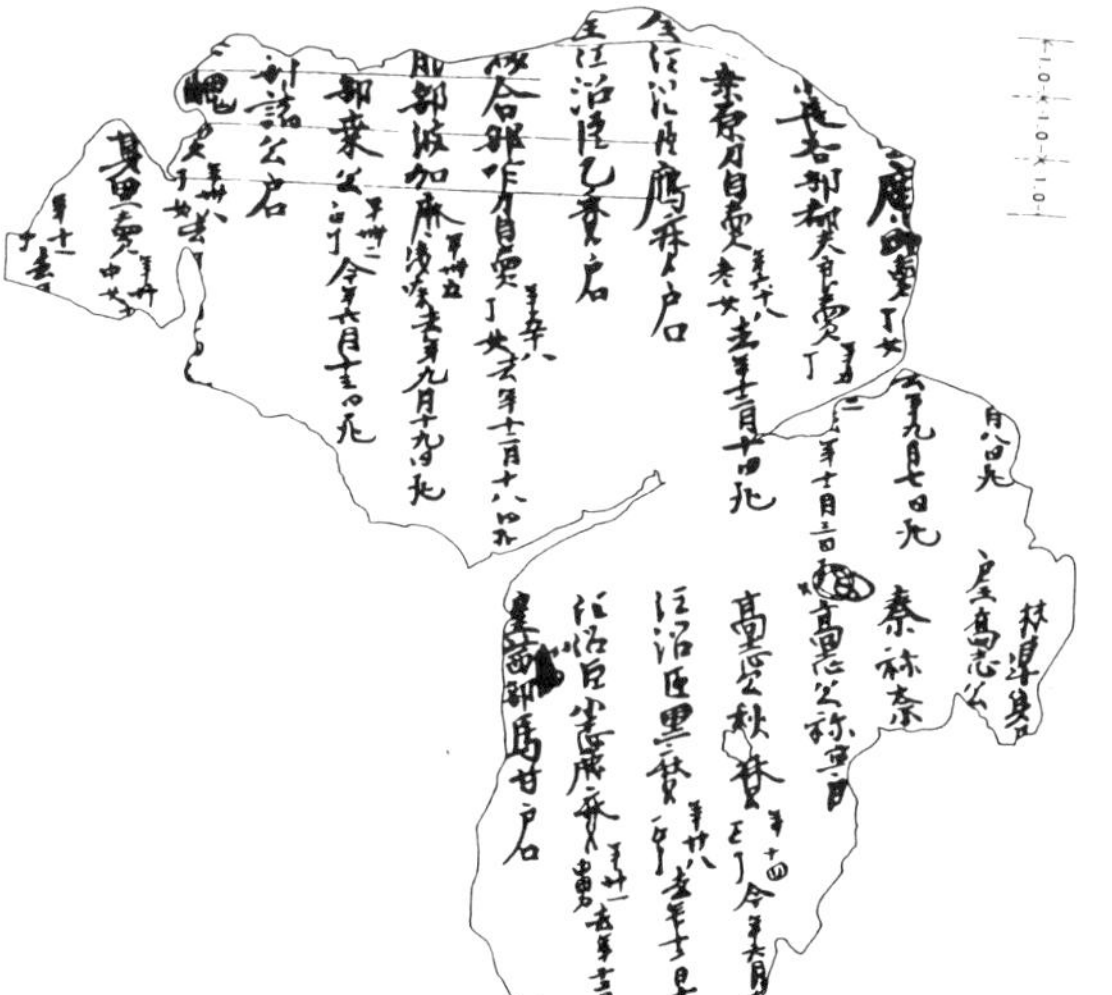

図１　秋田城跡出土第16号漆紙文書実測図（注(54)報告書より）

重要な地域と認識されていたことを示している。蝦夷問題に対して全域で人的・物的負担を担っていた、前代の越国の歴史を継承しているのである[57]。

このような、蝦夷対策における後方支援的な機能については、陸奥国をバックアップする後背地としての坂東諸国についての指摘がある[58]。旧越国諸国と坂東諸国とでは、その重要度がかなり異なり、また、時期的にも旧越国諸国は八世紀前半に限定されると考えられるが[59]、蝦夷対策における後方支援的機能という点では共通した性格を有する地域なのである。

おわりに

越後国の成立に到るまでの領域変遷は、蝦夷集団の居住域に対して、城柵を設置して柵戸を導入し、蝦夷対策をその政策のほとんどとする地域を一国として切り離し、一方、それ以外の地域を直接的・日常的な蝦夷問題から解放し、一般令制国と同様の地域を拡大していく過程と位置づけることができるだろう。

和銅五年に出羽を分割・建国させ、直接的・日常的な蝦夷問題から解放された越後国は、前述したように、養老五年に出羽国が陸奥按察使の管内となることによって、より臨時的に後方支援的役割を果たす国になった。この後、八世紀後半から九世紀前半にかけての、蝦夷集団とのいわゆる三十八年戦争の時期における越後国の関わりについては、別稿でも述べたように[60]、全く無関係であったわけではないが、坂東諸国に比してその負担は少ない[61]。九世紀以降、越後国内の遺跡数が増加し、その背景に新たな開発があったことが指摘されている[62]。その地形的特質のために生産力が低い越後国において、蝦夷政策からの解放は、国内の開発を進めるための重要な要因の一つだったと考える。

注

（1）佐渡国の分置と再設置については、『新潟県史　通史編一原始・古代』（一九八六年、山田英雄氏執筆担当部分）が指摘するように、全国的な施策としての側面とともに、渤海使の来着の問題が原因と考えられ、本章で扱う蝦夷政策とは異なるため、検討の対象外とする。

（2）越後国内における蝦夷集団の存在については、拙稿「古代北疆地域の郡制支配」（本書第一編第二章、初出は二〇〇五年）参照。

（3）工藤雅樹「石城、石背両国の分置と広域陸奥国の復活」（『律令国家の構造』吉川弘文館、一九八九年）、能登の立国を律令国家の辺境政策という視点で考察したものに小嶋芳孝「古代能登と辺境」（『古代の越後と佐渡』高志書院、二〇〇五年）がある。

（4）佐渡が越に含まれることについては拙稿「北の辺境・佐渡国の特質」（本書第四編第二章、初出は二〇〇五年）参照。

（5）鐘江宏之「「国」制の成立」（『日本律令制論集』上巻、吉川弘文館、一九九三年）

（6）吉川真司「律令体制の形成」（『日本史講座第一巻　東アジアにおける国家の形成』東京大学出版会、二〇〇四年）

（7）奈良文化財研究所編『評制下荷札木簡集成』（東京大学出版会、二〇〇六年）

（8）注（7）に同じ

（9）注（7）に同じ

（10）米沢康「大化前代における越の史的位置」（『越中古代史の研究』越飛文化研究会、一九六五年）

（11）鐘江注（5）論文

（12）なお、地域呼称としてのコシは後代にも残存する。正倉院文書には「越綿」（『大日本古文書』十四―四三一）や、漆の貢進国について「越国」（『大日本古文書』五―五）とする記述がみられる。また、越中守として赴任した大伴家持の地域認識も「越」に下り（『万葉集』四一一三）、「越」に住し（『同』四一五四）、「越」を治める（『同』三九六九）というものだった。

（13）加我と加宜は重出と考える。高志国造を大国造とする説はとらず、福井市近辺の一国造と考える。舘野和己「越の国々と豪族たち」（『新版古代の日本　中部』角川書店、一九九三年）

(14)　舘野注(13)論文
(15)　これらの地域の自律性について、吉備・筑紫・豊・肥ともに、国造本紀によれば、複数の国造の存立する地域である。かつて門脇禎二氏が提唱した地域国家の存在(門脇禎二「古代社会論」『岩波講座日本歴史』第二巻、一九七五年)を否定するものではないが、七世紀半ばの孝徳期にはひとつの「地域」としての自律性はほとんどなかったのではなかろうか。
(16)　米沢康「律令国家における北陸道の史的意義」(『越中古代史の研究』越飛文化研究会、一九六五年)
(17)　米沢康「阿倍比羅夫の遠征と越国」(『地方史研究』十七―六、一九六七年)
(18)　熊谷公男「阿倍比羅夫北征記事に関する基礎的考察」(『東北古代史の研究』吉川弘文館、一九八六年)
(19)　坂井秀弥「古代越後の環境・生産力・特性」(『新潟考古学談話会会報』一二号、一九九三年)
(20)　和島村教育委員会『和島村埋蔵文化財調査報告書第二集　八幡林遺跡』(一九九三年)
(21)　和島村教育委員会『和島村埋蔵文化財調査報告書第三集　八幡林遺跡』(一九九四年)
(22)　新潟市教育委員会『駒首潟遺跡　第三・四次調査』(二〇〇九年)
(23)　平川南「古代における東北の城柵」(『律令国郡里制の実像　上』吉川弘文館、二〇一四年。初出は一九八二年)
(24)　品田高志「越後における古代鉄生産の系譜と展開」(『新潟考古学談話会会報』一三号、一九九四年)
(25)　木簡出土地の八幡林遺跡は古志郡に所属しているが、三嶋郡は九世紀に古志郡から分立した郡であり(米沢康「大宝二年の越中国四郡分割」『北陸古代の政治と社会』法政大学出版局、一九八九年)、当初は柏崎地域も古志郡であった。
(26)　大町健「律令制的国郡制の特質とその成立」(『日本古代の国家と在地首長制』校倉書房、一九八六年)
(27)　越前や越中からの移住の時期については本文のように考えるが、この移住がすぐに越後地域の開発や生産力の向上に結びついたわけではない。すでに指摘がある通り、越後地域における生産遺跡の成立は七世紀末から八世紀前半とされる。
(28)　鐘江注(5)論文
(29)　米沢注(10)論文
(30)　中司照世「日本海中部の古墳文化」(『新版古代の日本　中部』角川書店、一九九三年)
(31)　小林昌二氏は、後期古墳の分布が阿賀北地域にも及んでいること、平城京跡出土の木簡に「越後国沼足郡深江」とあることから、阿賀北にも国造制の支配が及んでいたとする(「古代日本海地域と高志の城柵」『日本海域歴史大系第一巻古代篇Ⅰ』清文堂、二〇〇五年)。しかし、古墳の造営を指標とする支配関係と国造制の施行を指標とする支配関係を同一視すべきでない。後期古墳の分布域と国造制の施行域が一致しないことは陸奥国でも指摘されており、陸奥ではそのような地域に郡山遺跡や名生館遺跡が存在しているのである。また、平城京跡出土木簡の「深江」は、地形的特徴による一般的地名と考えられ、高志深江国造の支配地域であることを示す根拠とはできないのではないか。何より、城柵が設置され、他とは異なる支配体制がとられたことの歴史的意義を重視すべきである。

(32)　注(2)拙稿

(33)　新潟市教育委員会『新潟市的場遺跡』(一九九三年)

(34)　笹神村教育委員会『発久遺跡発掘調査報告書』(一九九一年)

(35)　注(2)拙稿で述べたように、より北方の庄内地域の蝦夷に対する本格的な領域的支配の施行は和銅~養老年間のことと考える。両遺跡出土の木簡は初期越後国の段階に行われていた饗給が、八世紀以降も継続していたことを示している。

(36)　武田佐知子「律令国家と蝦夷の衣服」(『アジアの中の日本史Ⅴ自意識と相互理解』東京大学出版会、一九九三年)

(37)　米沢注(25)論文

(38)　山田英雄「国郡制の成立・整備」(『新潟県史　通史編一原始・古代』一九八六年)

(39)　中林隆之「越後国の誕生」(『上越市史　通史編一自然・原始・古代』二〇〇四年)、藤森健太郎「古代王権の北陸支配」(『日本海域歴史大系第一巻古代篇Ⅰ』清文堂、二〇〇五年)

(40)　越後城司と越後国司の関係については今泉隆雄「古代東北の城司制」(『北日本中世史の研究』吉川弘文館、一九九〇年)に従う。

(41)　出羽郡の建郡に先立って出羽柵が造営されたと考えられる。ただし、出羽郡の建郡が、この地域の政情の安定が得られた上での建郡ではなかったことは、後述するように、翌年にこの地域の蝦夷の抵抗があることからも明らかである。

(42)　石船柵の二度にわたる修理(『続日本紀』文武天皇二年十二月二十一日条、同四年二月十九日条)についても、出羽方面への領域的な支配地域拡大の流れの中で捉えるべきである。

(43)　注(2)拙稿

(44)『続日本紀』同年九月己卯条によれば、それ以外にも常陸と陸奥からの徴発があったことが分かる。
(45)後述するように、水軍による征討であった点、また、能登地方を中心とする造船技術やコシ地域の沿岸航路の発達などの点も考慮すべきであろう。米沢注(17)論文参照。
(46)桑原正史「中央集権国家の建設と越の蝦夷」(『新潟県史　通史編一原始・古代』一九八六年)
(47)もちろん当時の越後国の生産力などを考慮すると、その役割を過大に評価することはできないだろう。
(48)注(38)に同じ
(49)注(2)拙稿
(50)八世紀前半においても渟足柵が存続していることが八幡林遺跡出土木簡によって明らかになっている。
(51)工藤注(3)論文
(52)『新潟県史　通史編一原始・古代』(一九八六年)
(53)中林隆之氏も同様の見方を示されている。注(39)に同じ
(54)秋田城を語る友の会『平成十年度秋田城跡調査概報』一九九九年
(55)『日本思想大系　律令』(岩波書店、一九七六年)
(56)土田直鎮「石城石背両国建置沿革余考」(『奈良平安時代史研究』吉川弘文館、一九九二年)
(57)越前国については、軍防令にあるように、三関国であることによるとも考えられるが、越中国とともに、本文のように蝦夷政策上における位置づけの故に規定されたものと考えておきたい。
(58)平野卓司「蝦夷社会と東国の交流」(『古代蝦夷の世界と交流』名著出版、一九九六年)
(59)『続日本紀』神亀五年三月甲子条では、位分資人の採用禁止地域として三関・筑紫・飛驒・陸奥・出羽が規定されているが、越中・越後はみられず、これ以前に帳内や資人の採用禁止地域から除外されたようである。
(60)拙稿「律令国家の蝦夷政策と古代越後国」(本書第一編第三章、初出は二〇〇三年)参照
(61)注(38)に同じ。また、それまでの出羽方面だけでなく、陸奥への支援も見られる点に注意しておきたい。
(62)坂井秀弥「第四章古代　第一節総論」(『新潟県の考古学』高志書院、一九九九年)

第二章　古代北疆地域の郡制支配

——越後国沼垂郡・磐船郡を中心に——

はじめに

古代律令国家は、孝徳期における全国的立評によって、それまでの国造制・部民制・屯倉制という多様な地方支配方式を廃し、一律的で直接的な地方支配を目指した。(1)一方、これまでの国造制による支配が及んでいない地域については、その居住民を蝦夷として把握し、その支配拠点としての城柵が設置され、他地域とは異なる支配方式がとられた。(2)周知のように、日本海側では大化三(六四七)年に渟足柵、同四年に磐舟柵が設置されており(『日本書紀』大化三年是歳条、『同』大化四年是歳条)、太平洋側においても、仙台市郡山遺跡の継続的な発掘調査によって、Ⅰ期官衙の遺構については渟足柵や磐舟柵と同時期の城柵遺構と考えられている。(3)その後、これらの城柵が設置された地域にも郡制が施行されるが、その地域的特質や施行過程に起因する、他地域の郡とは異なる特殊性を有していることは言うまでもない。

古代の辺境地域における郡制支配についてはすでに多くの研究が積み重ねられてきているが、その特徴として、前述した、郡制施行の前段階における蝦夷支配の拠点としての城柵の設置と、その存立基盤としての柵戸の移配、郡制施行後の城柵の機能と郡との関わりなどの諸点をあげることができよう。平川南氏は、城柵による支配体制(城制)について、律令制的収取を目的とする郡制施行を前提とした過渡的な支配体制であることを指摘し、郡制施行後の城柵については、その広域行政府としての機能を指摘された[4]。また、熊谷公男氏は、城柵の設置された地域の郡（近夷郡）の住民構成について、移民系住民を主体としながら蝦夷系住民も少なからず存在しており、それに基づいた二系列の支配機構があること。郡が人的・物的な面において城柵の存立基盤として機能していることなどを指摘された[5]。本章では、これら辺境地域郡制の特殊性についての指摘を受けて、越後国沼垂郡・磐船郡を検討対象として具体的な考察を行いたい。もとより、現状ではこの両郡に設置された渟足柵・磐舟柵については、その遺構が確認されていない。しかし、近年、この地域を中心とした越後国内における文字資料の出土により、その地域的特質が明らかになりつつある。

一　沼垂・磐船の建評と柵戸・蝦夷

1　沼垂・磐船の建評

評制の施行時期については、孝徳期（六四五〜六五四年）における全面的施行を認める説と国造のクニとの併存期間を想定する段階的施行説とがあるが、『類聚三代格』弘仁二（八一一）年二月二十日詔に「夫郡領者難波朝廷始置二其職一」とあるように、当時の律令官人が郡（評）制の施行時期を孝徳期と認識していたり、郡司の譜第を問題とする際に「難波朝廷以還譜第」（『続日本紀』天平七年五月丙子条）が重要視されたりしていることから、前者が妥当であると考える。のち（大宝二年以降）の越後国の地域についても、阿賀野川以南の地域では、大化前代における久比岐国造や高志深江国造の存在が認められる（「国造本紀」）ことから、孝徳期の全面的立評に伴って評制が施行されたと考えてよいだろう。

しかし、大化年間に渟足柵・磐舟柵が設置された地域では、それより遅れることが確認できる。『日本書紀』斉明天皇四（六五八）年七月甲申条によれば、阿倍比羅夫の北征に伴う論功行賞において「渟足柵造大伴君稲積」の名が見える。柵造については、柵戸として移配された人々を統率する官であり、一般の評における評造・評督に相当する官と考えられる。(6) つまり、この段階では沼垂・磐船地域では評制は施行されていないことが確認されるのである。沼垂・磐船地域における評制施行の下限については、越国が分割され、越後国が成立する時期に求められよう。(7) 越国が越前・越中・越後・佐渡に分割される時期については、天武天皇十二（六八三）年〜十四年の国境画定によると考えられるが、(8) 成立当初の越後国（以下、初期越後国という）は阿賀野川以北の沼垂・磐船地域のみであり、阿賀野川以南は越中国とされた。令制国の成立には、国を構成する地域の評制施行が前提となっていたと考えられることから、沼垂・磐船地域においては、遅くとも初期越後国の成立までには評制が施行されていたであろう。

2　沼垂・磐船地域の柵戸

はじめにも述べたように、熊谷公男氏は城柵の設置された地域の郡（近夷郡）の住民構成について、柵戸として他地域から移配されてきた移民系住民と、城柵設置地域の本来の住民と未服地域からの帰降者からなる蝦夷系住民とによって構成されていることを指摘された。また、沼垂郡・磐船郡が近夷郡に準じて考えられることがすでに指摘されており、(9) 沼垂・磐船地域においても、城柵の設置と同時に他地域から柵戸が移配された。とくに、磐舟柵の柵戸については「遂選㆘越与㆓信濃㆒之民㆖、始置㆓柵戸㆒」（『日本書紀』大化四年是歳条）と記され、その出身地が越と信濃であることが知られる。また、『和名類聚抄』にみられる沼垂郡・磐船郡の郷名に足羽（→越前国足羽郡）・賀地（→越前国丹生郡可知郷）・山家（→信濃国筑摩郡山家郷、または小県郡山家郷）・利波（→越中国砺波郡）・坂井（→越前国坂井郡）など、越前国・越中国・信濃国の郡郷名と共通するものがあり、先の『日本書紀』の記述に対応して、北陸・信濃方面からの柵

表2　沼垂郡・磐船郡の古代人名

人名	備考	典拠
大伴君稲積	渟足柵造・小乙下	『紀』斉明4年7月甲申条
財部志奈布	石船郡津波郷戸主	「正倉院文書」天平勝宝5年6月15日（『大日古』25）
財部牛甘	志奈布戸口	「正倉院文書」天平勝宝5年6月15日（『大日古』25）
井於連		曽根遺跡出土木簡
磯部廣人		発久遺跡出土木簡
麻績部宿奈万呂		船戸桜田遺跡出土木簡
守部五百国		船戸川崎遺跡出土木簡
土師船守		船戸川崎遺跡出土木簡
神人部宮加女		中倉遺跡出土木簡

戸移配を示すと考えられている。(10)

沼垂郡・磐船郡における柵戸については、近年の出土文字資料からも考察することができる。(11) 表2はこれまでに知られている沼垂郡・磐船郡の古代人名についてまとめたものである。このうち胎内市船戸桜田遺跡出土木簡にみられるウジ名「麻績部」について、小林敏男氏は、麻績関係の氏姓や地名が伊勢国多気郡を基点として美濃・信濃・下総・上総・下野・陸奥といった東国に分布し、畿内(京職)をのぞいて西国には一切みられないことを指摘している。(12) また、管見による限り北陸地方にもその分布はみられない。胎内市船戸川崎遺跡出土木簡にみられるウジ名「守部」については、栄原永遠男氏が美濃に極めて多く分布していることを指摘している。(13) また、長野県千曲市屋代遺跡群出土木簡に「守マ安万呂」の人名がみられることについて、美濃・尾張などの東海地方から信濃への移住の可能性が指摘されている。(14) これらの指摘からすれば、越後国北部の沼垂郡・磐船郡にみられるウジ名「麻績部」や「守部」は、美濃や尾張、信濃から移配されてきた柵戸と考えることができよう。さらに、ウジ名「麻績部」や「守部」は、山形県内の遺跡で出土した木簡にもみられる。(15)『続日本紀』に記載される出羽柵への柵戸移配記事(『続日本紀』和銅七年十月丙辰条、霊亀二年九月乙未条、養老元年二月丁酉条など)によれば、その出身地は尾張・上野・信濃・越前・越後とされており、これら出羽国内における「麻績部」や「守部」の存在は、東海・信濃地域から越後国北部へ、さらには出羽国へと、柵戸として移配された人々の痕跡を示しているのではなかろうか。

つぎに、『日本書紀』斉明天皇四(六五八)年七月甲申条に「渟足柵造」としてみえる大伴君稲積について検討する。前述したように、柵造は柵戸として移配されてきた人々を統率する官であり、柵戸のうちの有力者が任じられたと考えられる。大伴君稲積も他所から移配されてきた柵戸と考えられるが、注目されるのは「大伴君」というウジ名である。北陸地方では大伴氏の分布は希薄であり、わずかに越中国射水郡に伴郷が認められるのみである(『和名類聚抄』)。一方、『万葉集』によれば「大伴君熊凝」の名が肥後国益城郡の人としてみえる(『万葉集』巻五)。肥地方と越後との関係を示す資料としては、「越後国久疋郡夷守郷戸主肥人呰麻呂」と書かれた天平勝宝年中の庸布墨書銘がある。(16) この墨書銘によって確認される頸城郡における肥人の存在について、小林昌二氏は、筑紫国造磐井の反乱の際に物部麁鹿火が九州地方に派遣されたことをひとつの契機として、肥国地域の集団の一部が物部の支配下に加えられ、その物部一族の越後地域への展開に伴って居住していったとする、物部氏を介した肥地方と越後頸城地方との関係を想定しており注目される。(17) 渟足柵造大伴君稲積については、無論、柵戸として移配された北陸地方の豪族とも考えられるが、(18) 小林氏の肥人についての指摘のように、物部の展開に伴い越後頸城地方へ居住し、さらに柵戸として頸城地方から渟足柵へと移配されたという可能性も考えられよう。

3　沼垂・磐船地域の蝦夷

つぎに、沼垂・磐船地域における蝦夷の存在について考えてみたい。『日本書紀』皇極天皇元(六四二)年九月癸酉条には「越辺蝦夷、数千内附」とあり、越地域における大量の蝦夷の服属を伝える。この記事にみられる「越辺蝦夷」については、「蝦夷」と呼称されていることから、国造の支配領域外の住民であることは明らかである。また、「越辺」については、「辺」の文字に「ほとり」「あたり」などという意味とともに「はし」「はずれ」「限り」「果て」などの意味があることから(『大漢和辞典』)、「越のはし」「越の限り」「越の果て」などと解釈でき、国造による支配が行われている越地域とその外側の蝦夷居住域との接点、境界地域と理解できよう。類似の表記例としては、『日本書紀』大化元(六四五)年八月庚子条のいわゆる「東国国司詔」にみられる「辺国」がある。同条では刀・甲・弓・矢などの兵庫への収納を命じるが、「辺国近与二蝦夷一接レ境処」については例外として、その数を検した後に本主に仮授するとしている。この「辺国」は蝦夷と境を接する地域であり、皇極紀の「越辺」についても越地域において蝦夷と境を接する境界地域と考えるべきであろう。越地域の最北に設置された国造は高志深江国造であるが、その勢力地域はのちの越後国蒲原郡を中心とすると考えられる。[19]つまり、皇極紀の「越辺蝦夷」は、のちの蒲原郡の北に接する沼垂・磐船地域に居住する蝦夷集団と考えるのが妥当であろう。[20]

つぎに、『続日本紀』の文武天皇元(六九七)年〜三年にみられる越後蝦狄について検討したい。

『続日本紀』文武天皇元年十二月庚辰条

賜二越後蝦狄物一、各有レ差。

『同』文武天皇二年六月壬寅条

越後国蝦狄献二方物一。

『同』文武天皇三年四月己酉条

越後蝦狄一百六人賜レ爵有レ差。

これらの史料によれば、越後蝦狄は方物の貢献を行ったり、それに対する賜物・賜爵を受けたりしており、朝貢していることが確認できる。蝦夷の朝貢については、今泉隆雄氏により、上京朝貢と地方官衙朝貢という二つの形態があることが指摘されており、文武期の越後蝦狄の朝貢については上京朝貢と考えられている。[21]これらの史料で注意されるのは、越後蝦狄による上京朝貢が毎年行われており、定期的になっていることである。このことは、これら越後蝦狄と中央政府との間に一定程度の支配・隷属関係が形成されており、その居住地域がある程度安定した地域であることを示していよう。この時期に沼垂・磐船地域では、文武天皇二年と四年に「石船柵」(磐舟柵)の修理が行われており(『続日本紀』文武天皇二年十二月丁未条、『同』文武天皇四年二月己亥条)、大化年間に造営された城柵による支配が継続していたことが確認できる。(22)

ところで、初期越後国の領域は阿賀野川以北の沼垂・磐船地域であるが、その北の境界は定まっておらず、より北方の出羽地域(庄内地域)をも含んでいた可能性がある。つぎに、この時期の出羽地域の状況についてみておきたい。周知のように、出羽地域では和銅元(七〇八)年に出羽郡が越後国の所管郡として建郡されており(『続日本紀』和銅元年九月丙戌条)、出羽柵(『続日本紀』和銅二年七月乙卯条初見)の造営はそれをさかのぼる。もちろん城柵の設置には柵戸の移配が伴ったと考えられるが、特筆されるのは出羽柵への柵戸移配の記事が出羽建国後の和銅七(七一四)年から養老三(七一九)年にかけて偏在してみられる点である。

『続日本紀』和銅七年十月丙辰条

勅、割二尾張・上野・信濃・越後等国民二百戸一、配二出羽柵戸一。

『同』霊亀二年九月乙未条

従三位中納言巨勢朝臣万呂言、建二出羽国一、已経二数年一、吏民少稀、狄徒未レ馴。其地膏腴。田野広寛。請、令下随近国民。遷二於出羽国一、教二喩狂狄一、兼保中地利上。許レ之。因以二陸奥置賜・最上二郡、及信濃・上野・越前・越後四国百姓各百戸一、隷二出羽国一焉。

『同』養老元年二月丁酉条

以二信濃・上野・越前・越後四国百姓各一百戸一、配二出羽柵戸一焉。

『同』養老三年七月丙申条

遷二東海・東山・北陸三道民二百戸一、配二出羽柵一焉。

これらの史料のうち、霊亀二年九月乙未条と養老元年二月丁酉条については重出であろう。また、和銅六年には出羽国が大風による不作のために調庸が免除されており（『続日本紀』和銅六年十一月辛酉条）、これ以前に柵戸が配されていたことは明らかである。[23] しかし、和銅七年から養老三年にかけての柵戸の移配は、合計八〇〇戸に及ぶ大規模なものであり、律令国家による出羽地域への本格的な領域的支配の施行は出羽建国以降、和銅〜養老年間に実現されたといえよう。

また、出羽地域における本格的な領域的支配が実現されるにあたっては、和銅二年に実施された征討が重要な契機となったと考える。

『続日本紀』和銅二年三月壬戌条

陸奥・越後二国蝦夷、野心難レ馴、屢害二良民一、於レ是、遣レ使徴二発遠江・駿河・甲斐・信濃・上野・越前・越中等国一、以二左大弁正四位下巨勢朝臣麻呂一為二陸奥鎮東将軍一、民部大輔正五位下佐伯宿禰石湯為二征越後蝦夷将軍一、内蔵頭従五位下紀朝臣諸人為二副将軍一、出レ自二両道一征伐、因授二節刀并軍令一、

和銅二年の征討は、前年の出羽建郡による蝦夷の抵抗が直接的原因と考えられる。[24] また、この征討の特徴は、軍事行動が短期間で終了していることである。発動から五ヵ月後の同年八月には、早くも将軍佐伯宿禰石湯・副将軍紀朝臣諸人が帰京し（『続日本紀』和銅二年八月戊申条）、九月にはそれぞれ禄を賜い、また征役五十日以上の兵士は復一年を賜っている（『続日本紀』和銅二年九月乙丑条、同月己卯条）。この時の征討については、和銅五年の出羽建国の太政官議奏にも「自二官軍雷撃一、凶賊霧消、狄部晏然、皇民无レ擾」とあり、それが短期間に集中的に行われたことが示唆される。熊田亮介氏は、和銅二年の征討の対象地域について、征狄所に送られた一〇〇艘という大量の船の存在から、出羽郡以北の秋田を中心とした地域ではないかとする。[25] しかし、前述したように、この征討の直接的原因は前年の出羽建郡に伴う郡域内居住の蝦夷の抵抗と考えられ、また、わずか五ヶ月で軍事行動が完了していることから、その征討の対象地域は出羽郡を中心とした限定的な地域と考えるべきであろう。[26] この征討の中で、出羽柵へは諸国から兵器

が運送されており（『続日本紀』和銅二年七月乙卯条）、また、出羽柵関連施設と考えられる征狄所へは越前・越中・越後・佐渡から船一〇〇艘が送られている（『続日本紀』和銅二年七月丁卯条）。これらの史料からは、和銅二年の征討において、出羽柵が軍事上の重要拠点施設として機能していたことがうかがえるが、注意したいのは、船一〇〇艘の運送にみられるように、その機能が海上交通に依存している点である。諸国からの兵器の輸送もおそらく海上交通によるものであろう。

律令国家による出羽地域への進出は出羽柵の造営に始まると考えられるが、その設置は、越後からの海上交通によって、蝦夷集団の居住地域の中に拠点的になされたのではなかろうか。そして、建郡→征討→建国という過程を経て、和銅～養老年間の大量の柵戸移配によって、ようやく本格的な領域的支配が実現されたと考える。

以上、迂遠な考証となったが、八世紀初頭（文武期）の出羽地域では、蝦夷集団との間に安定的な支配関係は実現していなかったのであり、この地域の蝦夷集団による定期的な上京朝貢が行われていたとは考えがたい。一方、沼垂・磐船地域では、前述したように、城柵による支配が継続しており、この地域に居住する蝦夷集団との間には安定的な支配・隷属関係が形成されていたと考えられる。文武期に定期的に上京朝貢を行っている「越後蝦狄」とは、具体的には沼垂・磐船地域に居住する蝦夷集団を主体とすると考えるべきであろう。

二　建郡後の城柵とその機能――蝦夷系住民に対する支配――

1　広域行政府としての城柵

一九九〇年、長岡市（旧三島郡和島村）の八幡林遺跡で出土した第一号木簡には、養老年号の記載とともに「沼垂城」の文字が記されており、大化三（六四七）年に造営された渟足柵が、名称を変えながら、郡制施行後の養老年間においても維持され、機能していたことを示す画期的な発見であった。また、渟足柵（沼垂城）の存続が確認されたことによって、磐舟柵の存続も想定されるところである。しかし、郡制施行後の渟足柵や磐舟柵の具体的な機能・役割については、これまであまり議論されてこなかったのではなかろうか。ここでは、沼垂郡・磐船郡における郡制施行後の城柵の機能について考えてみたい。

郡制施行後の城柵の機能について、平川南氏は次のような二つのケースがあることを指摘している。[27]一つ目は、城柵が単独の郡を生み出しているケースであり、桃生城が例としてあげられている。桃生郡の場合、令制郡成立後もなおその政情は不安定であり、そのため、城柵の有する一定の支配機能に依存していると考えられ、一定の政情安定が得られた段階で城柵の存在価値は失われ、停廃されるのであろうとする。二つ目は、城柵が複数の郡の上級に位置し、それらの郡に対して行政上の中心的機関として機能しているケースで、雄勝城と志波城を例とする。このケースの城柵には国司が常駐し、また、その管轄下にある複数の郡は、一体的な取扱いを受けていることから、広域的支配権を有する準国府的性格を帯びていたであろうとする。

さて、このような平川氏の指摘を受けて、沼垂郡・磐船郡における城柵の機能については、どのように考えることができるであろうか。渟足柵↓沼垂郡、磐舟柵↓磐船郡という図式からすれば、平川氏の指摘のうちの前者に該当するようにも考えられる。しかし、郡制施行後の沼垂・磐船地域における政情不安を伝える史料はみられず、むしろ、後述のように、令制的収奪の面において一般的な令制郡と共通する性格がみられることからすれば、両郡における政情不安は考えがたい。このような、政情の安定が得られている地域における城柵の機能については、やはり、平川氏の指摘する後者のケースとして考えるべきであろう。つまり、郡制施行後の渟足柵や磐舟柵は、沼垂郡・磐船郡の上位に位置し、二つの郡を統括する広域行政府として機能していたのではなかろうか。問題となるのは、渟足柵と磐舟柵という二つの城柵が地域を隔てて併存していることであるが、このことについては、渟足柵と磐舟柵の関係についての小林昌二氏の指摘が注目される。(28)氏によれば、二つの城柵は日本海の海路だけではなく、より安定的な内水面交通によっても結ばれていることから、その設置が同一の計画のもとになされ、それぞれの機能分担があったという。たしかに、大化三年に渟足柵、翌四年に磐舟柵という連年の城柵造営については、漸進的な勢力地域の拡大によるものとするよりも、二つの城柵設置が、同一の蝦夷政策のなかで計画され、実行に移されていったと考えたほうがよい。(29)渟足柵・磐舟柵はそれぞれの役割分担をもちながら、沼垂郡・磐船郡の上級に位置する広域行政府として、一体的に機能していたのであろう。また、前述のように、沼垂郡と磐船郡は初期越後国を構成する二つの郡であり、地域的な一体性がうかがえる。このことも両城柵が沼垂郡・磐船郡を管轄する広域行政府として、一体的に機能していたことを示しているだろう。

さて、すでに指摘されているように、広域行政府としての城柵には国司が常駐している。(30)威奈大村墓誌銘によれば、越後守の威奈大村は城司として越後城に駐在していることが知られるが、この越後城は渟足柵のことと考えられている。(31)また、前述のように、養老年間における沼垂城(渟足柵)の維持・存続が確認されたことから、養老年間の沼垂城にも国司が城司として駐在していたと考えられる。さらに近年、養老年間以降においても、国司が沼垂郡に派遣され、駐在していたことを示唆する木簡が出土している。(32)

○新潟県胎内市蔵ノ坪遺跡出土木簡(33)

・「少目御館米五斗　」

・「　□□□□所進　」　一一〇×一九×四　〇五一型式

この木簡は完形の荷札木簡であり、九世紀後半のものと考えられている。オモテ面の「少目御館米」と裏面の「所進」という記載から、「少目御館」に宛てて貢進された米(公廨米)に付された荷札であることは明らかで、遺跡の近くに「少目御館」が存在し、九世紀後半の段階で、国司の一員である少目が沼垂郡に駐在していた可能性が指摘されている。

○新潟県阿賀野市発久遺跡出土木簡(34)

「健児等解　申進上宿直事　家人家□」　二九九×二四×一〇　〇一一型式

この木簡は健児の宿直報告であるが、『類聚三代格』延暦十一（七九二）年六月十四日の太政官符では健児が守衛する施設として「兵庫鈴蔵及国府等類」が規定されており、いずれも国司が管轄する施設であることから、発久遺跡は国関連の官衙遺跡と考えられよう。また、健児は国司によって指揮統制されていたと考えられることから、遺跡付近における国司の存在が想定される。

これらの木簡の記載からは、養老年間以降、八世紀末から九世紀においても国司の一員が沼垂郡に駐在していたことが示唆され、広域行政府としての城柵の機能が長期にわたって維持されていたことが確認される。

2　饗給の場としての城柵

つぎに、郡制施行後の城柵の具体的機能として、蝦夷に対する饗給を取り上げて検討したい。饗給とは、蝦夷に対して賜宴や賜禄を行うことであり、蝦夷の朝貢に必ず伴うものであった。また、職員令大国条に陸奥国や出羽国とともに越後国の守の職掌としてみられることも周知の通りである。前述のように、今泉隆雄氏によれば(35)、蝦夷の朝貢には上京朝貢と地方官衙朝貢とがあり、文武期の越後蝦狄の朝貢は上京朝貢の例とされる。一方、地方官衙朝貢については、七世紀後半から認められ、宝亀五（七七四）年の上京朝貢の停止後は一層重要なものになったとされる。この指摘からすれば、郡制施行後の渟足柵や磐舟柵においても蝦夷の朝貢が行われていたことが想定される。

地方官衙における蝦夷の朝貢の実例としては、今泉氏も指摘しているように、『類聚三代格』貞観十八（八七六）年六月十九日太政官符から知られる。この官符が引用する貞観十四年三月三十日の鎮守府解によれば、正月・五月の二節に夷俘への賜饗が行われていることが確認され、鎮守府（胆沢城）では蝦夷の朝貢が定期的に行われていたと考えられる。また、秋田城跡からは次のような木簡が出土している。

○秋田市秋田城跡出土七一号木簡(36)

・「八月廿五日下狄饗料□二條□×

・「　□　田川　荒木真×　（二二五）×二六×三　A○三八型式

この木簡にみられる「狄饗料」は蝦夷に対する饗食を示すと考えられ、秋田城において饗給を伴う蝦夷の朝貢が行われていたことを示している。

新潟県内の遺跡においても次のような木簡が出土している。

○新潟市的場遺跡出土二号木簡(37)

×狄食狄食　狄食　狄食×　（一八七）×（二〇）×七　○八一型式

この木簡は断面が三角形の材を使った習書木簡である。同時に出土した土器には八世紀前半から九世紀後半までの幅があるとされる。

○新潟県阿賀野市発久遺跡出土五号木簡(38)

「□〔饗カ〕食□『〔異筆〕　人人大大□』」　二三九×四二×二　○一一型式

墨痕が不鮮明なため明確には読み取れないが、「饗食」と読める可能性がある。同一の遺構から延暦十四（七九五）年の暦木簡が出土しており、本木簡も同様の時期と考えてよい。

これらの木簡の記載からは、越後国内でも蝦夷に対する饗給が行われていたことがうかがえる。その場としては渟足柵や磐舟柵を想定するのが妥当であると考えるが、注目されるのは八世紀末から九世紀という時期である。熊田亮介氏によれば、そもそも蝦夷の帰化はありえず、服属した蝦夷は「蝦夷」や「俘囚」という身分に組み込まれ、公民とは明確に区別されたという。(39) この指摘によれば、越後国内(沼垂郡・磐船郡)に居住する蝦夷集団も柵戸を中心とした公民とは区別され、「蝦夷」「俘囚」として把握されていたのであり、それは八世紀末から九世紀段階においても継続していたのである。

このことは、九世紀段階においても広域行政府としての城柵の機能が維持され、継続していたとする前項の指摘とも合致する。これまで、渟足柵など越後国の城柵は、蝦夷問題の直接当事国である出羽に対する越後国の役割の変化に伴って、八世紀中葉ころに廃絶すると考えられてきた。(40) しかし、近年出土の木簡資料により明らかになったことは、広域行政府としての城柵の機能が長期にわたって維持されていたということであり、その存続の一つの要因としては、沼垂郡・磐船郡の郡域内に居住する蝦夷集団の定期的な朝貢・饗給という、蝦夷集団との間の支配関係の確認・維持があったと考えられる。(41) また、ここで注目されるのは、『延喜式』主計上に越後国の庸として「狭布」が規定されていることである。調庸として狭布が賦課されたのは、越後国の他には陸奥国と出羽国だけである。武田佐知子氏によれば、狭布は京進されず、蝦夷の朝貢・饗給における禄(夷禄・狄禄)として当国で消費された。越後国の狭布も沼垂郡・磐船郡に居住する蝦夷集団の朝貢・饗給の際の狄禄として用いられたのであろう。(42)

三　令制郡としての沼垂郡・磐船郡――移民系住民に対する支配――

一方、柵戸として他地域から移配されてきた人々(移民系住民)に対してはどのような支配が行われたのであろうか。すでに指摘されているように、移民系住民に対しては、一定期間の給復ののち租調庸が賦課され、一般公民と同様の扱いとされた。(43) ここでは沼垂郡・磐船郡の一般的令制郡としての側面についてみてみたい。

表 3　沼垂郡の官衙関連遺跡

	遺跡名	市町村	時期	主な遺構	主な遺物
1	発久遺跡	阿賀野市	8 世紀後半 ~9 世紀	柱穴列、溝、土坑	須恵器、土師器、墨書土器、木簡、斎串、網針、檜扇
2	腰廻遺跡	阿賀野市	8 世紀 ~11 世紀	河道、建物跡、井戸	須恵器、土師器、墨書土器、木製品、木簡
3	曽根遺跡	新発田市	8 世紀 ~9 世紀	掘立柱建物、井戸	須恵器、土師器、墨書土器、木製品、斎串、檜扇、木簡
4	桑ノ口遺跡	新発田市	9 世紀後半 ~10 世紀前半	大型掘立柱建物、土坑、井戸、溝	土師器、須恵器、緑釉陶器、灰釉陶器、墨書土器、漆紙文書
5	蔵ノ坪遺跡	胎内市	8 世紀後半 ~9 世紀後半	掘立柱建物、旧河道、溝	須恵器、土師器、墨書土器、木製品、木簡
6	船戸桜田遺跡	胎内市	8 世紀末 ~9 世紀末	掘立柱建物、川跡、溝、土坑	須恵器、土師器、墨書土器、木製品、木簡
7	船戸川崎遺跡	胎内市	8 世紀中葉 ~9 世紀後半	掘立柱建物、川跡	須恵器、土師器、墨書土器、木製品、木簡
8	中倉遺跡	胎内市	8 世紀後半 ~9 世紀前半	竪穴状遺構、川跡	須恵器、土師器、墨書土器、木製品、木簡
9	草野遺跡	胎内市	8 世紀前半 ~9 世紀初頭	掘立柱建物、溝、川跡	須恵器、土師器、木製品、木簡、壷鐙

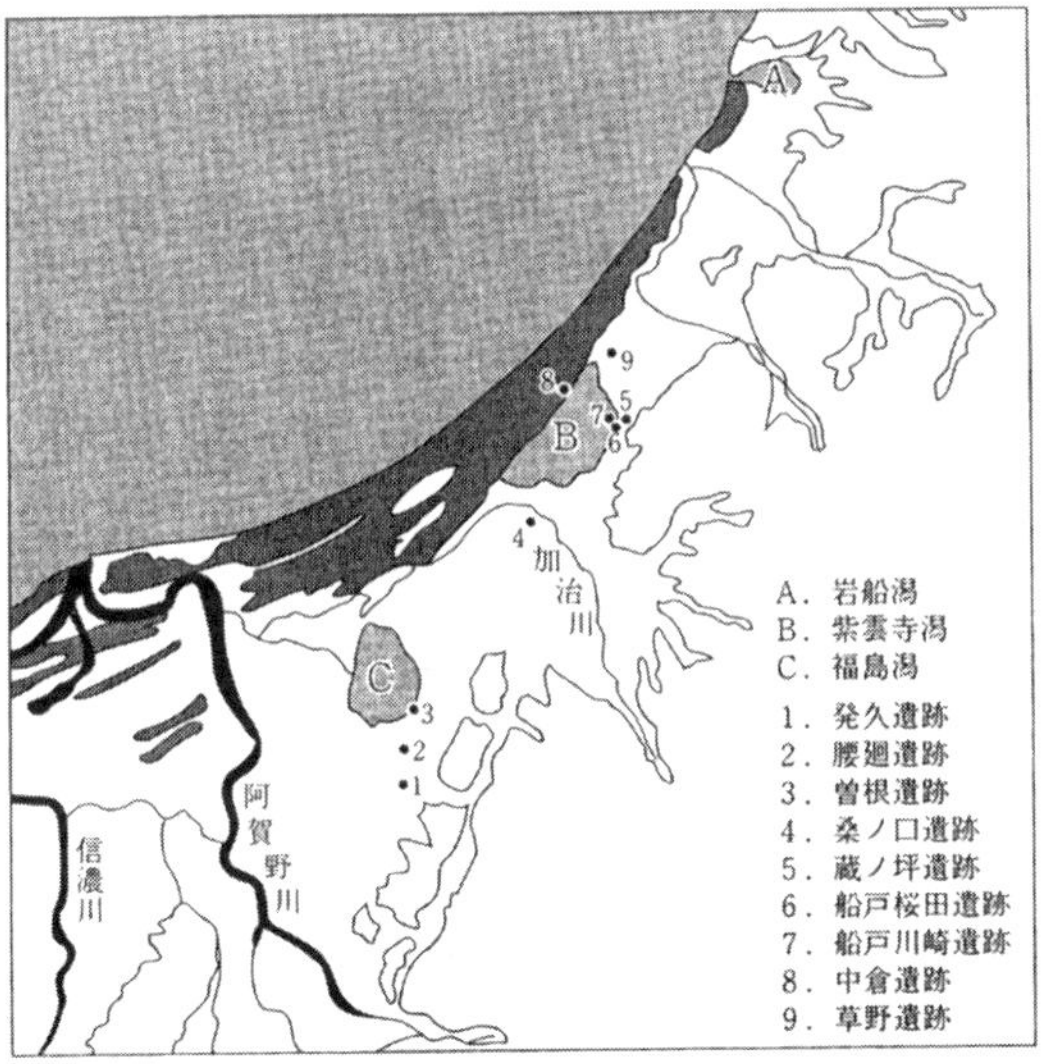

図 2　沼垂郡の官衙関連遺跡位置図

1　郡家

前節で饗給を例としてみたように、蝦夷系住民に対する支配が城柵を拠点として行われていたのに対して、移民系住民に対する支配は郡家が拠点的機能を果たしていたであろう。沼垂郡家・磐船郡家の位置については、その遺構が発見されておらず不明であるが、城柵が広域行政府であり、準国府的な存在であるという指摘[44]からすれば、国府と国府所在郡の郡家との位置関係が参考となるであろう。著名な例としては『出雲国風土記』にみられる出雲国府と意宇郡家の位置関係がある。山陰道の分岐点の位置を示す際に「至二国庁意宇郡家北十字街一」と記されており、出雲国庁と意宇郡家とが近接して立地している様子が読み取れる。この例からすると、沼垂郡家・磐船郡家は、それぞれ渟足柵・磐舟柵と接近して設置されていたとも考えられる。[45]両城柵の位置は不明であるが、大略として、渟足柵は旧阿賀野川の河口右岸、磐舟柵は旧岩船潟付近と考えられている。

沼垂郡家・磐船郡家の位置については、近年の発掘調査の成果も考慮しなければならない。図2は沼垂郡の官衙関連遺跡の位置を示したものであり、それぞれの遺跡の概要をまとめたのが表3である。[46]図2によれば、沼垂郡の官衙関連遺跡は、福島潟周辺と紫雲寺潟(塩津潟)周辺という二つの地域に集中して分布しており、これらの地域に沼垂郡家や郡家の出先機関の存在を想定することもできる。また、前述のように、胎内市蔵ノ坪遺跡出土木簡や阿賀野市発久遺跡出土木簡からは国レベルの施設の存在がうかがえ、渟足柵の出先機関という可能性も想定しておきたい。この地域における古代の地形がどのようなものであったかは不明であるが、参考までに正保二(一六四五)年の越後国絵図をみると、紫雲寺潟と福島潟は加治川によって結ばれており、さらに阿賀野川・信濃川河口へとつながっている。沼垂郡に存在した複数の官衙は、このような内水面によって結ばれ、たがいに連携をとりながら機能していたのであろう。

2　郡　司

沼垂郡司・磐船郡司の名を記す史料は皆無であるが、移民系住民から任用されたと考えられる。[47]沼垂郡司については、『日本書紀』に「渟足柵造大伴君稲積」とあり、「柵造」は評制施行後の評造・評督に対応する官と考えられ、また、大伴君稲積はそのウジ名から頸城郡、あるいは北陸地方からの移民と考えられることは前述した。また、胎内市船戸川崎遺跡出土の木簡にウジ名「守部」の記載がみられることから、東海・信濃地方からの移民としての守部の存在が確認されることも前述したとおりであるが、この守部については、天治二(一一二五)年の奥書をもつ仏教説話集「僧妙達蘇生注記」(『続々群書類従』第十六巻所収)に「蒲原郡司守部有茂」の名がみえる。仏教説話集であり、その内容や「蒲原郡司守部有茂」の実在が証明されるものでないことは言うまでもない(48)。しかし、ウジ名「守部」が記載された木簡が出土したことによって、蒲原郡司のウジ名が「守部」とされた背景に、実態としての守部の分布があったことが明らかとなった。さらに、郡司のウジ名とされていることからすれば、一定の有力者集団であったことが想定される。「僧妙達蘇生注記」では「蒲原郡司」とされるが、隣接する沼垂郡における守部も、郡司に任用されるような一定の勢力を有した集団であったのかもしれない。

ところで、沼垂郡や磐船郡の郡司は在地性を有しない移民系住民であり、またその支配の対象となる人々も各地からの移民系住民であることから、その支配は不安定なものであったと考えられる。越中国四郡の越後国編入の直後、『続日本紀』大宝二(七〇二)年四月壬子条には「令㆘筑紫七国及越後国簡㆓点采女・兵衛㆒貢㆖之、但陸奥国勿㆑貢」とあり、越後国からの采女と兵衛の貢進が命じられているが、この規定は初期越後国(沼垂郡・磐船郡)の地域には、はじめて導入されたものである。郡司の任用にあたっては、その譜第とともに中央での勤務経験も重要な要因とされ(49)、前記の規定が導入されることにより、沼垂郡・磐船郡においても郡司に任用される氏族はある程度限定されていったと考えられる。

3　令制的負担

前述のように、移民系住民である柵戸は基本的に公民であり、租調庸をはじめとする令制的な諸負担があった。沼垂郡・磐船郡における令制的収取の実施を示唆する資料としては、次のような木簡がある。

○胎内市船戸桜田遺跡出土木簡(50)

「麻績部宿奈万呂」　　一六五×二〇×八　○五一型式

○胎内市屋敷遺跡出土木簡(51)

「山家石マ真若女」　　一八四×一九×五　○一九型式

○阿賀野市腰廻遺跡出土木簡(52)

・×□五本　　」

・宝亀五年五月卅日」　（一三九）×一三×五　○八一型式

これらの木簡は、物品名の記載を欠き、数量や年月日の記載のないものもあるが、その法量や形状から荷札木簡と考えてよい。また、「麻績部」が移民と考えられることは前述したとおりであるが、屋敷遺跡出土木簡にみられる「石部」についても、そのウジ名から移民系住民と考えてよいだろう。胎内市草野遺跡では次のような木簡も出土している。

○胎内市草野遺跡出土木簡(53)

・□百□　一年□　□　猪油
　二升　荏□二升　○　」

・□□□□□□
四月廿六日　○　」　（一七二）×三二×四　○一九型式

この木簡は、オモテ面に複数の物品名とその数量を列記し、裏面には月日を記している。また、下部には穿孔を施している。これらの特徴から、長屋王家木簡にみられる物品進上状（『平城京木簡一』一九四・一七二四など）に類似するものと考えられ、複数の物品が集積されていた様子がうかがえる。また、平城京二条大路木簡に次のようなものがある。

○平城京二条大路木簡(54)

「越後国沼足郡深江×　　(七二)×一四×三　○一九型式

この木簡は、同じ遺構で出土した木簡の年記から天平七(七三五)年〜八年ころのものとされる。「沼足(沼垂)郡」につづく「深江」の記載について、『和名類聚抄』にみられない深江郷の初見と推定されるとともに、「国造本紀」に記された高志深江国造についても示唆を与える木簡として注目されている。この木簡はきわめて小型であり、下端は欠損しているが、上端は圭頭状に整形している。木簡の形状とその記載内容から荷札木簡であることが認められるが、重要な点は、城柵が設置され、蝦夷の雑居する郡からもたらされた荷札であるということである。蝦夷の居住する沼垂郡・磐船郡においても、移民系住民に対しては、一般的な郡と同様に令制的収取が貫徹され、前述した狭布を除いて、その物品が都へと貢納されていたのである。

物的な負担だけでなく、労働力としての負担も確認できる。正倉院に伝来した丹裹文書(『大日本古文書』二十五)の中に「越後国石船郡津波郷戸主財部志奈布戸口」として「財部牛甘」の名が見られる。この史料について『寧楽遺文』では優婆塞貢進文とされ、竹内理三氏は大仏造営に伴う労働力確保と関連があることを指摘している(55)。これに対して中林隆之氏は、貢進文ではなく造寺司政所で作成された大仏造営に際しての優婆塞(夷)以外の労役者の労務管理の書類と見たほうがよいとする(56)。いずれにしても、大仏造営に伴う労働力が越後国北辺の磐船郡から動員されていることが注目できよう。

また、天平勝宝四(七五二)年十月二十五日の造東大寺司牒(『大日本古文書』三)によれば、磐船郡山家郷五十戸は東大寺の封戸とされており、天平勝宝元年から二年の間に施入されたものと考えられている(57)。封戸からの封物や仕丁は無論封主へと給されるが、城柵が設置され、蝦夷が雑居する磐船郡にまで封戸が設定されていることが重要である。

これらのことは、同じように城柵が設置された地域の郡でも、陸奥国・出羽国の諸郡と越後国の沼垂郡・磐船郡とでは異なることを示している。陸奥国や出羽国では、柵戸などから収取される調庸が基本的に蝦夷支配の財源とされるのに対して[58]、前述のように、沼垂郡・磐船郡の調庸は、一部を除いて一般的な令制郡と同様に京進されていた[59]。同じく城柵が設置された地域の郡でありながら、このような違いが存在するのは、やはり、北方に武力衝突の可能性をも含んだ蝦夷問題を直接的に扱う出羽国が建国され[60]、蝦夷集団との関係のもち方が両国とは異なることによるのであろう。沼垂郡・磐船郡では、蝦夷は存在するが早くから安定的な支配関係を確立しており、そのため移民系住民による調庸の京進や封戸の設定が可能だったのであろう。

おわりに

以上、辺境地域の郡制について越後国沼垂郡・磐船郡を対象として具体的な検討を行ってきた。両郡には蝦夷集団と公民（柵戸）とが雑居しており、そのため郡内の支配は、城柵を拠点とした蝦夷支配と、郡家を拠点とした公民支配という二つの支配機構によって行われていたと考えられる。とくに注目されるのは、近年の出土文字資料によって、このような辺境地域の郡に特徴的な支配体制が、八世紀末から九世紀においても維持されていたと考えられることである。しかし、一方で沼垂郡・磐船郡から調庸が京進され、封戸が設定されるなど一般的な令制郡と共通する側面がみられることも既述したとおりである。熊田亮介氏は、服属した蝦夷が長期にわたって「蝦夷」「俘囚」身分として把握され、公民とは明確に区別されていたことについて、本来差別と受容の思想を柱にする中華思想が、日本の古代国家では受容の論理が排除され、蝦夷に対して差別の論理のみをもって臨んでいたとする[61]。八世紀末から九世紀段階においても沼垂郡・磐船郡に蝦夷が存在し、そのため大化年間に設置された城柵の機能が引き続いて維持されているという両郡のあり方は、熊田氏が指摘した受容の論理を排除した中華思想を象徴的に表しているのではなかろうか。

注

（1）井内誠司「国評制・国郡制支配の特質と倭王権・古代国家」（『歴史学研究』七一六、一九九八年）、拙稿「律令郡制の成立過程」（『新潟史学』四三、一九九九年）

（2）今泉隆雄「律令国家と蝦夷」（『宮城県の歴史』山川出版社、一九九九年）

（3）今泉隆雄氏は「多賀城の創建―郡山遺跡から多賀城へ―」（『条里制・古代都市研究』一七、二〇〇一年）で、I期官衙を渟足柵と同じ目的で設置された城柵と推定し、「郡山遺跡と渟足柵は、政府が奥越両国で進めた同様の辺境政策の中で設けられた双子の城柵であった」とする。

（4）平川南「古代における東北の城柵」（『律令国郡里制の実像　上』吉川弘文館、二〇一四年。初出は一九八二年）

（5）熊谷公男「近夷郡と城柵支配」（『東北学院大学論集　歴史学・地理学』二一、一九九〇年）

（6）工藤雅樹「初期の柵とコホリ」（『蝦夷と東北古代史』吉川弘文館、一九九八年）

（7）鈴木拓也「古代東北の城柵と移民政策」（『古代東北の支配構造』吉川弘文館、一九九八年）

（8）鐘江宏之「「国」制の成立―令制国・七道の形成過程―」（『日本律令制論集』上巻、吉川弘文館、一九九三年）、拙稿「北の辺境・佐渡国の特質」（本書第四編第二章、初出は二〇〇五年）

（9）熊田亮介「古代国家と蝦夷・隼人」（『古代国家と東北』吉川弘文館、二〇〇三年。初出は一九九四年）、田中一穂「古代の沼垂郡に関する一考察」（『古代の越後と佐渡』高志書院、二〇〇五年）。ただし、熊田氏は、沼垂郡・磐船郡の近夷郡としての特徴を成立当初のものと限定しているが、後述のように、八世紀後半から九世紀段階においてもその特徴が見出せる。

（10）平川注（4）論文

（11）以下の記述については拙稿「律令国家の蝦夷政策と古代越後国―近年の越後国木簡の検討から―」（本書第一編第三

章、初出は二〇〇三年）参照。

(12) 小林敏男「善光寺と若麻績氏」（『信濃』五一―八、一九九九年）

(13) 栄原永遠男「守部小考―柚井遺跡出土木簡の検討―」（『大阪市立大学文学部紀要人文研究』三三―一二、一九八一年）

(14) 早川万年「壬申の乱後の信濃と東海地域」（『信濃』五一―三、一九九九年）、早川万年「屋代木簡の人名から見た北信濃の部民制」（『信濃』五三―一一、二〇〇一年）

(15) 「麻績部」は山形県鶴岡市山田遺跡出土木簡（須賀井新人「山形・山田遺跡」『木簡研究』二二、二〇〇〇年）。「守部」は山形県遊佐町上高田遺跡出土木簡にみられる（財団法人山形県埋蔵文化財センター『上高田遺跡第二・三次発掘調査報告書』一九九八年）。

(16) 松嶋順正編『正倉院宝物銘文集成』（吉川弘文館、一九七八年）

(17) 小林昌二「越地域における部民分布の再検討―北陸道地域の出土文字資料と氏族分布―」（『越と古代の北陸』名著出版、一九九六年）

(18) 熊谷公男氏は北陸地方出身の在地豪族かとする（注(5)論文）。

(19) 平城京二条大路木簡に「越後国沼足郡深江×」と記されたものがあり（奈良国立文化財研究所『平城宮発掘調査出土木簡概報（二十九）―二条大路木簡三―』一九九四年）、高志深江国造の勢力はのちの沼垂郡にも及んでいたと考えられるが、その中心は蒲原郡であろう。

(20) もちろん、皇極紀に記された「数千」という大量の服属蝦夷の数からは、沼垂・磐船地域よりも北方の蝦夷集団も含まれている可能性があるが、「越辺」という記載を重視し、その主体は沼垂・磐船地域の蝦夷集団と考えるべきであろう。また、このことは、皇極元年の越辺蝦夷の服属を受けて、大化三・四年に、この地域の蝦夷支配の拠点としての渟足柵・磐舟柵が造営されたとする指摘（熊谷公男『古代の蝦夷と城柵』吉川弘文館、二〇〇四年）とも整合的である。

(21) 今泉隆雄「蝦夷の朝貢と饗給」（『東北古代史の研究』吉川弘文館、一九八六年）

(22) 周知のように、渟足柵についても長岡市（旧三島郡和島村）八幡林遺跡出土木簡に養老年号を伴う「沼垂城」記載がみられることから、その存続が確認された。

(23) 熊谷氏によれば柵戸は一定の給復(＝課役免)期間の後は一般の公民と同様に租調庸を徴収されたという(注(5)論文)。
(24) 高橋富雄『蝦夷』(吉川弘文館、一九六三年)
(25) 熊田亮介「蝦夷と蝦狄」(『古代国家と東北』吉川弘文館、二〇〇三年。初出は一九八六年)
(26) 無論、秋田など出羽郡以北の地域の蝦夷集団が無関係であったわけではない。『続日本紀』和銅五年の出羽建国記事には「北道蝦狄、遠憑二阻険一、実縦二狂心一、屢驚二辺境一」とあり、出羽郡以北の蝦夷集団による出羽地域への攻撃が示唆される。征狄所へ運送された船一〇〇艘は、このような事態への対応であり、出羽郡以北の地域を対象とする積極的な征討のためのものではないだろう。
(27) 平川注(4)論文
(28) 小林昌二「「浅層地質歴史学」への展望と渟足柵研究の成果」(『新潟史学』五一、二〇〇四年)
(29) この間に征討に関する記述がみられないことも、両城柵の設置が同一計画に基づくものであることを示していよう。
(30) 平川注(4)論文。今泉隆雄「古代東北城柵の城司制」(『北日本中世史の研究』吉川弘文館、一九九〇年)
(31) 新潟県『新潟県史　通史編一原始・古代』(一九八六年)
(32) 以下の記述については、拙稿「律令国家の蝦夷政策と古代越後国—近年の越後国木簡の検討から—」(本書第一編第三章)参照。
(33) 新潟県教育委員会・財団法人新潟県埋蔵文化財調査事業団『蔵ノ坪遺跡』(二〇〇二年)
(34) 笹神村『笹神村史　資料編一原始・古代・中世』(二〇〇三年)
(35) 今泉注(21)論文
(36) 秋田城を語る友の会『秋田城跡調査事務所紀要Ⅱ秋田城出土文字資料集Ⅱ』(一九九二年)
(37) 新潟市教育委員会『新潟市的場遺跡』(一九九三年)
(38) 笹神村教育委員会『発久遺跡発掘調査報告書』(一九九一年)
(39) 熊田注(9)論文
(40) 坂井秀弥「渟足柵研究の現状」(『新潟考古』五、一九九四年)
(41) 城柵の機能が存続していた要因については、本文で述べたような郡域内における蝦夷の存在とともに、主に出羽方面に対する越後国の後方支援的な機能や、城柵が設置された信濃川・阿賀野川の河口地域が水上交通の要衝であり、越後平野における交通・流通の拠点的機能を有していたことにもよると考えられる。拙稿「律令国家の蝦夷政策と古代越後国―近年の越後国木簡の検討から―」(本書第一編第三章)、「阿賀野市発久遺跡出土の「健児」木簡と古代の阿賀北」(『郷土新潟』四五、二〇〇五年)参照。

(42)　武田佐知子「律令国家と蝦夷の衣服―民族標識としての衣服―」(『アジアの中の日本史V自意識と相互理解』東京大学出版会、一九九三年)

(43)　熊谷注(5)論文

(44)　平川注(4)論文

(45)　のちの史料ではあるが、『日本三代実録』元慶二年三月二十九日条には元慶の乱の発生を伝える中で「夷俘叛乱、今月十五日焼二損秋田城并郡院屋舎城辺民家一」とあり、秋田城と郡家が近接して存在したと考えられる。

(46)　これらの遺跡を検討するにあたって、新たな課題として両郡の郡境をめぐる問題がある。これまでは、慶長二(一五九七)年の越後国郡絵図(瀬波郡絵図)が原則として荒川を蒲原・瀬波郡境としていることから、古代においても基本的に荒川が沼垂・磐船の郡境となっていたと考えられてきた。しかし、最近胎内市(旧北蒲原郡中条町)屋敷遺跡で「山家」と書かれた木簡が出土した(中条町教育委員会『屋敷遺跡2次』二〇〇四年)。『和名類聚抄』によれば、山家郷は磐船郡管下の郷名である。平川南氏は、木簡の書式の検討から、出土した木簡は郡域内で機能したと考えられ、磐船郡域について従来より南に広げて考えるべきであるとされる(平川南「古代越後国の磐船郡と沼垂郡―新潟県胎内市屋敷遺跡出土木簡から発して―」『律令国郡里制の実像　上』吉川弘文館、二〇一四年。初出は二〇〇五年)。この指摘からすれば、現在の落堀川付近を境界とする、荒川水系と加治川・阿賀野川水系との分水嶺を郡境と想定することもできる。このように考えた場合、紫雲寺潟周辺に分布する官衙遺跡は古代の磐船郡に関わるものということになるが、本章ではとりあえず沼垂郡の官衙関連遺跡としておく。

(47)　熊谷注(5)論文

(48)　菅原征子氏は「僧妙達蘇生注記」に登場する人物を実在の人々とするが、その客観的根拠は示されていない(「僧妙達の蘇生譚に見る十世紀の東国の仏教(1)」『日本古代の民間宗教』吉川弘文館、二〇〇三年)。

(49) 郡司の任用制度については今泉隆雄「八世紀郡領の任用と出自」(『史学雑誌』八一―一二、一九七二年)、山口英男「郡領の銓擬とその変遷―任用関係法令の再検討―」(『日本律令制論集』吉川弘文館、一九九三年)などを参照。
(50) 中条町教育委員会『船戸桜田遺跡2次』(二〇〇一年)
(51) 中条町教育委員会注(46)。なお、釈文は平川注(46)論文により改めた。
(52) 注(34)に同じ
(53) 中条町教育委員会『草野遺跡2次』(二〇〇四年)、浅井勝利「古代越後における野生動物由来製品利用の一様相」(『古代の越後と佐渡』高志書院、二〇〇五年)
(54) 奈良国立文化財研究所注(19)、小林昌二「「沼足郡深江」木簡の出土」(『市史にいがた』一六、一九九五年)
(55) 竹内理三「解説」(『寧楽遺文』下巻、一九六二年)
(56) 中林隆之「優婆塞(夷)貢進制度の展開」(『正倉院文書研究』一、一九九三年)
(57) 新潟県注(31)。また、天暦四年十一月二十日の東大寺封戸庄園并寺用雑物目録(『大日本古文書』家わけ十八東南院文書二)によれば沼垂郡にも封戸五十戸の存在が知られる。沼垂郡の封戸については、本来佐渡に設置されていたものが天平勝宝四年の佐渡国の復置に伴って代替として施入された可能性が指摘されている。
(58) 鈴木拓也「陸奥・出羽の調庸と蝦夷の饗給」(『古代東北の支配構造』吉川弘文館、一九九八年)
(59) 無論、城柵が維持されていた以上、その人的・物的な負担は沼垂郡・磐船郡が担っていたと考えられる。
(60) 初期越後国の成立以降、大宝二年の越中国四郡の分割・編入、和銅元年の出羽建郡、さらには同五年の出羽建国という八世紀前半における越後国の領域変遷は、対蝦夷政策における越後国の役割の変化と対応しているものと考える(本書第一編第一章参照)。
(61) 熊田注(9)論文

第三章　律令国家の蝦夷政策と古代越後国

――近年の越後国木簡の検討から――

はじめに

古代の越後国は、職員令大国条に、陸奥国や出羽国とともに蝦夷に対する特殊な職掌が規定されていることから明らかなように辺要国とされてきた。(1)しかし、辺要国としての越後国の性格は、国内一律的ではないのではないか。そこには越後国の成立過程の問題が関わっている。成立当初の越後国(初期越後国)は、阿賀野川以北ののちの沼垂郡と磐船郡の地域であり、大化年間に渟足柵、磐舟柵が造営され、柵戸が移配された城柵設置地域である。その後、大宝二(七〇二)年に越中国の四郡(頸城・古志・魚沼・蒲原)が分割され越後国に編入された。この四郡の地域については、「国造本紀」に久比岐国造と高志深江国造の名がみえ、国造制が施行された地域である。つまり、越後国は、対蝦夷政策において、歴史的性格を異にする二つの地域から構成されているのである。

ところで、越後国からは中世・近世のものも含めて、毎年多くの木簡が出土している。著名な長岡市(旧三島郡和島村)八幡林遺跡からは、「沼垂城」と書かれた木簡や郡司符木簡が出土し、(2)同市の下ノ西遺跡からは、出挙や浮浪人支配に関する木簡が出土している。(3)柏崎市箕輪遺跡からは駅家の経営に関わると考えられる牒木簡が出土しており、駅家発行の木簡とも考えられる。(4)上越市(旧中頸城郡頸城村)榎井A遺跡からは、古代荘園における神事に関わると考えられる木簡が出土している[5]。これらの木簡は大宝二年に越中国から分割され、越後国とされた地域から出土したものであるが、阿賀野川以北の沼垂郡・磐船郡地域、つまり初期越後国の地域からも、近年多くの木簡が出土している。本章では、主に初期越後国の地域から出土した木簡を取り上げ、律令国家の対蝦夷政策における越後国の様相について考えてみたい。

一　越後国の柵戸

古代律令国家は、対蝦夷政策における支配の拠点としての城柵の設置と、それを支える柵戸の移配を行った。越後国については、周知のように、大化三(六四七)年に渟足柵が[6]、翌大化四年に磐舟柵が造営され[7]、それぞれ柵戸が置かれている。とくに磐舟柵に配された柵戸については、「遂選㆘越与㆓信濃㆒之民㆖、始置㆓柵戸㆒」とあり、柵戸の出身地が記されており注目されるところである。これらの柵戸については、『和名類聚抄』にみられる沼垂郡・磐船郡の郷名に、越前国・越中国・信濃国の郡郷名と共通するものが確認でき、先の『日本書紀』の記事に対応するものと考えられている[8]。この点については、近年出土した木簡により、沼垂・磐船郡地域の古代人名が知られるようになり、更なる考察が可能になった。以下、注目されるウジ名「麻績部」と「守部」についてみていきたい。

○胎内市(旧北蒲原郡中条町)船戸桜田遺跡出土木簡[9]

「麻績マ宿奈万呂　　」　一六五×二〇×八　〇五一型式

船戸桜田遺跡は、沼垂郡にかつて存在していた塩津潟(紫雲寺潟)に東から流れ込む船戸川の氾濫原に立地しており、旧塩津潟の潟端に営まれていたと考えられている。遺跡の東方約四〇〇メートルには、後述する蔵ノ坪遺跡が、西方約一・五キロメートルには船戸川崎遺跡が存在する。発掘調査により、掘立柱建物・溝・土坑などの遺構や川跡が検出され、九世紀中葉前後の時期のものとされる。遺物には、須恵器・土師器・木簡・木製の盤などがあり、「村」「廣」「古」「木」などと書かれた墨書土器や、人面墨書土器が出土している。掲出した以外の木簡としては、宿直命令を内容とすると考えられる個人宛の符の木簡が出土している(10)。掲出した木簡は包含層の出土で、下端を尖らせた完形の荷札木簡である。この木簡にみられるウジ名「麻績部」は越後国では初見である。小林敏男氏によれば、麻績関係の氏姓や地名は、伊勢国多気郡を基点として美濃・信濃・下総・上総・下野・陸奥といった東国に分布し、畿内(京職)をのぞいて西国には一切みられないとされる(11)。また、管見による限り、北陸地方にもその分布はみられないが、山形県鶴岡市山田遺跡出土の木簡に「麻績部」の人名が認められる点(12)は、後述する出羽国における守部の分布とともに注目される。

○胎内市(旧北蒲原郡中条町)船戸川崎遺跡出土木簡(13)

守部五百国十三□　土師船守十三□□

□「　　　」「　　　」　(二〇八)×(二三)×三　〇八一型式

船戸川崎遺跡は、旧塩津潟に流れ込む船戸川の河口に位置する。発掘調査により川跡が検出され、土師器・須恵器のほか、人形・封緘木簡・盤・曲物などの多量の木製品が出土している。時期的には八世紀後半から九世紀前半が主体とされる。墨書土器には、「守部」「安万呂」「真成」「井家」「恐」などがある。掲出した木簡は、下端は原状であるが、上端および左右側面を欠損しており原形は不明である。人名＋数量を連続して記載し、各人名の上方には合点が付されている。この記載の特徴から、物品名は不明ながら、各人ごとの物品支給に関わる記録簡と考えられる。この木簡にみられるウジ名「守部」については、仏教説話集の「僧妙達蘇生注記」に越後国蒲原郡司として「守部有茂」の名がみられる。もちろん「守部有茂」の実在が証明されるものではないが、郡司のウジ名が守部とされた背景に、実態としての守部の分布があったことが出土木簡の記載によって明らかにされた。

ところで、栄原永遠男氏によれば、守部は美濃にきわめて多く分布していることが指摘されている。[14] また、長野県千曲市の屋代遺跡群から出土した木簡(第七二号)に、「守マ安万呂」の人名がみられることについて、早川万年氏は、七世紀末から八世紀前半の時期に中央政府の対蝦夷政策の一環として、兵站基地的な位置づけを与えられた美濃・尾張などの東海地域から信濃に移住あるいは滞在させられていた痕跡と理解できるとする。[15] この指摘からすれば、船戸川崎遺跡出土の木簡によって確認された越後国沼垂郡の守部は、美濃から信濃へ移配された人々が、さらに越後国北部の沼垂郡へ移配されたものと考えられるのではなかろうか。さらに、守部の分布は出羽国遊佐郡にも認められ、[16]『続日本紀』に記載される、八世紀前半の信濃国・越後国などから出羽柵への柵戸移配記事[17]に対応するものとも考えられよう。

以上みてきたような、沼垂郡における麻績部、守部の存在は、八世紀後半から九世紀の木簡にみられるものであり、もちろん『日本書紀』の記事と直接結びつけることはできない。しかし、越後国北部と東海・信濃地域とのつながりが確認できるのであり、東海・信濃地域から越後国北部へ、さらには出羽国へ、柵戸などとして移配された人々の存在がうかがえよう。

二　越後国の城司制

今泉隆雄氏は、陸奥国や出羽国において、国内に複数設置された城柵に国司が派遣・駐在する体制がとられていたことを確認し、辺要の地域の城柵に国司を城司(城主)として駐在させる制度を城司制と称した。[18] この城司制が越後国でも採用されたことは、城主に関する記述のみられる養老衛禁律の規定に「陸奥越後出羽等柵」とあることや、威奈大村墓誌銘に「越後城司」とあることから明らかである。

越後城司威奈大村については、『続日本紀』に越後守任官の記事があるが[19]、越後守が正式であり、越後城司は職員令大国条に規定された越後守の職掌に基づく地位であると考えられている[20]。また、越後城司という国名を冠する呼称については、越後国にある渟足柵・磐舟柵などの複数の城柵を統括する城司とする考え方のほかに、越後城＝越後国府を管轄した城司とする考え方も示されている[21]。ところで、この当時の越後国府は、渟足柵にあったと推定されている[22]。つまり、越後守威奈大村は、国府である渟足柵に城司として駐在するとともに、磐舟柵など、他の城柵の城司を統轄していたのであろう。

その後、越後国府は南西部の頸城郡へ移されたが[23]、渟足柵が廃されたわけではない。周知のように、長岡市八幡林遺跡から養老年号を伴う「沼垂城」と書かれた木簡が出土したことから、国府の頸城郡への移転後の養老年間においても、渟足柵（沼垂城）が機能し続けていたことが明らかになった。つまり、養老年間の沼垂城には、国司が城司として駐在していたと考えられるのである。また、養老年間以降においても、国司が沼垂郡に派遣され、駐在していたことを示唆する木簡が、胎内市（旧北蒲原郡中条町）蔵ノ坪遺跡、阿賀野市（旧北蒲原郡笹神村）発久遺跡から出土している。

○胎内市（旧北蒲原郡中条町）蔵ノ坪遺跡出土木簡[24]

・「少目御館米五斗　」

・「　□□□□所進　」　一一〇×一九×四　〇五一型式

蔵ノ坪遺跡は、櫛形山脈西麓の扇状地の先端部に立地し、遺跡の北側を船戸川が西流する。発掘調査により、幅七～一四メートル、深さ約一メートルの河道跡、一六棟の掘立柱建物などの遺構が検出されている。特筆される出土遺物には、銅製帯金具、六〇点以上の墨書土器などがある。なかでも三点出土した「津」と書かれた墨書土器からは、蔵ノ坪遺跡の津施設としての機能が想定される。遺跡の年代は八世紀後半から九世紀後半とされる。

掲出した木簡は[25]、川跡（ＳＤ二六五）から出土した完形の荷札木簡であり、九世紀後半のものと考えられている。オモテ面の「少目御館米」と裏面の「所進」という記載から、「少目御館」に宛てて貢進された米(公廨米)に付された荷札であることは明らかである。荷札の付された米俵は、他所から旧塩津潟などの内水面を利用して船で運ばれ、蔵ノ坪遺跡の地に建てられていた「少目御館」用の収納施設に納められ、その際に荷札がはずされ、廃棄されたと考えられている。

天平勝宝七(七五五)歳の「越前国雑物収納帳」[26]によれば、公廨米が各国司の館ごとに把握されており、その収納に津が活用されていることから、津には収納施設が存在したことが確認される。蔵ノ坪遺跡の収納施設に一時保管された少目の公廨米は、こののち「少目御館」へと運ばれたと考えられるが、荷札が蔵ノ坪遺跡の地ではずされていることからすれば、遺跡の近くに「少目御館」が存在していたと考えられるのではなかろうか。つまり、九世紀後半の段階で、国司の一員である少目[27]が沼垂郡に駐在していた可能性が指摘できるのである。

○阿賀野市(旧北蒲原郡笹神村)発久遺跡出土木簡[28]

「健児等解　申進上宿直事
　家人家□」　二九九×二四×一〇　〇一一型式

発久遺跡は、五頭連峰より流れ出る折居川の左岸に立地し、福島潟から約六キロメートル上流に位置している。発掘調査により、掘立柱建物と推定される柱穴列や、土坑、川跡などが検出され、木簡のほかに一〇〇点以上の墨書土器や、斎串などの木製品が出土している。掲出した以外の木簡としては、各月の朔日の干支を書き連ねた木簡が出土しており、木簡の構成・記載方法と干支の検討から、延暦十四(七九五)年の月朔干支を列記した簡便な暦であることが明らかにされた[29]。ほかに、米の受領を示す返抄木簡や、「饗食」と読める可能性のある木簡が出土している。

掲出した木簡は、遺物を包含する腐植土層から、箸状木製品や板状木製品などとともに出土した。木簡の右側面は、文字部分を切って二次的に整形されており、上端から一八ミリ、一五ミリ、一五ミリの間隔で、三箇所に浅い切込み

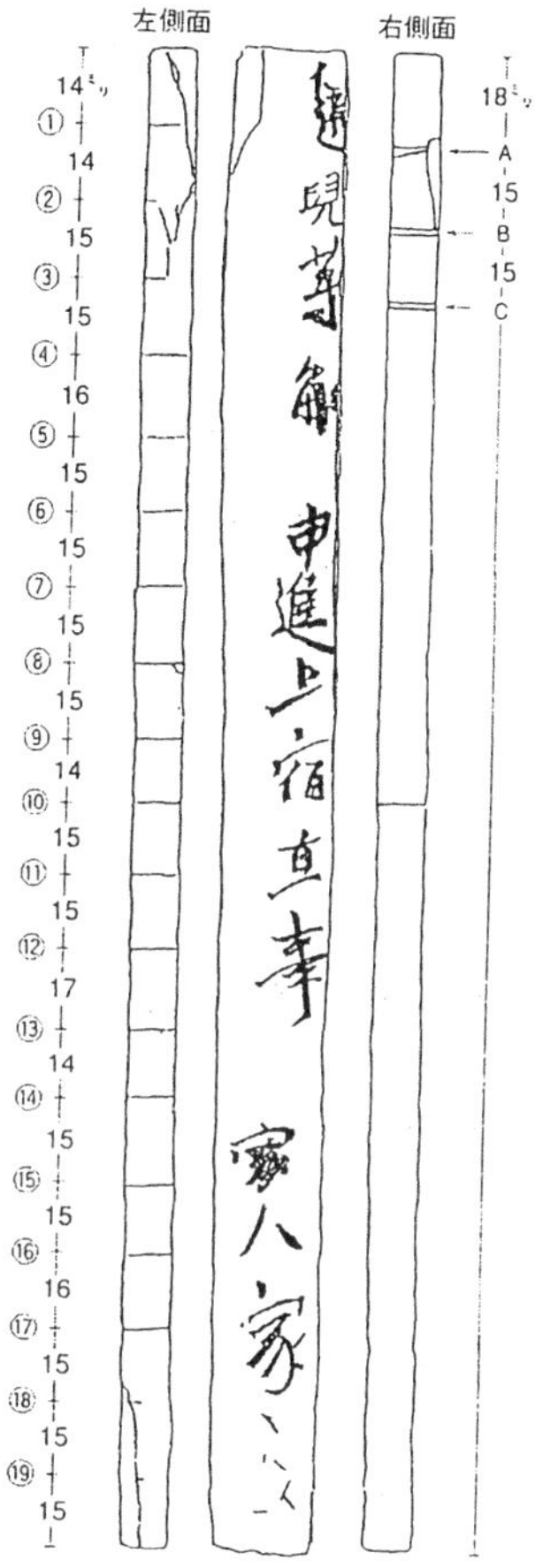

図3　発久遺跡出土木簡実測図
（『笹神村史資料編一』より）

が入れられている。また、左側面には、ほぼ一五ミリ間隔で刻線が施されており、とくに上端から一四八ミリ、上下のほぼ中央部には左側面から裏面を通り右側面にまでいたる刻線がある。木簡自体が二九九ミリの長さであることから、一尺の定規として二次利用されていることがわかる。現状では、「健児等解～宿直事」の行が木簡の右側に寄っているが、本来は木簡の中央部に書かれていたと考えられることから、「家人家□」の右側にさらに一行分あったものと復元できる。記載内容は、健児の宿直報告であり、「家人家□」は宿直を行った健児の名であろう。周知のように、健児は延暦十一（七九二）年に軍団兵士の廃止に伴い設置された地方兵制であり、(30) 前述した暦木簡の年代の延暦十四年に矛盾しない。宿直報告の木簡は、平城宮跡で複数出土しているが、秋田城跡出土木簡にもみられ、(31) 地方官衙においても宿直が行われ、その報告がなされていた。発久遺跡出土の木簡は、健児がこの遺跡にあった施設の宿直を行い、その報告をしたものと考えられるだろう。『類聚三代格』延暦十一年六月十四日の太政官符によれば、健児が守衛にあたるべき施設として「兵庫鈴蔵及国府等類」を規定している。いずれも国司が管轄する施設であることから、(32) 発久遺跡は国関連の官衙遺跡と考えられよう。また、健児は国司によって指揮統制されていたと考えられることから、(33)

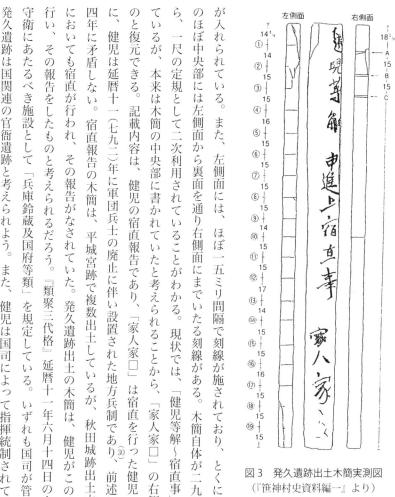

発久遺跡の地にあった官衙には国司が駐在していたと考えられる。

以上、近年出土した二点の木簡の記載により、養老年間以降、九世紀後半の段階においても、国司の一員が沼垂郡に駐在する体制が維持されていたと考えられる。もちろん、沼垂城の存続や、その機能変化などについては不明であり、城司制の維持存続とはできないかもしれないが、陸奥国や出羽国と同様の体制が九世紀にいたっても採用されていることは、後述する八世紀末から九世紀前半にかけての、いわゆる三十八年戦争における越後国の後方支援国としての位置づけと関わり注目されるところである。

また、阿賀野川・信濃川の河口を擁する沼垂郡に国司が駐在している点が重要であろう。すでに指摘があるように(34)、著しく低平な越後平野では、阿賀野川・信濃川やその支流がうねるようにして縦横に流れており、また海岸部に発達した砂丘により、河川は直接海に注がず、砂丘の内側に広大な後背湿地や潟湖が形成されていた。越後平野では、これらの大小河川や潟湖を利用した、広範囲に及ぶ内水面交通が発達していたと考えられる。一方、砂丘の発達した海岸部では、一定の規模を有する河川の河口と潟湖の入り口のみが港湾として機能できたと考えられ、とくに阿賀野川・信濃川の河口は、発達した内水面交通と日本海の海上交通との結節点に位置しており、水上交通・流通の重要拠点であったと考えられる。越後国七郡のうちの四郡(沼垂・蒲原・古志・魚沼)からの物資が内水面を利用して阿賀野川・信濃川の河口に運送・集積され、日本海へ搬出される。一方、海上から輸送されてきた物資は、阿賀野川・信濃川の河口を経由し、発達した内水面を活用して四郡へと運ばれていったのであろう(35)。このような交通・流通の重要拠点は、国が掌握し、管理しておくことが必須である。出土木簡から明らかになった沼垂郡における国司の駐在は、そのことを示しているのではなかろうか。延長五(九二七)年成立の『延喜式』には、越後の国津として蒲原津湊の記載がみられる。蒲原津湊の位置については正確には不明であるが、大局的に信濃川の河口付近と考えられる。上述したような阿賀野川・信濃川河口の有する水上交通・流通における重要な位置によって、国府から遠く離れた蒲原津湊が国津とされたのであろう。蒲原津湊に国司が駐在し、港湾に関わる国務を行っていたことも考えられるのではなかろうか。

沼垂郡は、初期越後国の国府の所在地という歴史的性格を受け継ぐとともに、阿賀野川・信濃川の河口という交通・流通の重要拠点を擁することから、九世紀以降においても国司の一員が派遣され、駐在していたのであろう。

三　三十八年戦争と越後国

先にも述べたように、発久遺跡から出土した木簡は、健児により守衛される国関連の施設が沼垂郡にあったことを示している。この国関連の施設がどのようなものであったかが問題であるが、健児が守衛すべき施設のひとつとして兵庫が規定されていることが注目される。発久遺跡の背後の笹神丘陵には、複数の製鉄遺跡が存在している。八世紀から九世紀前半の越後国では、須恵器窯や製鉄遺跡などの生産遺跡は、郡ごとに一大生産地を形成していると考えられており、笹神丘陵は、沼垂郡における須恵器生産や製鉄の一大生産地であった[36]。笹神丘陵で生産された鉄素材・鉄製品は、折居川などの河川を利用して発久遺跡の国関連施設に運ばれたと考えられることから、発久遺跡の国関連施設には兵庫が設置されていた可能性があるだろう。

前述のように、発久遺跡が機能していた時期は、暦木簡の年代などから、八世紀後半から九世紀初頭と考えられている。この時期は、周知のように、いわゆる三十八年戦争と呼ばれる、律令国家による大規模な征夷が行われた時期である。三十八年戦争への越後国の関わりについては、『続日本紀』宝亀八(七七七)年五月乙亥条に「仰二相模、武蔵、下総、下野、越後国一、送二甲二百領于出羽国鎮戍一」とあり、また、『日本紀略』延暦二十一(八〇二)年正月庚午条には「越後国米一万六百斛、佐渡国塩一百廿斛、毎レ年運二送出羽国雄勝城一、為二鎮兵粮一」、『同』延暦二十二年二月癸巳条には「令㆘越後国㆒米三十斛、塩卅斛、送㆗造志波城所㆖」とある。これらの記事は、律令国家による大規模な対蝦夷戦争において、越後国が戦闘の後方で武器や甲などの軍需品の修理・補給、軍糧の供給・輸送などを行う後方支援国としての役割を果たしていたことを示している。このような三十八年戦争における越後国の位置づけの中で、発久遺跡の国関連施設は、対蝦夷戦争の兵站基地として機能していたと考えることができるのではなかろうか。発久遺跡は河川や福島潟などの内水面によって阿賀野川・信濃川の河口につながる。笹神丘陵で生産された鉄を用いてつくられた武器や甲が、内水面交通によって阿賀野川河口へと運ばれ、さらに日本海の海上輸送によって出羽国へと送られたとも考えられよう。前述したような交通・流通の重要拠点としての阿賀野川・信濃川の河口は、後方支援という形での軍事的拠点としての機能をも有していたのであろう。九世紀段階においても、沼垂郡に国司が駐在していたのは、対蝦夷戦争における後方の軍事的拠点としての機能を有していたことも一因であったと思われる。

ところで、『続日本紀』延暦九年閏三月庚午条には、「勅、為㆑征㆓蝦夷㆒、仰㆓下諸国㆒令㆑造㆓革甲二千領㆒、東海道駿河以東、東山道信濃以東、国別有㆑数、限㆓三箇年㆒並令㆓造訖㆒」とあり、征夷に備えて、駿河・信濃以東の諸国に革甲を造らせている。下野国府跡からは、国符に基づいて某郡が「甲料皮」を買進したことを示す木簡(八一一号)が出土しており、この勅に関わるものと考えられている。[37] また、常陸国府付属の工房跡と考えられる茨城県石岡市の鹿子C遺跡からは、兵士が装備すべき戎具が列記された、「人別兵具検閲簿」と呼ばれる帳簿の漆紙文書が出土しており、緊迫した蝦夷問題に関わるものと考えられている。[38] これらの諸国は、蝦夷と直接対峙する国ではないという点で越後国と共通しており、対蝦夷戦争における後方支援国として位置づけられよう。発久遺跡から出土した木簡は、三十八年戦争において、越後国がこれらの国々とともに後方支援国として、律令国家の対蝦夷政策の中に確実に組み込まれていたことを改めて示しているといえるだろう。

おわりに

はじめにも述べたように、越後国は当初、辺要国とされ、蝦夷に対する特殊な職掌が規定され、他の諸国とは異なる国内支配体制（城司制）を施行していた。近年出土の木簡の検討により、辺要としての越後国の様相が具体的に知られるようになってきたが、そのことが上述してきたように、主に阿賀野川以北の沼垂郡・磐船郡、つまり初期越後国の地域から出土した木簡から導かれることは、越後国の辺要としての性格が、城柵の設置や柵戸の移配といった初期越後国（阿賀北地域）の歴史的性格に起因するものであることを示しているとともに、大宝二年に阿賀野川を境界線とする国境が消滅した後も、阿賀野川の南と北とで性格を異にする政治的・政策的区分が存続したと考えられよう。越中国四郡の越後国編入の直後、『続日本紀』大宝二年四月壬子条には「令㆘筑紫七国及越後国簡㆓点采女・兵衛㆒貢㆖之、但陸奥国勿㆑貢」とあり、越後国からの采女と兵衛の貢進が命じられた。この政策は、すでに越中国で実施されていた采女と兵衛の貢進が、四郡が越後国に編入されることによって行われなくなることを回避し、継続させるための措置であるとともに、采女と兵衛の貢進地域の拡大でもあった。令制下の采女・兵衛の貢進が、大化前代の中央と地方豪族の支配関係を継承したものであるとすれば、阿賀野川の北と南とでの差異は明確であろう。一方で、初期越後国の地域からも采女・兵衛が貢進されるようになったことは、越後国全体における同質化が政策的に図られたことを示している。歴史的性格を異にする二つの地域から構成される越後国において、その同質化がどのような過程で、またどのように行われたのかについては今後の課題である。

注

（1）熊田亮介氏によれば、辺要国としての越後国の位置づけは、延暦十一年以前に佐渡国に代わられるという（「蝦狄と北の城柵」小林昌二編『越と古代の北陸』所収、名著出版、一九九六年）。しかし、後述するように、九世紀段階においても城司制的支配が存続した可能性がある。また、新潟市的場遺跡から「狄食」と書かれた習書木簡が出土し、阿賀野市（旧北蒲原郡笹神村）発久遺跡からは「饗食」と読める可能性のある木簡が出土しており、越後国の特殊な職掌である饗給に関わると考えられる。越後国の辺要的な性格はその後も残存するものと考える。

（2）和島村教育委員会『和島村埋蔵文化財調査報告書第一集　八幡林遺跡』（一九九二年）

（3）和島村教育委員会『和島村埋蔵文化財調査報告書第七集　下ノ西遺跡―出土木簡を中心として―』（一九九八年）、同『和島村埋蔵文化財調査報告書第八集　下ノ西遺跡Ⅱ』（一九九九年）、同『和島村埋蔵文化財調査報告書第十四集　下ノ西遺跡Ⅳ』（二〇〇三年）

（4）財団法人新潟県埋蔵文化財調査事業団『財団法人新潟県埋蔵文化財調査事業団年報平成十一年度』（二〇〇〇年）

（5）頸城村教育委員会『榎井Ａ遺跡』（一九九八年）

（6）『日本書紀』大化三年是歳条。なお渟足柵の所在については明らかでないが、大略、信濃川・阿賀野川の河口右岸と考えられる。

（7）『日本書紀』大化四年是歳条。磐舟柵の所在についても明らかでないが、旧岩船潟付近と考えられる。

（8）平川南「古代における東北の城柵」（『律令国郡里制の実像　上』吉川弘文館、二〇一四年。初出は一九八二年）

（9）中条町教育委員会『中条町埋蔵文化財調査報告第二十二集　船戸桜田遺跡2次』（二〇〇一年）

（10）中条町教育委員会『中条町埋蔵文化財調査報告第二十五集　船戸桜田遺跡4・5次船戸川崎遺跡6次』（二〇〇二年）。

（11）小林敏男「善光寺と若麻績氏」（『信濃』五一―八、一九九九年）

（12）須賀井新人「山形・山田遺跡」（『木簡研究』二二、二〇〇〇年）

（13）中条町教育委員会『中条町埋蔵文化財調査報告第二十四集　船戸川崎遺跡4次』（二〇〇二年）

（14）栄原永遠男「守部小考―柚井遺跡出土木簡の検討―」（『大阪市立大学文学部紀要人文研究』三三―一二、一九八一年）

(15)　早川万年「壬申の乱後の信濃と東海地域」(『信濃』五一―三、一九九九年)、早川万年「屋代木簡の人名から見た北信濃の部民制」(『信濃』五三―一一、二〇〇一年)

(16)　山形県遊佐町上高田遺跡出土の木簡に守部の人名が確認される。財団法人山形県埋蔵文化財センター『上高田遺跡第2・3次発掘調査報告書』(一九九八年)

(17)　『続日本紀』和銅七年十月丙辰条、『同』霊亀二年九月乙未条、『同』養老元年二月丁酉条

(18)　今泉隆雄「古代東北城柵の城司制」(羽下徳彦編『北日本中世史の研究』所収、吉川弘文館、一九九〇年)

(19)　『続日本紀』慶雲三年閏正月庚戌条

(20)　今泉注(18)論文

(21)　今泉注(18)論文

(22)　『新潟県史通史編一原始・古代』(一九八六年)

(23)　国府の頸城郡への移転時期については、和銅五年の出羽建国に伴うものと考えられている(『新潟県史通史編一原始・古代』一九八六年)。

(24)　新潟県教育委員会・財団法人新潟県埋蔵文化財調査事業団『蔵ノ坪遺跡』(二〇〇二年)

(25)　以下の記述は、平川南・小林昌二・相沢央「第2号木簡について」(注(24)報告書所収)による。

(26)　『大日本古文書』四―七六

(27)　『延喜式』の規定では越後国は上国とされているが、承和四年に大掾が、延長三年に少目が確認できることから、大国相当の時期のあったことがわかる。蔵ノ坪遺跡出土の木簡は、九世紀後半において、越後国が大国相当であったことを示している。

(28)　中山俊道・小林昌二・相沢央「新潟・発久遺跡」(『木簡研究』二二、二〇〇〇年)、笹神村『笹神村史資料編一原始・古代・中世』(二〇〇三年)

(29)　平川南・小林昌二「木簡について」(笹神村教育委員会『発久遺跡発掘調査報告書』所収、一九九一年)

(30)　『類聚三代格』延暦十一年六月十四日太政官符

(31)　秋田城跡出土第二二号、一〇四号、一〇五号、一〇七号木簡など(『秋田城出土文字資料集Ⅱ』一九九二年)

(32) 職員令大国条に国守の職掌として、「器仗」「鼓吹」「郵駅」が規定されている。
(33) 近藤大典「平安時代の健児制について」(『皇學館論叢』二六―三、一九九三年)
(34) 以下の記述は、坂井秀弥「水辺の官衙遺跡」(小林昌二編『越と古代の北陸』所収、名著出版、一九九六年)による。
(35) 信濃川支流の西川の中流域に位置する燕市(旧西蒲原郡吉田町)の中組遺跡からは、「池津」と書かれた墨書土器が複数出土しており、津施設の存在を示唆する。中組遺跡からは、九世紀中葉から後葉にかけての京都産の緑釉陶器が出土しており、西川などの河川を利用した流通の様子がうかがえる(吉田町『吉田町史通史編上巻』二〇〇三年)。
(36) 新潟県考古学会編『新潟県の考古学』高志書院(一九九九年)
(37) 栃木県文化振興事業団『下野国府跡Ⅶ木簡漆紙文書調査報告』(一九八七年)
(38) 財団法人茨城県教育財団『鹿の子C遺跡漆紙文書―本文編―』(一九八三年)

第二編　越後国の支配と開発

第一章　長岡市八幡林遺跡と郡の支配

はじめに

日本古代の郡の支配は、地方豪族と律令官人という二面的性格をもつ郡司により行われており、その支配の性質についても、豪族的側面と官僚的側面とがあり、両者が相互補完的に機能し、様々に関係しあいながら果たされている点がその特徴であると考える。この問題についての従来の研究においても、郡司の地方豪族としての側面を強調し、律令地方支配の単位である郡の支配を、大化前代以来の郡司の地方豪族としての既存の人格的関係に依存したものであるとする、在地首長制論に基づく研究[1]がある一方、郡司の律令官僚としての側面を重視する研究が岸俊男氏、薗田香融氏、原秀三郎氏、西山良平氏などによりなされている[2]。郡の支配を考える場合、律令国家が上述した郡司の地方豪族としての側面を、郡という地方支配の末端機構にどのように組み込み、また郡の支配が実施されるに際して、郡という機構の枠組みの中で、どのように機能していたのかを考える必要があるだろう。本章では、この郡内の支配の具体相を、郡関連施設とされる新潟県長岡市（旧三島郡和島村）の八幡林遺跡の検討を起点として考察することとする。八幡林遺跡の出土文字資料で注意される点として、大領関係資料の多出という点があるが、このことは、郡内の支配の具体的な在り方を示すものとして考えた場合、何を意味しているのか。以下検討を加えていきたい。

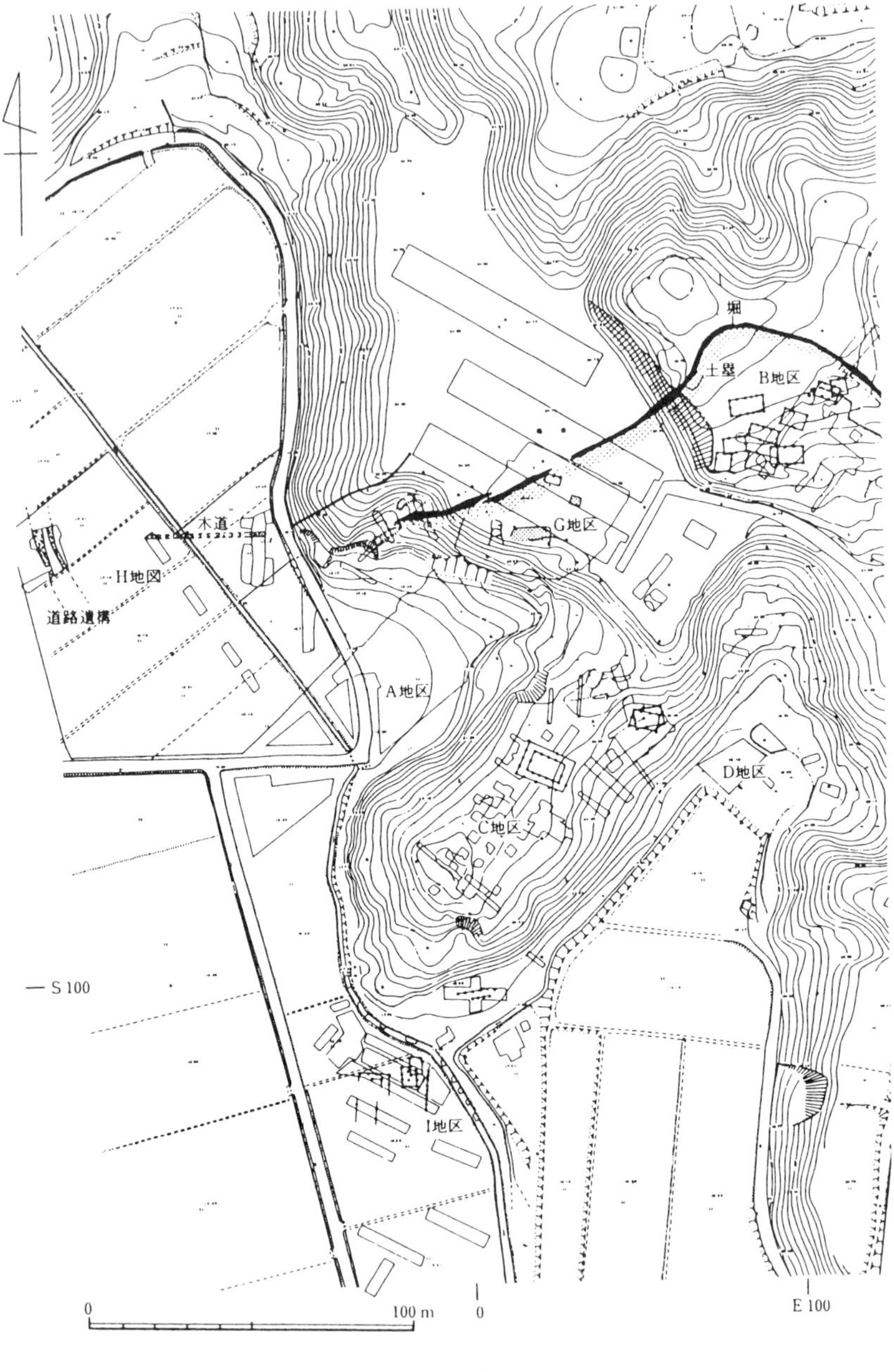

図４　八幡林遺跡の遺構配置図（『和島村史通史編』より）

一　八幡林遺跡について

1　遺跡の概要

まず、遺跡の概要について、報告書等によってまとめておきたい。(3)遺跡は大きく四期に分類できる。はじめに遺構についてみていきたい（図4）。Ⅰ期は、大体八世紀前葉とされており、B地区に、ほぼ東西棟の掘立柱建物四棟と竪穴住居一棟、A地区に溝と井戸一基、C地区に掘立柱建物一棟が確認されている。Ⅱ期は、八世紀中葉とされている。B地区に主軸を東へ約二〇度傾けた掘立柱建物五棟、C地区に掘立柱建物一棟、H地区に路面幅約二・五メートル、両側に側溝をもちほぼ南北方向にのびる道路遺構が確認されている。このⅡ期と次のⅢ期とは連続せず、土器にして一形式程度の空白期間がある。Ⅲ期は八世紀末から九世紀前葉とされており、C地区に桁行五間・梁間二間の身舎の四面に庇が付いた、八幡林遺跡で最大の建物が構築される。I地区にも複数の掘立柱建物が確認される。Ⅳ期は、九世紀中葉から九世紀末とされている。I地区に複数の掘立柱建物、A地区に竪型の製鉄炉、B、C地区に炭焼窯、土坑、竪穴住居が確認されている。

次に出土文字資料については、Ⅰ期には、A地区から、隣の蒲原郡符とみられる郡符木簡、「沼垂城」と書かれた木簡が出土している。Ⅱ期には、H地区から付札や封緘木簡、「郡殿新」や「郡」など、郡に関わる記載のある墨書土器が出土している。Ⅲ期には、I地区から付札や封緘木簡など多数の木簡が出土し、墨書土器も前期と同様に郡関連の記載のあるものが出土している。Ⅳ期には、木簡の出土はなく、墨書土器も「草」「由」などの一文字のものが多くなる。

2　八幡林遺跡の性格

次に八幡林遺跡の性格について考えてみたい。この問題についてはすでに平川南氏により、その複合的機能が指摘されている(4)。つまり、郡域を越えて動く郡符木簡(一号木簡(5))からは、八幡林遺跡の関、または駅家の機能、あるいは城柵的機能が考えられ、「沼垂城」と書かれた木簡(二号木簡)からは、年料請求が解文をもって行われるという、国の機関(沼垂城)との関連がうかがえる。一方、H・I地区出土の郡関連資料からは、八幡林遺跡の郡家的性格が考えられ、また、墨書土器「大家駅」の出土は、遺跡の立地とあわせて、八幡林遺跡の駅家的機能を考えさせるものとする。八幡林遺跡が多様な機能を有した施設であり、また、氏が諸機能の集中した施設として地方官衙をとらえるという点は妥当なものと考える。郡内支配の具体相の解明を目的とする本章では、上記のような八幡林遺跡の多様な機能のうち、郡関連施設としての機能についてみていきたい。

まず確認しておきたい点は、郡関連の表記をもつ墨書土器が、遺跡の存続期間のうち、Ⅳ期を除いたすべての期間にわたってみられるという点である。このことは、八幡林遺跡が多様な機能を有しながらも、Ⅰ～Ⅲ期にわたって郡の関連施設として機能していたことを示している。

八幡林遺跡出土の郡関連の墨書土器で注目すべき点は、大領関係資料の多出ということである。八幡林遺跡からは、大領を表す墨書土器として、「大領」「石屋大領」「石大」「大厨」など合計二七点が出土している。これに対して、大領以外の郡司官職名を記す墨書土器は、Ⅰ地区から郡の次官(＝少領)を示すと考えられる(6)「郡佐」と記されたものが二点出土しているだけである。他の郡関連遺跡の例をみると、駿河国志太郡家とされる静岡県藤枝市の御子ヶ谷遺跡・秋合遺跡では、大領関係の墨書土器八四点、少領関係一三点、主帳一点(7)。駿河国益頭郡家とされる同市の郡遺跡では、大領関係二点、少領関係一点(8)。筑後国三潴郡家とされる福岡県久留米市道蔵遺跡では、大領関係一点、少領関係一点(9)。同じく三潴郡関係施設と考えられる野瀬塚遺跡では、大領関係三点、少領関係三点であり(10)、大領関係の墨書土器に伴って、少領、あるいはそれ以外の官職名の墨書土器が一定量出土している。このような出土傾向からすると、八幡林遺跡における大領関係墨書土器の多出は、特異な在り方といえるだろう。

次に墨書土器「大厨」について考えてみたい。この墨書土器はI地区から二点出土したものであり、《大領の厨》の略と考えられている。[11] ところで全国で出土した「某＋厨」の墨書土器の例についてまとめると表4の通りである。表中で＊を付した遺跡は、郡家関連施設と考えられている遺跡であるが、そのほとんどが「郡名＋厨」であることが指摘できるだろう。[12] 厨の上にくる文字は、その厨の設置主体を表しているものと考えられるが、この点からも八幡林遺跡出土の「大厨」は注目されるものである。[13]

封緘木簡に「上大領殿門」と書かれたものがある点も興味深い。これは宛先を記しており、この封緘木簡を用いて文書を差し出した者は、八幡林遺跡を《大領殿門》と認識していると考えられるだろう。

これらの点から、八幡林遺跡は大領が深く関わった施設であるといえる。[14] その場合、次の二つの可能性が考えられるだろう。

まず一つ目は、大領の私宅とする考えである。郡司の居宅は、文献資料では『万葉集』などにみられる。[15]

『万葉集』巻一八―四一三八

墾田の地を検察する事に縁りて、砺波郡の主帳多治比部北里の家に宿る。時に、忽に風雨起こりて、辞去すること得ずして作る歌一首

荊波の里に宿借り春雨に隠り障むと妹に告げつや

二月二十八日に、守大伴宿祢家持作れり

『万葉集』巻一九―四二五一

五日平旦に、上道す。よりて国司の次官已下諸僚ら、皆共に視送る。時に射水郡の大領安努君広島が門前の林

表４　「厨」関係（２字以上）墨書土器の例

墨書	出土遺跡	遺跡所在地	墨書	出土遺跡	遺跡所在地
「国厨」	茨城廃寺	茨城県石岡市	「国厨」	田村・沖宿遺跡群	茨城県土浦市
「国厨」	長峯遺跡	茨城県土浦市	「国厨」	下野国府跡	栃木市
「国厨」	下総国分寺跡	千葉県市川市	「国厨」	中鹿子遺跡	千葉市
「国厨」	坂花遺跡	千葉県松戸市	「国厨」	下布田遺跡	東京都調布市
「国厨」	稲荷前Ａ遺跡＊	神奈川県平塚市	「国厨」	土橋遺跡	静岡県袋井市
「国厨」	三河国府跡	愛知県豊川市	「国厨」	伊賀国府跡	三重県上野市
「国厨」	周防国府跡	山口県防府市	「国厨」	薩摩国府跡	鹿児島県川内市
「郡厨」	平木遺跡＊	千葉県八日市場市	「郡厨」	宮地遺跡＊	埼玉県狭山市
「郡厨」	天神前遺跡	神奈川県平塚市	「郡厨」	鳥浜遺跡＊	福井県三方町
「官厨」	秋田城跡	秋田市	「官厨舎」	秋田城跡	秋田市
「政厨」	秋田城跡	秋田市	「酒厨」	秋田城跡	秋田市
「厨上」	秋田城跡	秋田市	「城厨」	伊治城跡	宮城県築館町
「厨家」	払田柵遺跡	秋田県仙北町	「玉厨」	名生館遺跡＊	宮城県古川市
「上厨」	東山遺跡＊	宮城県宮崎町	「新厨」	堀の内遺跡	茨城県岩瀬町
「鹿島郡厨」	神野向遺跡＊	茨城県鹿島市	「鹿厨」	神野向遺跡＊	茨城県鹿島市
「海上厨」	坊作遺跡	千葉県市原市	「匝厨」	俣田遺跡	千葉県多古町
「寒川厨」	下野国府跡	栃木市	「□川厨」	下野国府跡	栃木市
「寒厨」	千駄塚浅間遺跡＊	栃木県小山市	「入厨」	霞ヶ関遺跡＊	埼玉県川越市
「大住厨」	稲荷前Ａ遺跡＊	神奈川県平塚市	「大厨」	稲荷前Ａ遺跡＊	神奈川県平塚市
「布智厨」	伊場遺跡＊	静岡県浜松市	「下厨南」	伊場遺跡＊	静岡県浜松市
「志太厨」	御子ヶ谷遺跡＊	静岡県藤枝市	「志厨」	御子ヶ谷遺跡＊	静岡県藤枝市
「志厨上」	御子ヶ谷遺跡＊	静岡県藤枝市	「益厨」	御子ヶ谷遺跡＊	静岡県藤枝市
「志太厨」	秋合遺跡＊	静岡県藤枝市	「志厨」	秋合遺跡＊	静岡県藤枝市
「益厨」	郡遺跡＊	静岡県藤枝市	「益厨主」	郡遺跡＊	静岡県藤枝市
「安厨」	郡遺跡＊	静岡県藤枝市	「佐野厨家」	坂尻遺跡＊	静岡県袋井市
「山名厨」	新堀遺跡＊	静岡県浅羽町	「大厨」	平城宮跡第29次調査	奈良市
「中厨」	平城宮第29・38次調査	奈良市	「兵部厨」	平城宮跡第122次調査	奈良市
「兵厨」	平城宮第122次調査	奈良市	「民厨」	平城宮跡第122次調査	奈良市
「女孺厨」	平城宮跡第139次調査	奈良市	「厨菜」	平城宮跡第133次調査	奈良市
「主厨」	長岡京左京二条二坊六町	京都府向日市	「厨器」	長岡京二条二坊六町	京都府向日市
「主厨」	脇本遺跡	秋田県男鹿市	「在厨」	清水台遺跡＊	福島県郡山市
「大厨」	八幡林遺跡＊	新潟県和島村	「弓公厨」	長表遺跡	新潟県六日町
「伝厨」	美野下遺跡＊	富山県高岡市	「野厨」	荒畑遺跡	富山県大島町
「上厨」	上荒屋遺跡	石川県金沢市	「宮厨」	寺家遺跡	石川県羽咋市
「布厨」	椎名崎遺跡	千葉市	「厨田」	斗西遺跡	滋賀県能登川町
「厨物」	大田鼻東横穴群	京都府大宮町	「厨囚」	大田鼻東横穴群	京都府大宮町
「上厨」	津寺遺跡＊	岡山市			

本表は注（12）の平川論文掲載表をもととし、適宜追加を行った

の中に、かねて餞饌の宴を設く。ここに大帳使大伴宿祢家持の、内蔵伊美吉縄麿の盞を捧ぐる歌に和ふる一首

玉鉾の道に出で立ち行くわれは君が事跡を負ひてし行かむ

これらの史料からは、郡司の居宅が国司などの宿泊、餞饌の宴を設ける場としてみえる。このことは、先に触れた八幡林遺跡出土の「大厨」墨書土器と対応するものと考えることもできよう。発掘調査による首長の居宅の特徴については、広瀬和雄氏が、南面する東西棟の主屋を中心として複数の建物が官衙風配置をとるという特徴を指摘し、「みずからの屋敷をミニ官衙ともいうべきスタイルにしたことは、郡衙・国衙とならんで首長の私宅も地域支配の一翼をになわされたことをあらわすのであろう」とする。[16]つまり私的な空間である郡司の居宅が、郡の支配という公的な目的のために使用された可能性を指摘するのである。八幡林遺跡をこのような大領の居宅とすることも不可能ではないが、次のような問題点もある。先にも指摘したように、八幡林遺跡では約一世紀の間にわたって大領関係の資料がみられるのであるが、すでに指摘があるような在地における郡領職をめぐる激しい競合関係[17]を考えると、八幡林遺跡に私的な居宅を有していた「集団」[18]が、約一世紀間にわたって大領職を継承してきたとは考えがたいのではないだろうか。

もう一つの考え方は、八幡林遺跡を大領が担当した郡関連の施設とする見方である。八幡林遺跡からは、先に取り上げた「上大領殿門」の封緘木簡とともに「上郡殿門」の封緘木簡も出土している。この二点は同一地区から出土しており、《郡に上る＝大領に上る》という認識があったことがうかがえる。このような認識は、八幡林遺跡を郡関連施設のなかでも、とくに大領が担当する施設とすれば理解できるのではないだろうか。八幡林遺跡をこのように理解した場合、御子ヶ谷遺跡出土の「志太少領殿」と書かれた墨書土器は興味深い資料[19]である。これらの資料からは、郡関連施設のなかに《大領殿》《少領殿》といったような施設があったことも考えられるのではないだろうか。その場合、郡家内部において大領と少領の施設が分かれていたということも考えられるし、郡家＝大領、郡家別院＝少領といっ

た分かれ方もありうるだろう。[20]

以上みてきたような八幡林遺跡の特色は、郡の支配の具体的なあり方を示しているのであり、とくに八幡林遺跡における大領関係資料の多出は、郡務の執行における各郡司の関与のあり方を考えさせるもので興味深いものである。そこで、次に文献資料からうかがえる郡務の執行における各郡司の関与の仕方について考察する。

二　郡務執行における郡司の構成〜売券の郡司署名の検討〜

ここでは売券の郡司署名の検討から、郡務の執行における郡司の構成について考えてみたい。売券とは、「所有権」の移動に伴い作成される文書であるが、そこにみられる国郡による立券行為は、土地の掌握を確保するために必要な地方行政上の一業務であるとされている。[21]この立券手続きにおいて郡司はどのように関わっていたのだろうか。現存売券には、①売買当事者の立券申請を記す郷長解などに郡判を加える。②売買当事者の立券申請に基づいて郡司解を作成する。という二つのタイプがあるが、どちらの場合もその行為の前提として、当事者の申請に基づいて「郡司勘二察得実一」[22]という郡務がある。この郡務は具体的には、天長二(八二五)年十月三日の「近江国愛智郡司解」[23]に「郡依二申状一、検二図券一、所レ陳有レ実」とあるように、田図と売券との検査であると考えられる。[24]郡では以上の業務を経たのち郷長解などに郡判を加えたり、新たに郡司解を作成したものと考えられる。そして、郡判を加えたり、郡司解に署名している郡司は、以上のような立券手続きに関与した郡司とすることができるだろう。[25]そこで次に、郡判を含めた郡司の署名に注目して検討をしてみたい。

奈良時代の田宅売券における郡司署名(郡判を含む)は以下の通りである。

①天平十二(七四〇)年正月十日「山背国宇治郡加美郷長解案」[26]

擬少領　宇治宿祢「恵都」　主帳　宇治連「千庭」

②天平二十(七四八)年八月二十六日「山背国宇治郡加美郷家地売買券文[27]」

大領　宇治宿祢「君足」

少領　宇治宿祢「都恵」　主帳　今木連「安万呂」

③天平宝字五(七六一)年十一月二日「大国郷家地売買券文[28]」

擬大領　宇治宿祢「水通」　主政　神宮部造「安比等」

擬少領　宇治宿祢　主帳　今木連

④天平二十(七四八)年十一月十九日「小治田藤麻呂解案[29]」

大領　敢朝臣安麻呂　擬主帳　稲置代首宮足

⑤天平勝宝三(七五一)年四月十二日「伊賀国阿拝郡司解[30]」

大領　敢朝臣「安麻呂」　擬主帳　稲置代首「宮足」

⑥天平勝宝三(七五一)年七月二十七日「近江国甲可郡司解[31]」

擬大領　甲可臣「乙麻呂」

□(少カ)領　甲可臣「男」　主帳　川直「百嶋」

⑦天平宝字四(七六〇)年十一月十八日「東大寺三綱牒案[32]」

東生郡　擬大領　難波忌寸濱勝

擬少領　日下部忌寸主守

西生郡　擬大領　吉志舩人

擬少領　三宅忌寸廣種

擬主政　津守連白麻呂

⑧神護景雲三(七六九)年九月十一日「香山薬師寺鎮・三綱牒案」[33]

擬大領　難波忌寸

擬少領　日下部忌寸人綱

副擬少領　日下部忌寸諸前

主帳　高向比登真立

⑨天平宝字五(七六一)年十一月二十七日「大和国十市郡司解」[34]

擬大領　忍海連「法麻呂」

擬主帳　大伴大田

⑩宝亀七(七七六)年十二月十一日「備前国津高郡津高郷人夫解」[35]

大領　薗臣

少領　三野臣「浪魚」

郡司署名(郡判含む)のみられる奈良時代の土地売券はこの一〇例のみである。[36] これらを郡司構成員の郡務への関与の仕方という問題関心から検討してみると、大領と少領とがともに署名している(名のないものは除く)ものは、②⑥⑦のわずか三例であり、大領と少領のいずれかの署名であるものが多いことが指摘できるだろう。このうち⑦は、通例の立券申請にみられるような、売人の作成した文書ではなく、買人が作成した文書であるという点で特異なものである。[37] また⑦は、天平宝字四年十一月十八日の段階で、東大寺が新薬師寺に対象地を転売するに際して、天平勝宝四年正月十四日に安宿王から対象地を買得したことの証明を得るために立券を求めているものであり、その立券手続きにおいて、他の売券と同様に扱えないものと考えられる。次に②と⑥であるが、②については他の宇治郡の売券とともに後述する。⑥は、左京五条三坊に本貫をもつ阿倍朝臣嶋麻呂が、近江国甲可郡蔵部郷に有する墾田二十一町、野地三町を弘福寺大修多羅衆に売却する際の売券(郡司解)である。郡司は日下に主帳、年月日の次行上部に擬大領、少領が署している。先の考察結果によれば、この立券手続きには擬大領、少領、主帳が関与していたことになる。ところで、近江国甲可郡は『和名類聚抄』によると管郡四の下郡であり、郡司構成は、大領1、少領1、主帳1ということになる。[38] つまり、この売券には甲可郡の郡司構成員全員が署していると考えられるのである。また、公式令解式の規定によれば、その署名部分は、日下に主典、年月日の次行上部に長官、次官、下部に判官という書式であり、この⑥の売券(郡司解)は、まさに公式令の規定通りである。以上の点から、⑥の売券の郡司署名については、郡司構成員の郡務への関与のあり方とともに、文書の形式的側面も考慮しなければならないと考える。つまり、⑥は郡司解における郡司署名のあり方が、必ずしもそのまま郡司の郡務への関与のあり方の実態を示すものとはできない例といえるだろう。むしろ令規定と異なる署名のあり方、つまり大領と少領のいずれかの署名であるということが、郡司構成員の郡務への関与のあり方の実態を示していると考えることができるのではないだろうか。以下ではこの点について、山背国宇治郡と伊賀国阿拝郡の例を取り上げて検討する。

①②は山背国宇治郡加美郷に存する同一の土地・屋についての八年を隔てた売券である。ここで、その両方の郡判において、擬少領(②では少領)宇治宿祢恵都が署していることが注意される。[39] ②では、大領宇治宿祢君足も自署しているが、②の郡判では宇治郡の郡司構成員全員が署していると考えられ、[40] 先に指摘した文書の形式的側面を考慮しなければならない。むしろ、八年を隔てた同一の土地・屋を対象とした売券に少領宇治宿祢恵都が署していることを重視すれば、少領宇治宿祢恵都が①②における立券手続きおよび売券の作成について、その郡務を専当していると解してよいのではないだろうか。また、その専当の仕方については、田地の立券手続きという職掌による専当というよりも、同一の土地について関わっているという点から、ある一定の「地域」による専当と考えられるのではないだろう

か[41]。次に③は、大国郷戸主宇治連麻呂の戸口矢田部造麻呂から東大寺僧勝康への家地の売却に際しての売券であるが、その売買の対象とされた家地の所在は記されていない。しかし、矢田部造麻呂が①で加美郷堤田村内の家地売買に際して「相見聞証」として署している点、および加美郷堤田村に存する家田の貢上を内容とした、天平十七年十一月三十日の「次田連広足宇治宿祢大国連署状案[42]」に、その土地の四至として「正東矢田部麻呂家」とある点から、矢田部造麻呂が①②で売買の対象とされた土地の近辺に家地を有していたことは確実である。このことから③で売買の対象とした家地は、①②の近辺に所在したと考えられるのである。この③の売買における郡判には、宇治郡の郡司構成員全員の氏姓が記されているが[43]、自署をしているのは擬大領宇治宿祢水通、主政神宮部造安比等のみである。①②の立券手続きおよび売券の作成を専当していたと考えられる宇治宿祢恵都の名は③にはみられない。③には擬少領宇治宿祢とあるが、②の時点(天平二十年)で少領であった恵都が、③(天平宝字五年)で擬少領であったとは考えられないことから、すでに③の時点では郡司を辞めていると考えられる。これらのことから、①②③で売買の対象とされた家地の存する「地域」では、①②の時点においては、少領宇治宿祢恵都が、その立券手続きおよび売券の作成について専当していたと考えられるが、③の時点では、恵都はすでに郡司を辞めており、かわって擬大領宇治宿祢水通が立券手続きおよび売券の作成について専当しているものと考えられるのである。ここからは、特定の「地域」を対象とするという、郡司の専当的な郡務への従事形態が想定されるのであるが、この点は次の伊賀国阿拝郡の例においても確認できる。

④と⑤は、それぞれ天平二十年と天平勝宝三年の売券であるが、その郡司署名はともに大領敢朝臣安万呂と擬主帳稲置代首宮足である。また、売買の対象地の位置は、④では八条四里、五里、九条四里、十条二里、十一条一里であり、⑤では九条三里であることから、④と⑤の売買対象地は近接していると考えられる。このことから、④⑤で売買の対象とした家地の存する「地域」における立券手続きについては、大領敢朝臣安万呂が専当していたと考えられる

だろう。(44)

本節では、売券にみられる郡判を含めた郡司署名のあり方から、郡司構成員の郡務への従事の仕方について検討してきた。その結果、大領と少領とが、それぞれ専当的に特定の郡務に従事する形態が確認された。(45)また、このような郡務への従事の在り方は、ある特定の「地域」を対象としたものであることが、山背国宇治郡、伊賀国阿拝郡の例から考えられた。この結果を踏まえて、次節では再び八幡林遺跡と越後国古志郡について考えてみたい。

三　越後国古志郡

三嶋郡分郡以前の古志郡は越後国のほぼ中央に位置している。郡域は現在の長岡市(旧小国町、旧川口町を除く)、柏崎市、出雲崎町、刈羽村一帯の地域にあたる(46)(図5)。

この古志郡の郡域は、地形的に水系によって大きく二つの地域に分けることができる。つまり、①信濃川、および信濃川に合流する渋海川、島崎川の信濃川水系の越後平野側と、②鯖石川、鵜川水系の柏崎平野側である。この①と②の地域は、出雲崎町と旧西山町の境、地蔵峠、塚山峠などにより区分され、貞観年間頃に②の地域が三嶋郡として古志郡から分郡されるのである。(47)

また、①②の地域では、それぞれ古墳が造営されている。①には、前期の全長約一八メートルの造出付円墳(1号墳)のある麻生田古墳群(長岡市)、七基の円形墳からなる七ツ塚古墳群(長岡市)、直径約一五メートルの後期の円墳の大萱場古墳(48)(長岡市)、全長二五メートルの前期の前方後円墳(1号墳)のある大久保古墳群(49)(旧寺泊町)、同じく前期の全長一七メートルの前方後方墳のある下小島谷古墳群(旧和島村)がある。②には、前期の可能性のある全長約三二メートルの前方後円墳の吉井行塚古墳(柏崎市)がある。(50)これらのことは、古墳時代において、①②の両地域が、それぞれ

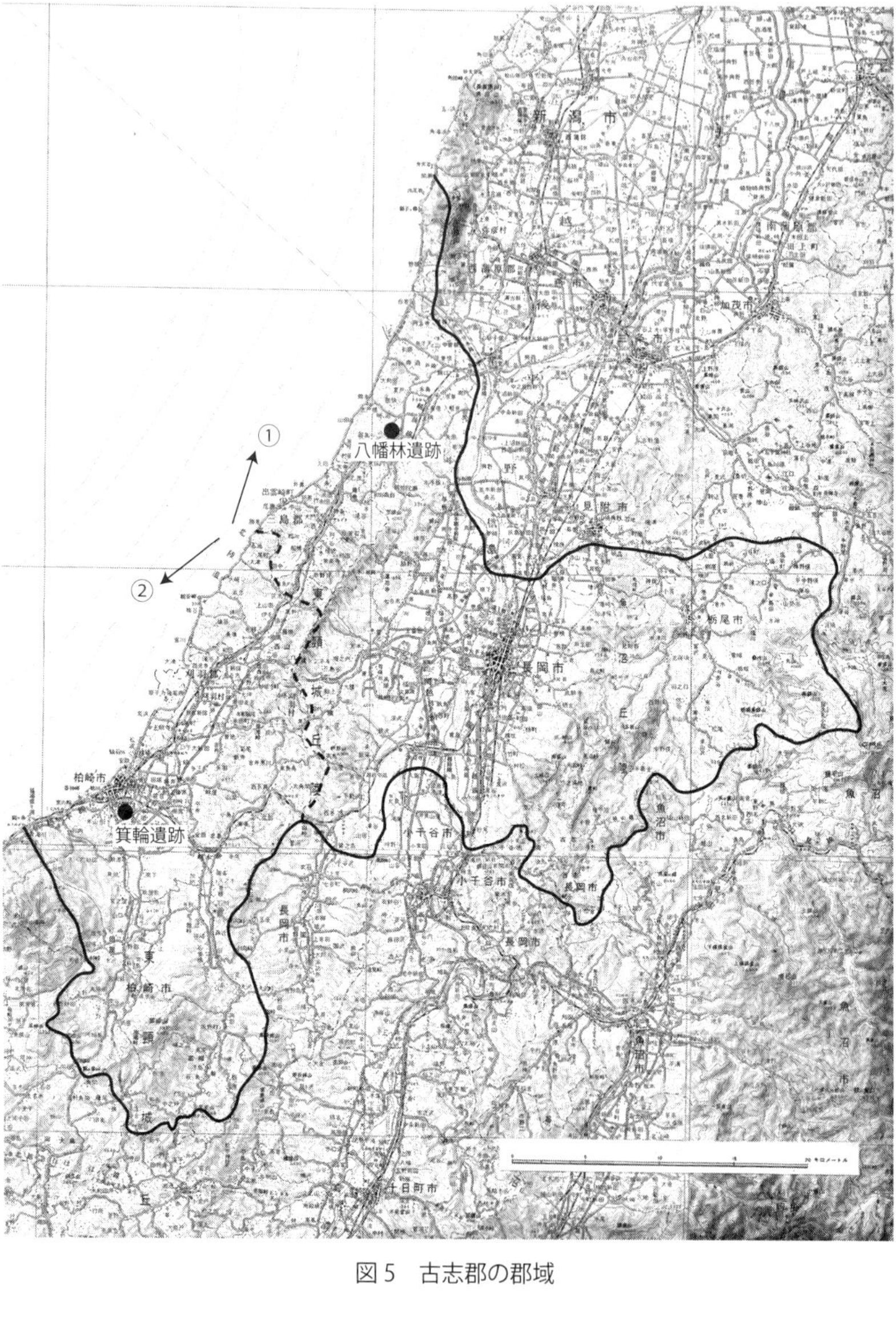

図５　古志郡の郡域

独自の勢力圏を形成していたことを示しているであろう。

以上のような二つの地域から構成される郡の支配を考える上で注目されるのは、『続日本紀』の次の記事である。

『続日本紀』和銅六年九月己卯条

摂津職言、河辺郡玖左佐村、山川遠隔・道路嶮難、由レ是、大宝元年、初建二館舎一、雑務公文、一准二郡例一、請置二郡司一。許レ之、今能勢郡是也、

この史料からは、郡家から遠隔の地では郡家の別院が設置され、郡の例に準じて郡務が行われていたことがうかがえ、郡内を分割して郡務が遂行されていたことがわかる。このような郡支配の行われた例として、丹波国氷上郡があげられる[51]。

丹波国氷上郡は、その郡域を、東部を北流する竹田川の水系と、西部を南流する佐治川、葛野川の水系とに分けることができる(図6)。

この両地域は、高山寺本『和名類聚抄』では、それぞれが「東縣」「西縣」と表記されており、のちには氷上郡が東西に行政区分される。郡家は郡名を負う西部の氷上郷に設置されたと考えられ、これとは異なる水系にある東部地区にも郡家相当の施設が必要とされたことが想定される。ここで注目されるのが、東部地区の山垣遺跡である。山垣遺跡からは春部里長等にあてた郡符木簡や、「春部」と記された墨書土器が出土したことから、里に関わる官衙跡とされていたが、封緘木簡の宛先や、郡符木簡の動きの点などから、氷上郡家の別院とすべきであると考えられている。氷上郡では、郡家の設置された西部地区と郡家別院の設置された東部地区とで郡内を分割して郡務が行われていたと考えられる[52]。

以上のような郡の支配形態を考えるならば、越後平野側と柏崎平野側という二つの地域から構成され、のちにそれぞれが一郡とされる三嶋郡分郡以前の古志郡においても、越後平野側と柏崎平野側とが分割されて、郡務が行われて

図６　山垣遺跡と古代氷上郡内郷名比定（注(51)平川論文より）

いたと考えることができるのではなかろうか。そして、第二節での検討結果を合わせ考えるならば、それぞれの「地域」では、大領と少領とが専当的にその郡務にあたっていたとも考えられるであろう。

このように考えるならば、八幡林遺跡における大領関係資料の多出は、郡内を「地域」に分割して、それぞれの「地域」の支配を大領と少領とが専当的に執行するという、以上のような郡の支配形態に対応するものと考えることができるだろう。

おわりに

最後に本稿での検討結果をまとめておきたい。

①八幡林遺跡は、ほぼ遺跡の存続期間を通じて大領関係資料が多出し、大領の私宅、あるいは大領がとくに関与した郡関連施設とすることができる。

②郡務の執行において郡司は、大領と少領とがそれぞれ特定の「地域」を対象として専当的にその郡務にあたったと考えられる。

③郡の支配では、郡内を分割して、その支配を遂行するという支配形態が考えられ、②での検討結果と合わせ考えるならば、大領と少領とがそれぞれの「地域」を専当的に担当したことが考えられるだろう。八幡林遺跡における大領関係資料の多出は、そのような郡の支配形態に対応していると考えることもできよう。

以上が本章での検討の結果であるが、とくに郡内を分割して支配するという郡内の支配形態が考えられる点は重要である。この郡内の分割支配には、もちろん地形的な問題などの在地の実態に対応させたという側面もあるが、その支配の形態が、国内を行政ブロックに分けて行うという、令制国による国内支配の形態と共通したものであるという点がより重要であると考える。このことは、律令国家の地域支配の単位である郡の支配の機構的、官僚制的側面を示しており、郡の支配は、地方豪族である郡司の人格的、共同体的支配に依存しながらも、それのみでは達成できず、体系的な機構的、官僚制的システムによってはじめて実現されるのである。(53)

このような郡支配のシステムは、地方の効率的支配という国家的要請によるとともに、実際に郡の支配を行う郡司の有する大化前代以来の人格的、共同体的支配関係に規定、制約されながら、形成され、運用されていたと考えられるが、その具体像については本章では言及することができなかった。また、このようなシステムによる支配によって、在地の支配関係にどのような影響を与えたのかなど、残された問題は少なくない。今後の課題としたい。

注

（1）石母田正『日本の古代国家』（岩波書店、一九七一年）、吉田晶『日本古代国家成立史論』（東京大学出版会、一九七三年）など

（2）岸俊男「律令体制下の豪族と農民」（『岩波講座日本歴史』三、岩波書店、一九六二年）、薗田香融「律令国郡政治の成立過程」（『日本古代財政史の研究』塙書房、一九八一年。初出は一九七一年）、原秀三郎「律令国家と地方豪族」（『日本古代国家史研究』東京大学出版会、一九八〇年、初出は一九七六年）、西山良平「「律令制収奪」機構の性格とその基盤」（『日本史研究』一八七、一九七八年）、「〈郡雑任〉の機能と性格」（『日本史研究』二三四、一九八二年）

（3）和島村教育委員会『和島村埋蔵文化財調査報告書　八幡林遺跡』一～三（一九九二年～一九九四年）、田中靖「八幡林遺跡の時代的変遷」（『木簡研究』一七、一九九五年）、同「八幡林遺跡の調査概要」（『新潟考古』五、一九九四年）

（4）平川南「八幡林官衙遺跡木簡と地方官衙論」（『律令国郡里制の実像　上』吉川弘文館、二〇一四年。初出は一九九五年）

（5）一号木簡の移動と機能の点については、小林昌二「八幡林遺跡等新潟県内出土の木簡」（『木簡研究』一四、一九九二年）参照。

（6）注（3）報告書第三集

（7）藤枝市教育委員会『国指定史跡志太郡衙出土の文字資料』（一九八二年）

（8）藤枝市教育委員会『郡遺跡発掘調査概報Ⅲ』（一九八六年）

（9）久留米市教育委員会『道蔵遺跡』（一九九一年）

（10）松村一良「西海道の官衙と集落」（新版『古代の日本』三、九州・沖縄、角川書店、一九九一年）

（11）注（3）報告書第二集、第三集

(12) 名生館遺跡出土の「玉厨」は玉造郡の、霞ヶ関遺跡出土の「入厨」は入間郡の、郡遺跡出土の「益厨」「安厨」はそれぞれ益頭郡、安倍郡の省略と考えられる。また、東山遺跡出土の「上厨」は賀美郡の厨の意と考えられ(宮城県多賀城跡調査研究所編『東山遺跡Ⅴ―賀美郡衙推定地―』一九九一年)、伊場遺跡出土の「下厨南」は「長田下郡厨南」の省略であると考えられている(平川南「「厨」墨書土器論」『墨書土器の研究』吉川弘文館、二〇〇〇年。初出は一九九三年)。

(13) すでに『和島村史』通史編(一九九七年)でも指摘されている。

(14) 二四号木簡は神事に関わる物品の進上に関するものと考えられるが、そこに大領を示すと考えられる「長官尊」の記載があることも、八幡林遺跡がとくに大領が関与した施設であることを示しているだろう。

(15)『続日本紀』天平宝字八年九月壬子条では、藤原仲麻呂が逃れる際に近江国高島郡の前少領の宅に宿したことがみられる。

(16) 広瀬和雄「畿内とその周辺の村落」(『日本村落史講座2景観1』雄山閣、一九九〇年)

(17) 山口英男「郡領の銓擬とその変遷」(『日本律令制論集　下巻』吉川弘文館、一九九三年)、須原祥二「八世紀の郡司制度と在地―その運用実態をめぐって―」(『古代地方制度形成過程の研究』吉川弘文館、二〇一一年、初出は一九九六年)

(18) 郡司の居住形態、郡司における氏族的結合の意義の問題など検討すべき点であるが後日を期したいと思う。

(19) 注(7)に同じ

(20) 八幡林遺跡と島崎川を挟んで相対し、直線距離で約一キロメートルの所に位置する下ノ西遺跡は、八世紀前半から十世紀前半にかけて機能した郡レベルの官衙遺跡と考えられる(和島村教育委員会『下ノ西遺跡Ⅳ』二〇〇三年)。八幡林遺跡と時期的に重なっている点、出挙に関わる木簡や、郡への貢進物の荷札木簡が出土している点などが注目される。八幡林遺跡の検討にあたっては、下ノ西遺跡を含めて官衙域という視点から行う必要があるだろう。なお、郡家＝大領、郡家別院＝少領という分掌の可能性については、すでに平川南氏が言及している(奈良国立文化財研究所編『律令国家の地方末端支配機構をめぐって―研究集会の記録―』一九九八年)。

(21) 仲森明正「律令制的行政秩序と土地「売買公券」」(『ヒストリア』九二、一九八一年)

(22) 天平宝字八年二月九日「越前国公験」(『大日本古文書』東南院文書二―一六五)
(23) 『平安遺文』五〇号
(24) 仲森注(21)論文、加藤友康「八・九世紀における売券について」(『奈良平安時代史論集　上巻』(吉川弘文館一九八四年)
(25) ただし、文書上の形式的側面に留意する必要がある。この点については後述。
(26) 『大日本古文書』東南院文書二―三八九
(27) 『大日本古文書』東南院文書二―三九一
(28) 『大日本古文書』東南院文書二―三九三
(29) 『大日本古文書』東南院文書二―八五
(30) 『大日本古文書』東南院文書二―八八
(31) 『大日本古文書』三―五一三
(32) 『大日本古文書』東南院文書三―一六
(33) 『大日本古文書』東南院文書三―一八
(34) 『大日本古文書』東南院文書三―五五
(35) 『唐招提寺史料』第一―四
(36) ただし、東生郡の同内容のもの一通は除く。
(37) 加藤注(24)論文
(38) もちろん『和名抄』段階の管郷数を八世紀にさかのぼらせて考えられるかという問題は残る。
(39) ①の恵都と②の都恵が同一人であることは、米田雄介「擬任郡司制の成立と展開」(『郡司の研究』法政大学出版局、一九七六年)に指摘がある。
(40) 山背国宇治郡は『和名類聚抄』によれば管郷八の中郡で、令制による郡司構成は、大領1、少領1、主政1、主帳1であるが、天平十一年の郡司定員の削減(『続日本紀』天平十一年五月甲寅条)により、大領1、少領1、主帳1とされた。

(41)　郡司の専当的職務遂行については、調庸の運京に関わる綱領郡司があげられる。また、櫛木謙周氏は、越前国足羽郡における大領生江臣東人の東大寺領荘園への関わりについて、専当的立場であるとする（「古代の荘園における郡司の立場―文書形態からの一考察―」『日本古代国家の展開　下巻』思文閣出版、一九九五年）。特定の職務による郡司の専当は、『続日本紀』などにもみられるが、本章では、特定の「地域」による郡司の専当もあり得るのではないかと考える。

(42)　『大日本古文書』東南院文書二―三九〇

(43)　注(40)で述べた天平十一年の郡司定員の削減は、天平宝字年間頃に旧に復されたと考えられる（早川庄八「新令私記・新令説・新令問答・新令釈」『続日本紀研究』二一八、一九八一年）。

(44)　④⑤のどちらも買主が東大寺であることも大領敢朝臣安麻呂の専当と関係しようが宇治郡の例では、買主に関係なく少領宇治宿祢恵都が専当していることから、「地域」を対象とした専当とした方がよいと思われる。

(45)　宮森俊英氏は、郡司の大領、少領という官職名の特殊性についての検討から、四等官制をとる郡司が、実態としては大領と少領が、国守のもとに同等官として位置づけられる三等官制の構造をもっていたのではないかとする（宮森俊英「律令制成立期の郡司の性格について」『日本海地域史研究』第十二輯、一九九四年）。この指摘は、本章における郡務の遂行の際の大領と少領との専当的関与ということと対応するものと考えられよう。また、この点については次の史料が注意される。

『万葉集註釈』所引「備中国風土記逸文」

備中国風土記云、賀夜郡　松岡　去レ岡東南維二里　駅路在二今新造御宅一　奈良朝廷以二天平六年甲戌一　国司従五位下勲十二等石川朝臣賀美　郡司大領従六位上勲十二等下道朝臣人主　少領従七位下勲十二等薗臣五百国等時　造始云々

「御宅」を造った時を表すのに、国司は国守と考えられる石川朝臣賀美一人のみを記すのに対して、郡司は、大領と少領とをともに記している。このことは宮森氏の指摘に対応するものと考えられる。

(46)　『長岡市史』通史編上巻（一九九六年）

(47)　米沢康「大宝二年の越中国四郡分割をめぐって」（『信濃』三二―六、一九八〇年）

(48)　注(46)に同じ。

(49)『寺泊町史』通史編上巻(一九九二年)
(50)『柏崎市史』上巻(一九九〇年)
(51)以下の丹波国氷上郡についての記述は、平川南「郡符木簡」(『古代地方木簡の研究』吉川弘文館、二〇〇三年。初出は一九九五年)による。
(52)傳田伊史氏は、信濃国埴科郡において、郡の支配の前提に郡内の小地域の支配関係の存在が考えられることを指摘している。傳田伊史「地域における古代史研究をめぐって」(『歴史学研究』七〇三、一九九七年)
(53)鐘江宏之「計会帳に見える八世紀の文書伝達」(『史学雑誌』一〇二―二、一九九三年)

第二章　長岡市下ノ西遺跡出土の出挙関係木簡について

はじめに

平成九(一九九七)年、新潟県長岡市(旧三島郡和島村)の下ノ西遺跡から、古代の出挙に関わる木簡(第一号木簡)が出土した。この木簡については、古代の地方役人が、裏金づくりをしていた実態を示す二重帳簿であるとして新聞等に大きく取り上げられた(1)。そして、これまでの第一号木簡についての検討も、二行目下部の「十四」の記載をめぐって、本木簡が二重帳簿であるか否かの点に終始してきたように思われる。つまり、本木簡を鑑定した平川南氏は、二行目下部の追記「十四」の数量単位を、他の数字と同じ「束」と理解し、この追記及び、「先上」「後上」「又後」という記載のしかたの検討から、三割利率の場合と五割利率の場合とが併記されている二重帳簿と考えられるとして、三割利率の時期に五割の利息を取っていたことを示すものとした(2)。これに対して岡田登氏は、「十四」を《十四人》と解すれば、おのおの二五束ずつ貸し付けられ、利息分として一人一二・五束ずつ取り、その合計一七五束が、「後上一百九束」「又後六十六束」の合計と一致し、平川氏のように難しく考える必要はないとする(3)。

このように、第一号木簡についての両者の理解は異なっているが、第一号木簡が古代の出挙に関わるものであり、出挙稲の収納に関する木簡であることは確実である。しかし、これまでの検討では、この基本的な点が等閑視され、第一号木簡が出挙稲の収納業務のどの段階で用いられたのか、あるいは第一号木簡の記載から、どのような出挙稲収納の実態が明らかにできるのかといった点が考慮されていないように思われる。本章では、先の二重帳簿であるか否かの問題については今後の課題とし、この第一号木簡が出挙稲の収納業務のどの段階で用いられたものであるのかを、他の全国出土の出挙関係木簡と比較検討することによって明らかにし、また同時に第一号木簡の記載から窺える問題点について指摘したい。

一　下ノ西遺跡の概要と第一号木簡

具体的な検討に入る前に、下ノ西遺跡の概要と第一号木簡について、現地説明会資料や報告書などに依りながらみてみたい(4)。

下ノ西遺跡(図7〜9)は、新潟県長岡市小島谷字下ノ西に所在し、島崎川低地の微高地上に立地している。遺跡の北側に島崎川、小島谷川、保内川、梅田川の合流点を控え、また付近を北陸道が通過する水上・陸上交通の要衝地にあたり、八世紀前半から十世紀初頭にかけて機能した官衙遺跡である八幡林遺跡とは、島崎川をはさんで直線距離で約一キロメートルの位置にある。

遺構は中心となる時期、遺構密度の違いから、大きく二つのブロックに分けられる。I区には九世紀を中心とした多数の掘立柱建物が造営されている。掘立柱建物は、二一棟が確認されており、構築時期は八世紀代から十世紀前半までと推定され、棟方向などから六群程度に分類できるが、各グループの序列や年代については検討作業中とされている。また、平成八年度調査区(I区東)の中央付近では、溝の心々距離で幅四・九〜五・三メートルの規模で、真北に対して西に一四度傾く道路遺構が確認されており、道路の機能した時期は、八世紀前半から九世紀前半頃までとみ

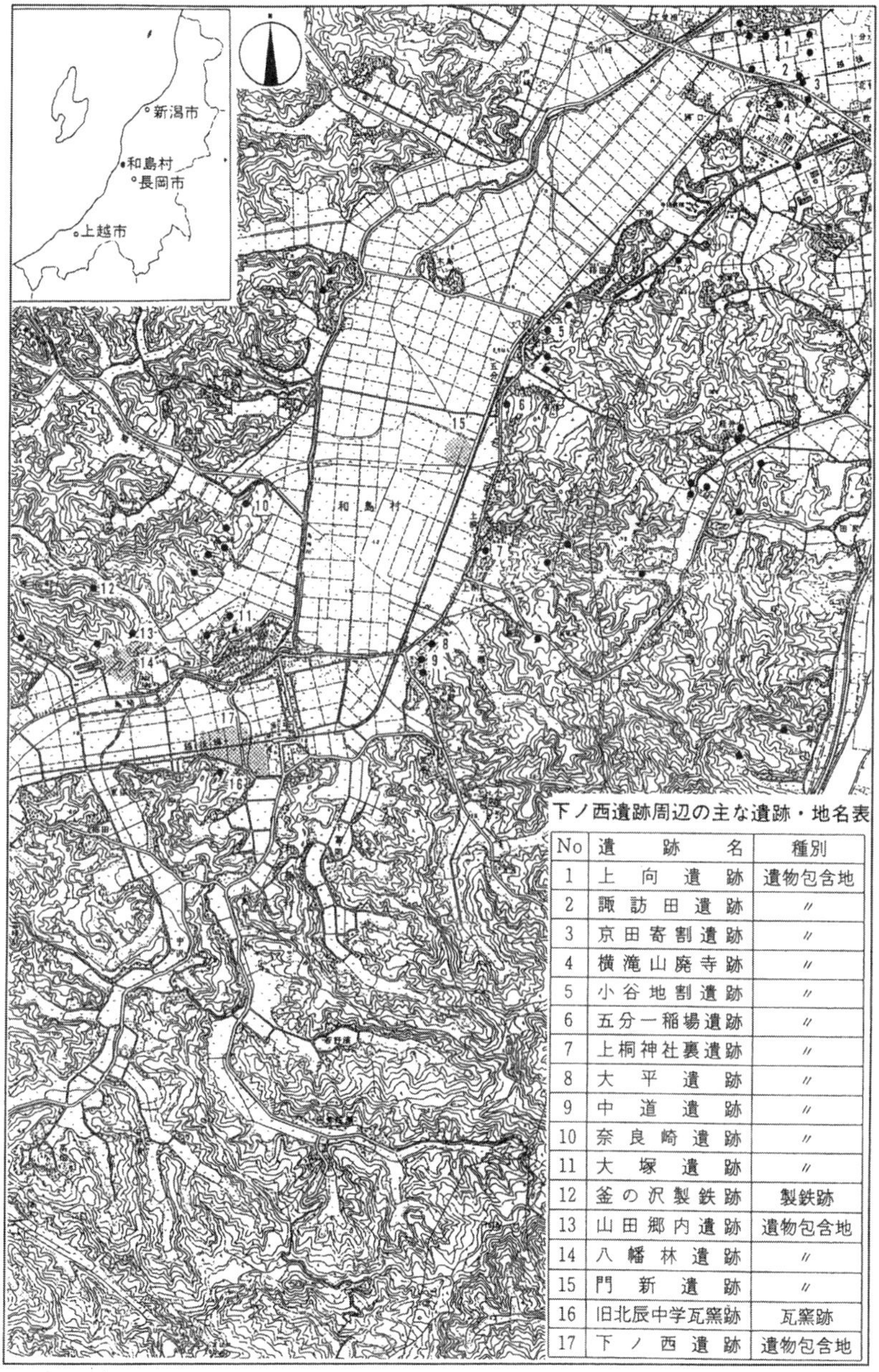

下ノ西遺跡周辺の主な遺跡・地名表

No	遺跡名	種別
1	上向遺跡	遺物包含地
2	諏訪田遺跡	〃
3	京田寄割遺跡	〃
4	横滝山廃寺跡	〃
5	小谷地割遺跡	〃
6	五分一稲場遺跡	〃
7	上桐神社裏遺跡	〃
8	大平遺跡	〃
9	中道遺跡	〃
10	奈良崎遺跡	〃
11	大塚遺跡	〃
12	釜の沢製鉄跡	製鉄跡
13	山田郷内遺跡	遺物包含地
14	八幡林遺跡	〃
15	門新遺跡	〃
16	旧北辰中学瓦窯跡	瓦窯跡
17	下ノ西遺跡	遺物包含地

図7　下ノ西遺跡周辺の遺跡分布図(注(4)報告書より)

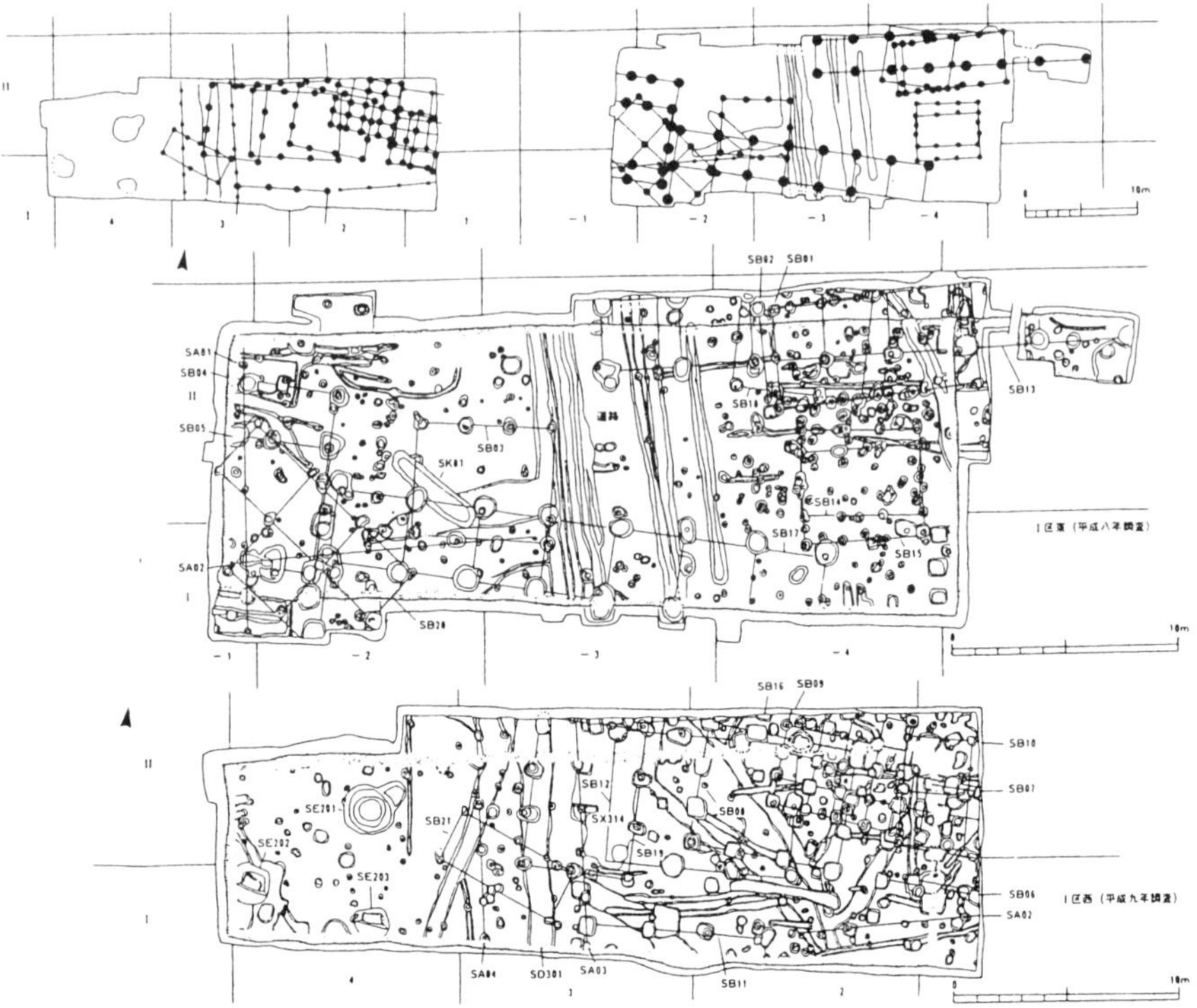

図８　下ノ西遺跡Ｉ区遺構配置図（注(4)報告書より）

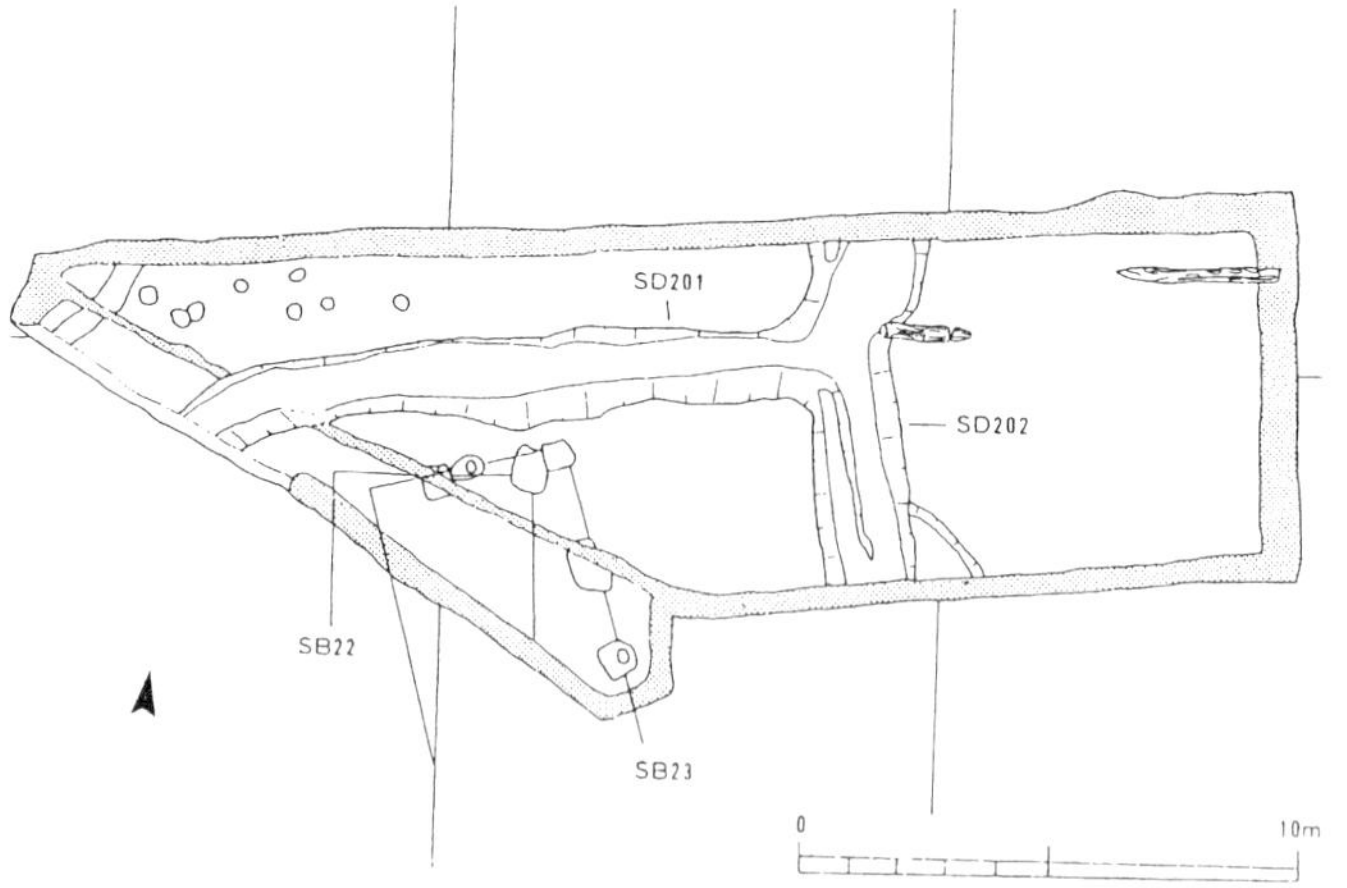

図９　下ノ西遺跡II区遺構配置図（注(4)報告書より）

られている。これに対してⅡ区は、八世紀前半のみ機能したエリアで、幅一・五メートル前後、深さ六〇センチメートルを測る断面U字形の溝（SD二〇一）が検出され、この溝は掘立柱建物を方形に囲む区画施設であった可能性が高いとされている。この溝の下層の覆土から第一号木簡を含む八世紀前半の木簡や土器が出土している。Ⅱ区で確認された掘立柱建物は、梁間二間、桁行三～五間クラスの南北棟と推定され、最低一回の建て替えが認められるという[5]。

次に遺物については、Ⅰ区ではSE二〇一出土土器の須恵器に、佐渡小泊産のものを一部に含むことや、食膳具に土師器椀が非常に少ない点から、九世紀前半でも終盤に近い時期に位置づけられるとされている。また、Ⅱ区出土の土器は、八幡林遺跡最古のA地区出土土器に近い形式内容をもつとされている。

次に第一号木簡についてみてみたい。

「殿門上税四百五十九束先上
三百五十束後上一百九束　十四
又後六十六束
掾大夫借貸卅五束　八十束」

二二五×（八〇）×一〇　〇六一型式

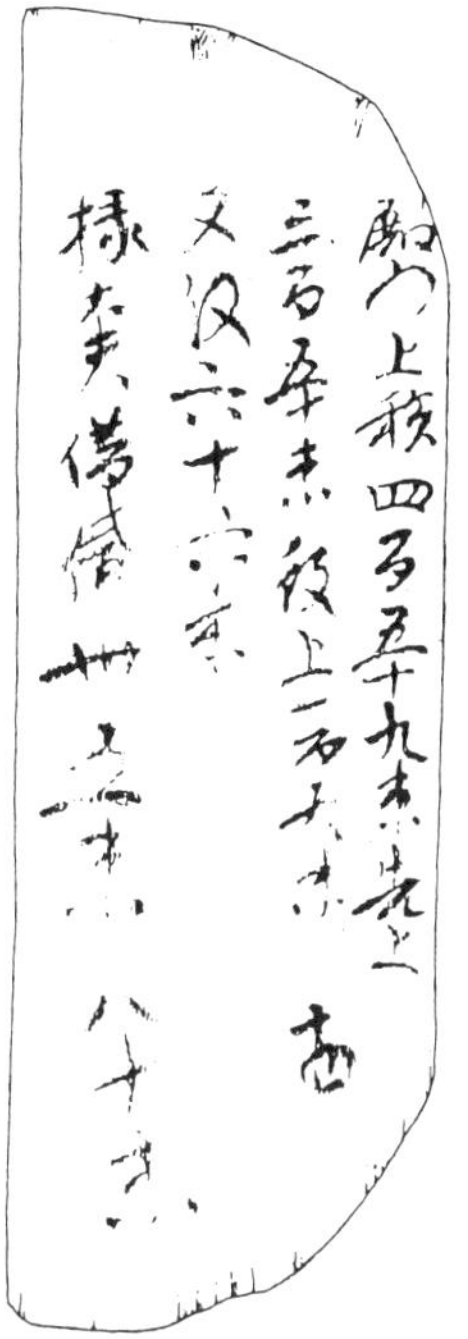

図10　下ノ西遺跡出土第１号木簡実測図（注（4）報告書より）

出土状況は先にも述べたように、Ⅱ区の区画溝SD二〇一の覆土下層から出土し、溝内からは木簡のほかに、馬形一点、斎串二点、漆器椀一点、挽物皿二点、土師器、須恵器、赤彩土師器などが出土している。第一号木簡は、曲物の底板を木簡に転用したものと考えられ、最終行の「八十束」以下にも文言が続くと考えられることから、左側を欠損している可能性が高いとされ、また二行目下部の「十四」は追記とされている。内容的には、「税、借貸＋束数」と記載する特徴から、出挙（公出挙）及び国司（掾）借貸に関わる記録簡とされている。

二　出挙稲収納過程の復元と下ノ西遺跡木簡の位置～全国出土の出挙関係木簡の検討から～

ここでは、これまでに全国で出土した出挙関係木簡のうち、出挙稲の収納業務に関わるものについて分類、検討し、出挙稲の収納過程の復元を行い、その上で下ノ西遺跡の第一号木簡が出挙稲の収納過程のどの段階に位置づけられるかを明らかにしたい。

全国で出土した出挙稲の収納業務に関わる木簡は一〇例ほどである。これらは、その記載の仕方から、(一)個人からの収納、(二)複数人単位での集計、(三)郷単位での集計に分類できる。以下、この分類に従って、それぞれの記載の特徴などについて述べていきたい。

1　個人からの収納

○福島県小茶円遺跡出土木簡(6)

・「判祀郷戸主生部子継正税　」

・「大同元年九月（削除）　大同元　十月三日」　二二七×一六×二　〇五一型式

小茶円遺跡は夏井川下流右岸、沖積平野の中の自然堤防上などに立地する。磐城郡家とされる根岸遺跡が南東約二キロメートルにあり、郡符木簡が出土した荒田目条里遺跡は本遺跡の南側に隣接する。水田跡、掘立柱建物二四棟、竪穴住居五二棟、井戸を含む土坑一八三基、溝三〇〇条などが検出され、遺構の大半はおおよそ九世紀から十世紀代のものと考えられている。木簡は、方形で隅柱をもち、長方形の割板を横位に重ねて側板とする井戸枠内より出土した。完形で上端部は方頭状を呈し、下端部を尖らせている。表面には郷名＋人名＋「正税」を記し、裏面には年月日を記す荷札木簡である。

○神奈川県宮久保遺跡出土木簡(7)

・「鎌倉郷鎌倉里軽マ□寸稲天平五年九月」

・「田令軽マ麻呂郡稲長軽マ真国　　」　　二五〇×二二×九　○五一型式

遺跡は相模川に沿って南北にのびる座間丘陵の南端部に位置し、遺跡の北西約二・五キロメートルの丘陵の西側には、相模国分寺、国分尼寺が存する。竪穴住居一五〇棟、掘立柱建物五九棟、井戸枠の周りに玉石を敷く井戸などが検出され、木簡は井戸の玉石敷き面下層にあたる黒色粘質土層中から出土し、玉石面下層を整地する際に搬土とした黒色粘質土の中に混入したものと考えられている。完形で下端部を尖らせている。表面に郷里名＋人名＋稲＋年月日を記し、裏面に収納責任者と考えられる田令、郡稲長の名を記す。

○埼玉県山崎上ノ南遺跡出土木簡(8)

檜前マ名代女上寺稲肆拾束

宝亀二年十月二日税長大伴国足」　（一八三）×三六×七　○一九型式

遺跡は沢の傾斜地であり、竪穴住居などが検出され、銅製帯金具などが出土している。木簡は傾斜地下の土中から出土した。人名＋「上寺稲」＋束数＋年月日＋税長名を記す。

これらの資料では、「個人名＋(稲の品目)＋(束数)＋年月日＋(収納担当者名)」という書式をとり、それぞれ正税出挙、郡稲出挙、寺稲出挙の返納稲に付された付札あるいは収納札と考えられている。これらの資料から、出挙稲の収納にあたって、まず個人ごとの付札が作成されたことが窺える。

2　複数人単位での集計

○兵庫県袴狭遺跡出土木簡(9)

「　□前マ［　］　額田マ□□十
出石□□　六人マ［　］　日下マ米□四　此皇后宮税急奉上
□マ［　］　兵官□□並
」　五八五×四九×六　○一一型式

袴狭遺跡は、出石川の支流袴狭川の中流域に位置する。遺跡の北側には、多量の木製祭祀具が出土した砂入遺跡があり、丘陵を隔てた南側には但馬一宮である出石神社が存している。木簡は一一〇〇点を超える木製祭祀具とともに旧河道から出土し、同層位出土の木簡に延暦十六年の年紀を記すものがある。木簡は、上段に五人の部姓者の名が記載され、下段に皇后宮の税を急ぎ奉れという命令文が書かれている。

○福岡県大宰府跡出土木簡(10)

「八月□〔廿カ〕記貸稲数［　］財×
財マ人　物×
（一五三）×三三×七　○一九型式

木簡出土地は政庁中軸線から西へ約三二〇メートルの位置で、東西方向の築地や門などが検出されている。木簡は幅約二六メートル、深さ二メートル以上の南北溝から出土し、伴出した木簡には「評」の記載がみられる。

○宮城県田道町遺跡出土木簡(11)

延暦十一□〔年カ〕［　］［　］
合四百六十四□〔束カ〕　□□□□〔野公カ〕［　］　真野公□九□
□刀□〔部カ〕九［　］　真野□〔公カ〕［　］□奈女

真野公穴万呂五十五束　　　　（三〇二）×（七八）×一四　〇八一型式

遺跡は沖積平野の微高地上（自然堤防）に立地する。遺跡の東には、墨書土器などが出土し、八世紀後半以降の牡鹿郡家という説もある清水尻遺跡がある。掘立柱建物二一棟、竪穴住居五棟などを検出し、銅製銙帯金具や鉄製紡錘車などが出土している。木簡は掘立柱建物の柱の礎板として転用されており、現在の形状は腐食によるもので、原状は短冊状に近いと推測されている。冒頭に年紀を記し、以下、総計・内訳（人名＋束数）を列記している。

これらの資料では、月日及び合計束数を記した後に、複数人の歴名と、各人の束数を記すという書式をとっている。特に複数人の歴名を記す点が注意される。このことから、個人から収納された出挙稲が複数人単位で集計されていることがわかる。(12)

3　郷を単位とする集計

〇埼玉県小敷田遺跡出土木簡(13)

・「九月七日五百廿六□〔次カ〕四百　」

・「卌六次四百八束并千三百七十　」

小稲二千五十五束　」　　一五八×三二×二　〇一一型式

小敷田遺跡は、荒川扇状地の東側氾濫原の自然堤防上に立地する。掘立柱建物、土坑、河川跡などを検出し、木簡は掘立柱建物に近接する土坑から出土した。土坑出土土器の年代観から、七世紀末から八世紀初頭のものと考えられている。

この木簡では、三次に分けて束数を記載し、次いでその合計を記し、最後に利稲を含めた束数を記すという書式をとっている。この三次の束数は、四〇〇束から五〇〇束程度であり、2でみた田道町遺跡出土木簡の四六四束に近い数値といえるだろう。つまり、小敷田遺跡出土木簡は、2における複数人単位の集計をさらに集計したものと考えられるのである。この木簡の記載で注目される点は、収納過程におけるこの段階で、利稲分を含めた合計束数の記載がみられる点である。本利の合計束数は、正税帳などでは郡単位で記載される。しかし、本木簡を一郡単位での集計とすることは、出挙額が少ないことから難しいのではないかと思われる。[14]むしろ、天平十一(七三九)年の「備中国大税負死亡人帳」[15]で、郷が集計単位となっていることが注意される。正税帳などでは、郡ごとに出挙貸付額や利稲数、死亡人数の集計が記載されているが、「備中国大税負死亡人帳」で郷を死亡人の集計単位としていることは、その他出挙貸付額や利稲数でも郷単位の集計がなされていたことを示しているだろう。小敷田遺跡木簡は、このような郷を単位とした集計木簡と考えることができるのではないだろうか。

以上の検討から、出挙稲の収納過程は、(一)個人ごとの収納、(二)複数人単位での集計、(三)郷単位での集計というように、段階的にシステム化されていると考えられる。

次に、この出挙稲の収納過程の復元をふまえて、下ノ西遺跡出土の第一号木簡が収納過程のどこに位置づけられるのかを考えてみたい。下ノ西遺跡の第一号木簡は、先にも述べたように、出挙稲の収納に関わる木簡であることは確実であるが、そこにおいて「先上」「後上」「又後」という記載の仕方をしていることが注意される。そして、「先上」=本稲分、「後上」=利稲分とする解釈は、先の平川氏、岡田氏ともに共通している。さて、この「先上」=本稲分と考えられる三五〇束という数値は、田道町遺跡出土木簡の四六四束や、小敷田遺跡出土木簡の各次の束数(五二六束、四三六束、四〇八束)よりも少ないが、複数人単位での集計束数と考えられるのではないだろうか。つまり、下ノ西遺跡木簡は、複数人単位での集計の際に用いられた記録簡と考えられ、その記載の仕方から集計作業の具体的な様子がうかがえる資料であると考えられるのである。

三　下ノ西遺跡第一号木簡にみられる問題点

まず、一つ目の問題として、本稲と利稲の問題を考えたい。八木充氏は、小敷田遺跡木簡の三次に分けて記載された束数が、本稲分だけであり利稲分を含んでいないという記載の仕方から、本稲と利稲とが別立てで収納された可能性を指摘している(16)。確かに小敷田遺跡木簡とともに、複数人単位での集計の木簡においても、その束数は本稲分のみで利稲分を含んでいないようである。そこで問題は、先に検討した出挙稲の収納過程のどの段階で本稲と利稲とが別立てとされるのかという点にある。ここで、富山県北高木遺跡出土の木簡についてみてみたい。

○富山県北高木遺跡出土木簡(17)

・×本利并七十五束又□□□〔同本利カ〕×

・　□□〔束カ〕□十五又□□

（一三〇）×一八×六　〇八一型式

北高木遺跡は、富山県射水郡大島町に所在し、庄川及びその支流により形成された沖積平野の扇端部に立地する。奈良時代後半から平安時代初頭の掘立柱建物や旧河道などが検出され、「丈部」「西庄」「西殿」「佐味御庄」などと記された墨書土器が出土している。木簡は旧河道から出土し、上下端ともに欠損している。ここに記された「本利并七十五束」という記載は、一人あたりの本稲五〇束＋利稲二五束と理解でき、この木簡は一人ごとの付札に記載された束数を集計する過程で用いられた記録簡と考えられる。つまり、この木簡の「本利并七十五束」という記載のされ方からすれば、出挙稲の収納過程において、個人からの収納の段階では本利稲が一括されていたと考えられる(18)。

次に、下ノ西遺跡木簡の記載の仕方から、本利稲の収納について考えてみたい。下ノ西遺跡木簡は複数人単位での集計の際に用いられた記録簡と考えられ、「先上」として本稲分を先に上納し、「後上」「又後」として利稲分を後に上納するという記載方法になっている。この記載の仕方から、本稲分と利稲分とが分けて集計されていることがわかる。つまり、下ノ西遺跡木簡は、出挙稲の収納過程におけるこの段階（＝複数人単位での集計の段階）で、本稲分と利稲分とが別立ての集計になったことを示していると考えられる。そして、収納された出挙稲は、本稲返還第一主義[19]によって、まず、「先上」＝本稲返納分として集計され、本稲分を充填しおわってから、「後上」「又後」＝利稲分として集計されると考えられる（図11）。

　下ノ西遺跡木簡にみられる二つ目の問題として、出挙と地方豪族の問題を考えてみたい。下ノ西遺跡木簡には、「殿門上税」という記載がみられる。この「殿門」は、正倉院文書での使用例などから、個人に対する尊称と考えられている[20]。八幡林遺跡Ⅰ地区出土の封緘木簡には「上大領殿門」と記され、郡司の大領の尊称として用いられている。出挙稲の収納に関わる下ノ西遺跡木簡に「殿門上税」と記されていることは、収納される出挙稲が「殿門」（＝郡司の尊称）にたてまつる税と意識されていたことを示しており、出挙業務への郡司の関わりの具体的なあり方を示す表現として興味深い。

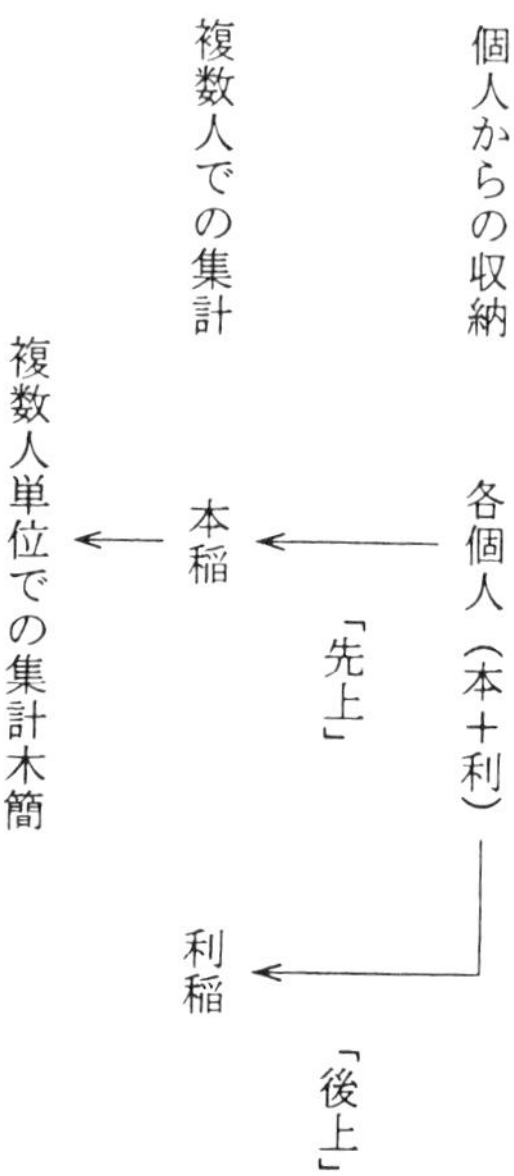

図11　出挙稲の収納過程

　これまでの出挙の実態に関する研究で、郡司層をはじめとする地方豪族層が出挙に強く関与していたことがすでに指摘されている。舟尾好正氏は、「備中国大税負死亡人帳」について検討し、既死亡人名義による多量の出挙稲の借り受けという操作が行われていることを指摘し、そこに郡司層以下里長等の在地支配層の関与が考えられることや、越前国における借倉・借屋の多用、正税出挙に比して郡稲出挙の回収率が高いことなどを指摘している。(21)また、不破英紀氏は、郡稲を借倉・借屋に収納し、郡司層の私出挙と抱き合わせて出挙が行われている状況を推定している。(22)

ところで、最近の出土文字資料における次のような例は、出挙と郡司等の在地支配層との関わりを示すものとして注目される。

○石川県金石本町遺跡出土木簡(23)

稲　大者君稲廿三」　（一八九）×三七×四　〇八一型式

金石本町遺跡は、犀川と浅野川により形成された沖積平野の最西端に立地し、掘立柱建物、溝、河道跡などが検出され、七世紀後半代の遺跡と考えられている。木簡は河道跡から出土し、上端を欠損している。この木簡に記された「大者君」については尊称と考えられており、また「廿三」（束）は一人一回の出挙額と考えられることから、本木簡は出挙関係の木簡とされている。

○石川県戸水大西遺跡出土木簡(24)

「□□□□□□〔謹解殿門御稲カ〕　（一六二）×（一二）×一〇　〇八一型式

戸水大西遺跡は奈良時代後半から平安時代前期にかけての遺跡で、東西・南北方向の直線大溝で区画された中に、掘立柱建物四〇棟、井戸八基が検出され、木簡のほかに三〇〇点以上の墨書土器、人形、斎串などが出土している。

これらすべてを出挙に関わる木簡とはできないが、「尊称＋稲（御稲、上税）」という共通の記載のされ方をしていることに注意したい。このことは、「稲」や「上税」などが個人的な意味合いを強く有していることを示しており、出挙稲の貸付や収納において、地方豪族の有する力に多くを依存していたことを示していると考えられる。

次に「掾大夫借貸」について。下ノ西遺跡木簡には公出挙に関わる記載とともに、「掾大夫借貸卅五束」という国司借貸制に関わる記載がある。国司借貸制とは、国司に対する無利息の官稲の貸付制度で、実態としては出挙されて、その利息分が国司の収入とされた。下ノ西遺跡木簡にみられる国司借貸制の記載は、国司借貸制の具体的実施例を示す全国で初めての出土文字資料である。平川氏は、国司の掾の借貸の資料が古志郡家に関わる下ノ西遺跡から出土したことについて、成立期の八幡林遺跡に国レベルの機能がうかがえる点とも関連して、八世紀前半の越後国において、複数の城柵を国司が分割支配する形態がとられていたと考えられるとし、出羽建国後も北の辺要国として位置づけられていた越後の特性を示す可能性があるとする。(25)そこで、他の国における国司借貸制の実施状況について考えてみたいが、先にも述べたように、国司借貸制の具体的な実施を示す資料はほとんどない。(26)そこで、時期は若干異なるが、国司借貸制と同じく、出挙された後に、その利息分が国司の収入となる公廨米の保管場所について、越前国加賀郡の場合をみてみたい。

天平勝宝六年　検米使解(27)

　　検米使解　申欠公解米事

　合残一千五百五十四斛八斗三升八合

　　長官二百卅斛七升

　員外介一百七十四斛四斗八升

　介一百卌五斛七斗七升一合

　掾一百卌一斛二斗四升四合

　大目一百卌八斛六斗二升六合

　史生茨田連益人卌一斛七斗四升八合

　鴨朝臣須太例卌斛五斗四升九合

　安都宿祢男足卌斛八斗四升八合

医師六人部東人卅三斛五斗九升
傔仗土師宿祢鷹甘廿九斛八斗一升
楊胡史極足六十一斛一斗八升八合
国分寺四百六十七斛一升四合
天平勝宝六年潤

この史料は、他の一連の文書[28]とともに越前国の公廨米に関する国衙への報告書であり、検米使解は加賀郡に関するものである[29]。検米使解によると、越前国加賀郡には、守二三〇石七升、員外介一七四石四斗八升、介一四五石七斗七升一合、掾一四一石二斗四升四合、大目一四八石六斗二升六合というように、国司各員の公廨米が保管されていることがわかる。下ノ西遺跡木簡は先にも述べたように、左側を欠損している可能性が高いとされ、掾以外の国司の借貸についての記載があった可能性もあり断定的なことは言えないが、このような越前国加賀郡における公廨米の保管状況は、下ノ西遺跡木簡からうかがえる国司借貸稲の保管状況とは異なると考えられ、このことからも越後国の特性が考えられるかもしれない。

おわりに〜八世紀前半の八幡林遺跡と下ノ西遺跡〜

最後に八世紀前半における八幡林遺跡と下ノ西遺跡について若干の考察をして本章を終えたいと思う。はじめにも述べたように、八幡林遺跡と下ノ西遺跡とは、直線距離で約一キロメートルしか離れておらず、その検討にあたっては両者を関連するものとして一体的に考察する必要がある。八世紀前半の八幡林遺跡は、第一号郡司符木簡や第二号「沼垂城」木簡などが出土しており、関の機能や、年料請求を解文をもって行うという国の機関との関連が指摘されている。[30] これに対して八世紀前半の下ノ西遺跡は、本章で検討した出挙に関わる第一号木簡や、「越後国高志郡」から書き始める荷札木簡などが出土しており、物資の集積、都への発送といった機能を有していた施設と考えられる。つまり、八世紀前半における地方官衙施設の分散と機能の分化ということを、八幡林遺跡と下ノ西遺跡から考えられるのではなかろうか。平川氏は、従来の地方官衙研究について、あまりにも一定空間に密集した、画一的な構成を想定しすぎると批判し、様々な機能を有する諸施設が、有機的に結合・構成されて成り立つ地方官衙の実態究明が今後の課題であるとしている。[31] 八幡林遺跡と下ノ西遺跡は、まさにこのような地方官衙の実態を示すものと考えられるのである。

注

（1）『新潟日報』一九九七年九月二十六日付、『朝日新聞』一九九七年九月二十六日付など
（2）平川南「異なる利息の出挙木簡」（『古代地方木簡の研究』吉川弘文館、二〇〇三年。初出は一九九八年）
（3）岡田登「新潟県和島村下ノ西遺跡出土の第一号木簡について」（『史料』一五三、一九九八年）
（4）和島村教育委員会『和島村埋蔵文化財調査報告書第七集　下ノ西遺跡―出土木簡を中心として―』（一九九八年）、和島村教育委員会『平成八年度新潟県和島村下ノ西遺跡』（一九九六年　現地説明会資料）、和島村教育委員会『平成九年度下ノ西遺跡現地説明会資料』（一九九七年）。なお、本文中の記述は本章執筆時のものである。その後の調査成果については、和島村教育委員会『和島村埋蔵文化財調査報告書第八集　下ノ西遺跡Ⅱ』（一九九九年）、同『和島村埋蔵文化財調査報告書第九集　下ノ西遺跡Ⅲ』（二〇〇〇年）、同『和島村埋蔵文化財調査報告書第十四集　下ノ西遺跡Ⅳ』（二〇〇三年）を参照。
（5）この掘立柱建物については平成十年度の調査により、梁間が三間であることが明らかになった（和島村教育委員会『平成十年度下ノ西遺跡現地説明会資料』）。
（6）吉田生哉「福島・小茶円遺跡」（『木簡研究』一五、一九九三年）

（7）國平健三「神奈川・宮久保遺跡」（『木簡研究』六、一九八四年）、神奈川県立埋蔵文化財センター『宮久保遺跡Ⅲ本文編』（一九九〇年）
（8）大熊季広「埼玉・山崎上ノ南遺跡B地点」（『木簡研究』二〇、一九九八年）
（9）小寺誠「兵庫・袴狭遺跡」（『木簡研究』一一、一九八九年）
（10）九州歴史資料館『大宰府史跡出土木簡概報（一）』（一九七六年）
（11）石巻市教育委員会『田道町遺跡』（一九九五年）
（12）平川南氏は、この単位を十人程度のまとまりとする（「宮城県石巻市田道町遺跡木簡」注（11）所収）が、八木充氏による反論がある（「出挙木簡覚書」『日本古代出土木簡の研究』所収、塙書房、二〇〇九年。初出は一九九五年）。
（13）埼玉県埋蔵文化財調査事業団『小敷田遺跡』（一九九一年）
（14）八木氏は本木簡を一郡単位でのものとする（注（12）論文）。しかし、田道町遺跡出土木簡の出挙額四六四束が八人程度に対する出挙額と考えられ、この数値からすると小敷田遺跡木簡の一三七〇束は、二二人程度に対する出挙額と考えられる。この人数は一郡単位での出挙稲の受給者数としては少ないのではないだろうか。
（15）『大日本古文書』二―二四七〜二五一
（16）八木注（12）論文
（17）安念幹倫「富山・北高木遺跡」（『木簡研究』一五、一九九三年）
（18）前掲の埼玉県山崎上ノ南遺跡出土木簡には、「檜前マ名代女上寺稲肆拾束」という記載がみられ、「肆拾束」は本稲分のみで利稲分を含んでいないようである。このことから、すでに個人ごとの収納の段階で本稲分と利稲分とが別立てになっていたとも考えられるが、この木簡が付札ではなく収納の際に用いられた記録簡（収納札）と考えられることを考慮する必要があるだろう。
（19）岡田注（3）論文
（20）平川南「八幡林官衙遺跡木簡と地方官衙論」（『律令国郡里制の実像　上』吉川弘文館、二〇一四年。初出は一九九五年）、注（4）報告書
（21）舟尾好正「出挙の実態に関する一考察」（『史林』五六―五、一九七三年）、「天平期越前に関する一考察」（『ヒストリ

ア』五五、一九七〇年）
(22) 不破英紀「郡稲倉の管理形態よりみた官稲混合」（『歴史と伝承』永田文昌堂、一九八八年）
(23) 石川県立埋蔵文化財センター『金石本町遺跡』（一九九七年）
(24) 前田雪恵「石川・戸水大西遺跡」（『木簡研究』二〇、一九九八年）
(25) 平川注(2)論文
(26) 天平期の正税帳などに郡ごとの国司借貸稲の束数についての記載がみられるが、実施の具体的様相のわかる史料は皆無である。
(27) 『大日本古文書』四―二九
(28) 『大日本古文書』四―七六～八〇
(29) 鬼頭清明「安都雄足の活躍」（『日本古代都市論序説』所収、法政大学出版局、一九七七年）
(30) 平川注(20)論文
(31) 注(30)に同じ

〔補注〕 小敷田遺跡出土木簡を郷単位での集計に関わる記録簡とした点について、三上喜孝氏よりクラ単位での集計を示すと考えるべきとの指摘をいただいた（三上喜孝「古代地方社会における出挙運営と帳簿」『日本古代の文字と地方社会』所収、吉川弘文館、二〇一四年）。各段階の集計木簡が出土した遺跡の性格の問題も含めて、さらに検討していきたい。

第三章　上越市榎井Ａ遺跡出土木簡と古代の頸城郡

はじめに

平成九（一九九七）年、新潟県上越市（旧中頸城郡頸城村）榎井Ａ遺跡から図12のように釈読される木簡（以下、本木簡）が出土した(1)。本木簡については、翌年に刊行された報告書の中で、木簡を解読した小林昌二氏が検討され、「御田」が初期荘園の水田を示し、四月五日に行われた荘園の労働に九五一人に及ぶ大規模な動員が行われていることを指摘した。また、「阿□（櫻カ）夫」の理解については、『神宮年中行事』の用法から「朝座（あさくら）＋夫」と考え、神事に関わる荘園の御田の耕作に先立

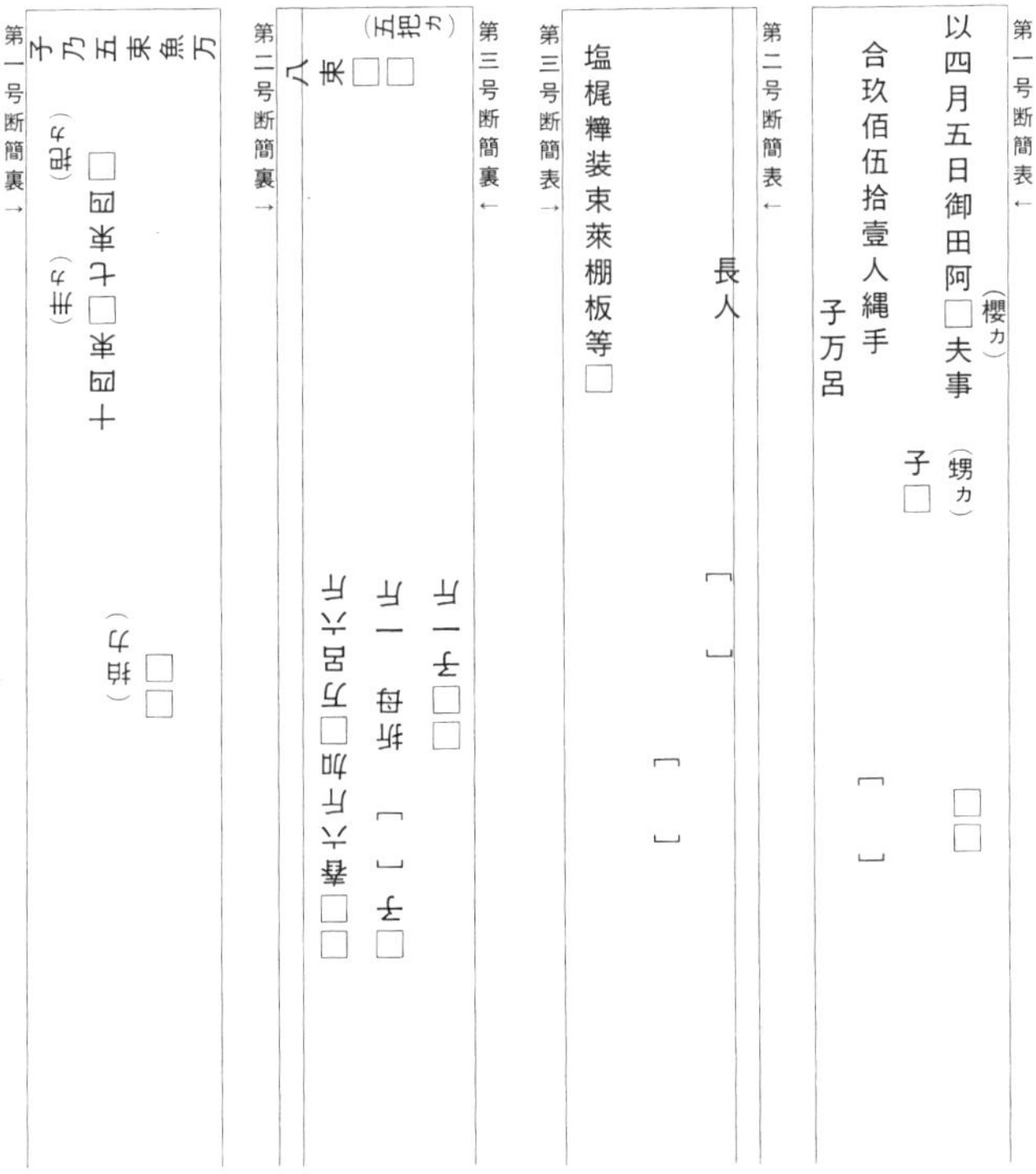

図12　榎井Ａ遺跡出土木簡模式図（注(1)報告書より）

つ夫役に従う人々と推定している。(2) 三上喜孝氏は古代の稲作を検討する中で本木簡について触れ、本木簡にみられる九五一人は、田起し(あるいは田植え)に動員された農夫の人数を指しており、オモテ面の最終行に記された物品名らしきものは、その際に行われる神事に使用されるものの可能性があることを指摘している。(3)

このように本木簡については記載内容の若干の検討はされているが、木簡の形態的特徴を含めて、他の木簡資料との比較検討や文献資料を活用した検討、また、この木簡がどのように使われたのかといった点や、木簡出土の地域史的意義などの本格的な検討はなされていない。そこで本章では、本木簡についての筆者なりの検討を行い、本木簡の機能や木簡出土の地域史的意義などを考えてみたい。

一　榎井A遺跡の概要

1　遺跡の立地と歴史的環境

検討に入る前に、まず、報告書等によりながら榎井A遺跡の概要をまとめておきたい。榎井A遺跡は、上越市頸城区(旧中頸城郡頸城村)大字榎井字古宮・寺屋敷ほかに所在する(図13)。遺跡の北側には、約四六〇〇年前まで機能していたと考えられる(4)古保倉川の旧流路跡が明瞭に残り、遺跡はこの古保倉川が形成した自然堤防上に立地する。遺跡地は現在、水田、畑などになっている。また、旧流路跡は水田として利用されており、地元ではこの水田のことを「サンベ」「サンバイ」とよんでいる。遺跡の北東側には、近世前期に行われた大瀁郷の新田開発までは大潟と呼ばれる潟湖が存在していた。

榎井A遺跡が所在する地域は、古代には越後国頸城郡夷守郷に属していたと考えられる。(5) 東大寺の正倉院には、「越後国久疋郡夷守郷戸主肥人呰麻呂庸布一段[　　]」と書かれた天平勝宝年中(七四九〜七五七)の庸布が伝存してい

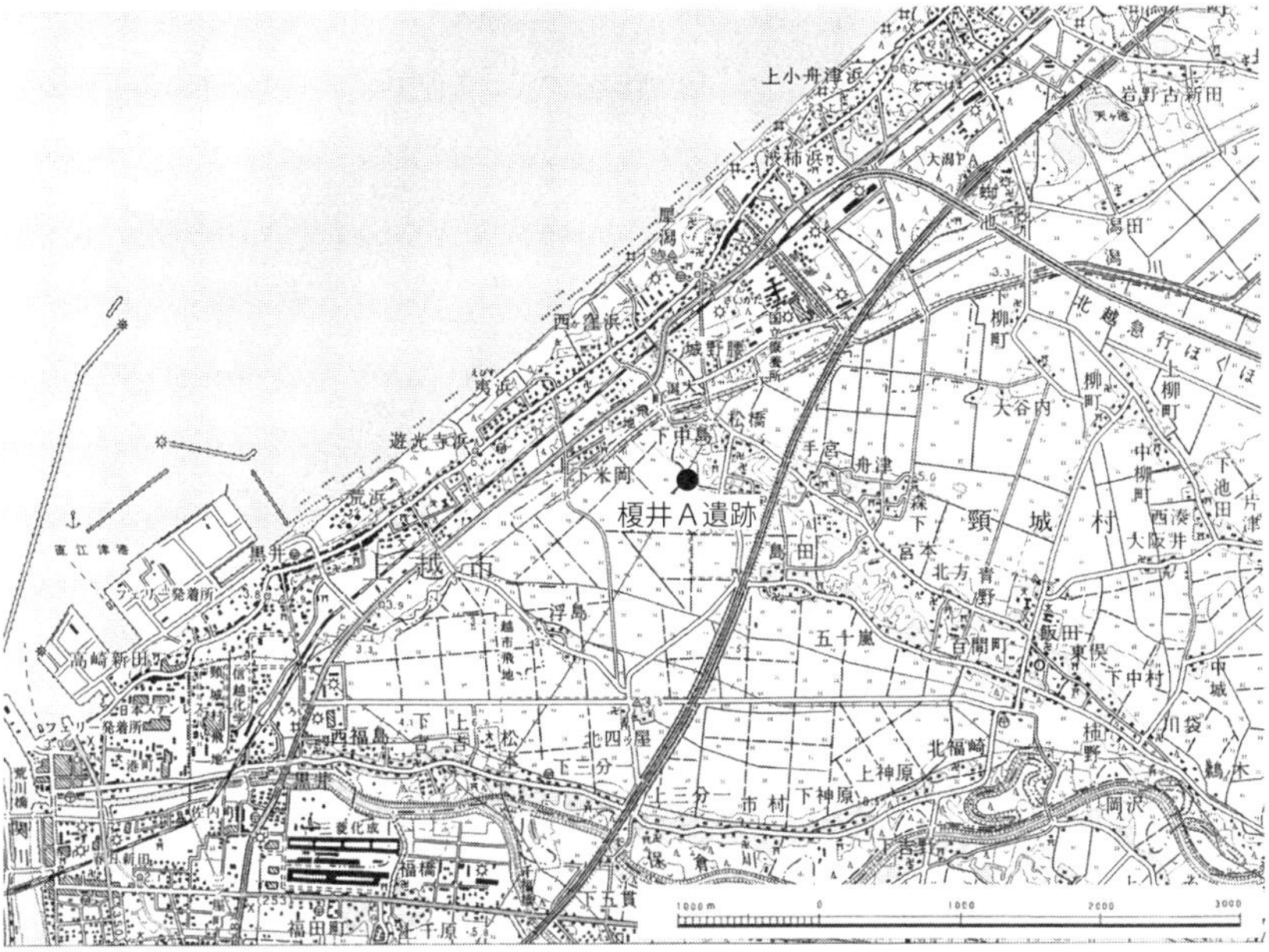

図13　榎井Ａ遺跡の位置

る。[6] 榎井の地名は、弘治三(一五五七)年十月十八日の「本庄宗緩等五名連署安堵状写」(康泰寺文書)に「頸城郡夷守郷榎井保」としてみられる。[7] この文書では、長尾景虎が湧光寺領榎井保内の地を広泰寺に寄進し、さらに郡司不入・諸役免許を再確認している。湧光寺・広泰寺ともに所在は不明だが、榎井付近にある遊光寺浜の地名との関係が示唆されている。[8] また、慶長二(一五九七)年作成とされる『越後国郡絵図』には、「江縫村」(=榎井村)が描かれており、知行人として、御料所・高梨分・柿崎分とともに、「光泰寺分」の記述がみえる。[9]

2　発掘調査の概要

榎井Ａ遺跡の発掘調査は、県営ほ場整備事業に伴い、平成六年度に確認調査、七～九年度に本調査が実施された。調査区は大きく東地区と西地区とに分かれる(図14)。東地区と西地区は、約二一〇メートル離れている。ここでは、それぞれの地区の調査成果について、古代の遺構・遺物に限ってみておきたい。

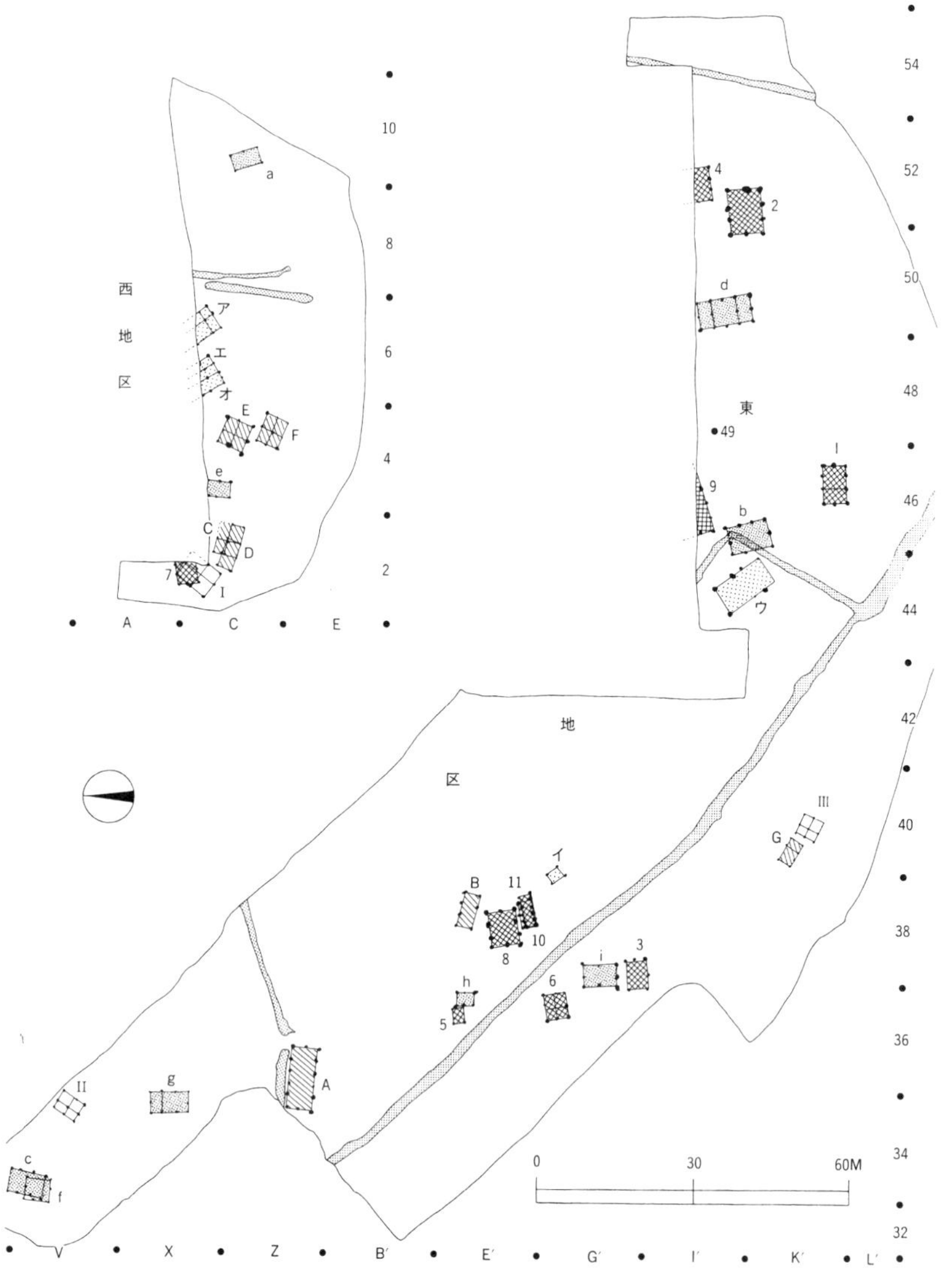

図 14　榎井 A 遺跡遺構配置図(注(1)報告書より)

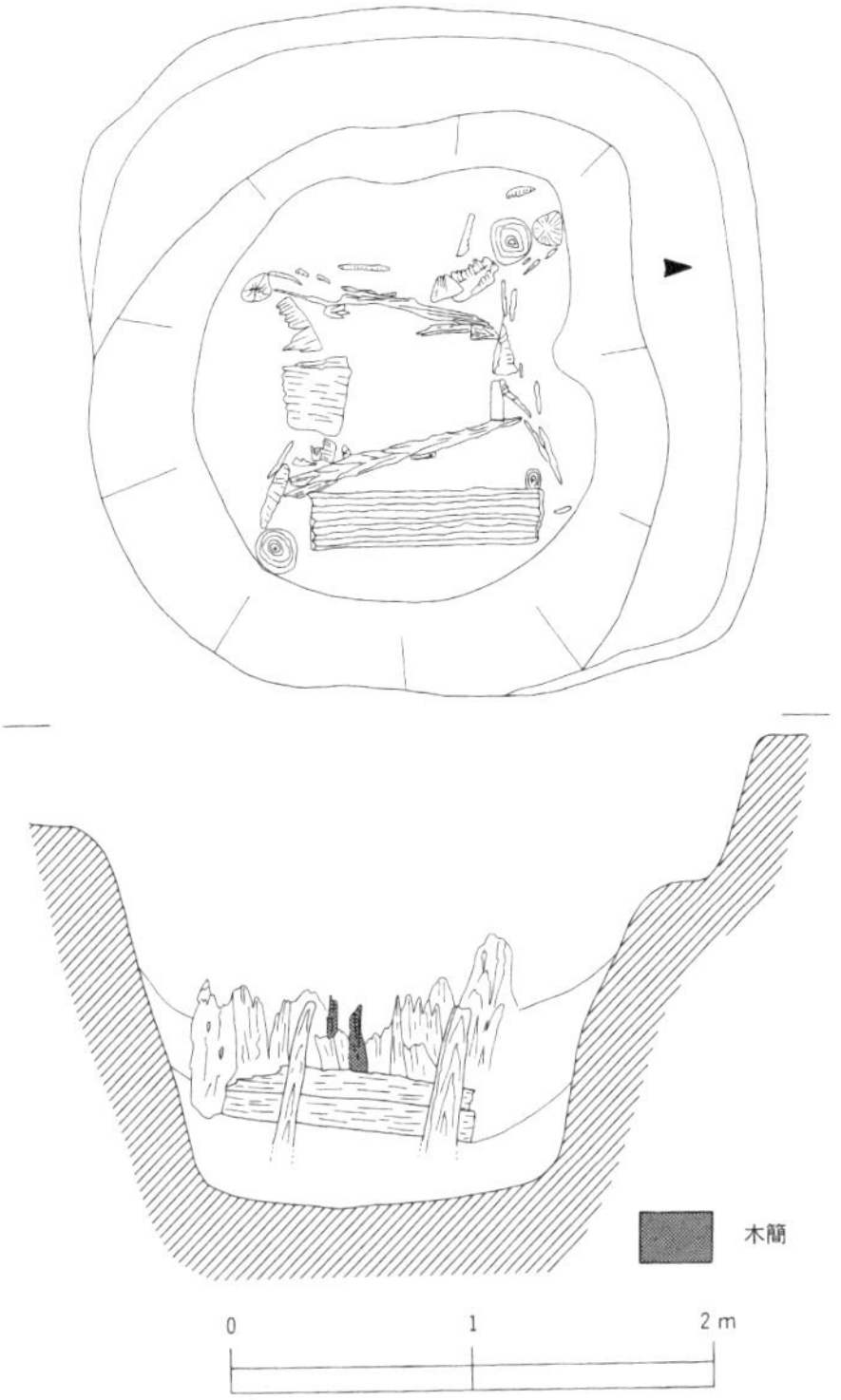

図15　榎井Ａ遺跡49号井戸実測図
（注(1)報告書より）

西地区の調査面積は約二三〇〇平方メートルで、検出された遺構は、掘立柱建物跡九棟(三棟は総柱建物跡)、井戸一五基、土坑五基などであった。掘立柱建物跡については、出土品や建物の主軸方向などの検討から四期の時期変遷が考えられている。西地区の出土遺物には、須恵器、土師器のほか、灰釉陶器、土錘などがある。出土土器の内訳は、土師器が七八・七％、須恵器が二一％、灰釉陶器〇・三％であった。

東地区は調査面積約一万四三〇〇平方メートルで、掘立柱建物跡一九棟(二棟は総柱建物跡)、井戸三八基、溝三条、土坑二二基などの遺構が検出された。東地区の掘立柱建物跡も四期の時期変遷が想定されている。また、次に述べる四九号井戸を囲むようにして、掘立柱建物が建てられていることに注意しておきたい(図14の1・9、b・d)。

井戸三八基のうち、四九号井戸は井戸枠を伴う(図15)。四九号井戸は、掘形が東西二七〇センチメートル、南北二八〇センチメートルの隅丸方形で、深さ約一八〇センチメートルの大規模なものであり、本遺跡で井戸枠を伴う井戸は四九号井戸のみであることからも特別な井戸であった可能性があろう。井戸枠は上部が腐食して遺存していないが、下部の一・三メートルが残存していた。井戸枠の構造は、まず、最下部に木柱四本を九〇センチメートル間隔の方形に埋め込んで支柱とし、その外側に横板を三～四段組んでいる。下枠の横板より上には、縦長に矢板を打ち込んでいる。矢板は基本的に一辺に四枚打ち込み、継ぎ目部分の外側にさらに三枚の矢板を打ち込んで土砂の崩壊を防いでいる。後述するように、この矢板のうちの一枚が木簡を転用したものであった。

三条検出された溝のうち、二号溝は、東地区の調査区域を北西から南東に貫き、南東端の調査区外で北へ折れて、調査区域の東端で検出された南北方向の溝に接続すると考えられている。溝の幅は一・四〜二・四メートル、深さ五〇〜九〇センチメートルで、長さは一八七メートルに及ぶ。本遺跡における基幹水路と考えられよう。

東地区の出土遺物には、須恵器、土師器のほか、緑釉陶器、灰釉陶器、土錘などがある。このうち四九号井戸から出土した土器の内訳は、土師器六三％、須恵器三七％で、土師器には内面を黒色処理するもの、須恵器には底部の切り離しが回転糸切りによるものがある。四九号井戸以外の出土土器の内訳は、土師器七二・四％、須恵器二七・五％、灰釉陶器・緑釉陶器〇・一％で、土師器には内面黒色土器が一定量存在し、全面黒色処理した耳皿も一点出土している。須恵器の底部切り離し技法には、回転ヘラ切りと回転糸切りのものとがあり、有台坏ではヘラ切りが主体である。これらの土器の年代観については、八世紀末以前に遡ることはなく、ほとんどの土器は九世紀前半に収まると考えられている[10]。

3　墨書土器

榎井A遺跡の発掘調査では、一一点の墨書土器が出土した（表5）。このうち一〇点は東地区からの出土で、さらにこのうち七点は四九号井戸およびその周辺からの出土であり、出土地点が集中している。四九号井戸とその周辺から出土した墨書土器に記載された文字には、「北館」三点、「館」一点、「□〔館カ〕」一点、「□〔北カ〕」一点などがあり、同種の文字である。一方、四九号井戸周辺以外で出土した墨書土器に記された文字は、「山□〔井カ〕」「人」であり、明らかに異質の文字種である。

表5　榎井A遺跡出土墨書土器一覧

番号	釈文	器種	部位・方向	出土遺構・地点	報告書番号	備考
1	卌	須・坏B	底外	西10号井戸	西11	
2	北館	土・椀	底外	東49号井戸	東3	内面黒色
3	北館	須・坏A	体外・正位	東49号井戸	東19	
4	□〔北カ〕	須・坏B	底外	東49号井戸	東23	
5	山□〔井カ〕　*	土・椀	体外・正位	東19号井戸	東65	内面黒色
6	北館	須・坏A	底外	45H'5	東134	
7	□　*	須・坏A	底外	48L'23	東135	
8	館	須・坏B	底外	46H'1	東150	
9	庄　*	須・坏B	底外	表面採集	東159	
10	□〔館カ〕　*	須・坏B	底外	47H'2	東160	
11	人	須・坏B	底外	37G'11～22	東161	

*は再調査により報告書の釈文を改めた

墨書土器に記された「北館」は方角＋「館」で、類例として長岡市(旧三島郡和島村)八幡林遺跡出土の「北家」「南家」「南殿」(11)、上越市下新町遺跡出土の「東家」(12)などがある。これらの土器に記された「館」「家」「殿」は建物施設であり、その上に記された方角は複数ある建物施設の中での位置関係を示していると考えられる。また、石川県金沢市上荒屋遺跡で出土した「東庄」「北庄」「南庄」「西庄」の墨書土器について、「庄」は荘園全体を指すのではなく、その経営施設(荘所)を指す言葉と考えられており(13)、これも同様の方角＋建物施設の例とできよう(14)。

榎井A遺跡では、わずかに一点ではあるが、「庄」と書かれた墨書土器が出土している。表採資料のため出土地点が定かではないが、遺跡の性格を考える上で重要な資料である。つまり、「庄」「北館」の墨書土器や後述する木簡の記載内容、また、前述した建物の配置などの点から、榎井A遺跡は初期荘園の荘所跡と考えられよう。榎井A遺跡が荘所跡であったとすると、東地区の調査区東部で検出された井戸枠をもつ四九号井戸と、それを囲むようにして、複数の掘立柱建物がある程度方角をそろえて建てられている一角が注目される。このような井戸と建物の配置は、胆沢城跡第五二次調査で検出された遺構に類似している(15)。この遺構は厨の遺構と考えられており、榎井A遺跡の四九号井戸周辺の一画も厨施設であった可能性があろう。前述したように、墨書土器がこの地点から集中して出土していることも、そのことと関わるのであろう。

二　出土木簡の検討

1　木簡の概要（図16）

本木簡は、東地区の東部で検出された四九号井戸の井戸枠、西側の矢板として転用されていた（図15）。天地を逆にして転用されており、木簡の下部は欠損していた。現状では縦に三片に割れており（第一断簡～第三断簡とする）、第二断簡と第三断簡は直接接続するが、第一断簡と第二断簡の間には若干の欠損部分があると考えられる（図12）。上端と左右側面（第一断簡右側面と第三断簡左側面）は原状をとどめるが、前述のように、下端は欠損している。現状での法量は、長さ五八二ミリメートル、幅一五六ミリメートル以上、厚さ八ミリメートルである。

表裏両面に文字が書かれており、少なくとも五種類の文字群が確認できる。一つ目は、オモテ面上半部に明瞭に書かれている「以四月五日」から始まる六行分の文字群（①）、二つ目は、オモテ面下端付近に天地を逆にして書かれている数文字の文字群（②）、三つ目は、ウラ面下半部に天地を逆にして書かれている人名や重量単位「斤」を含む文字群（③）、四つ目は、ウラ面の上部にやはり天

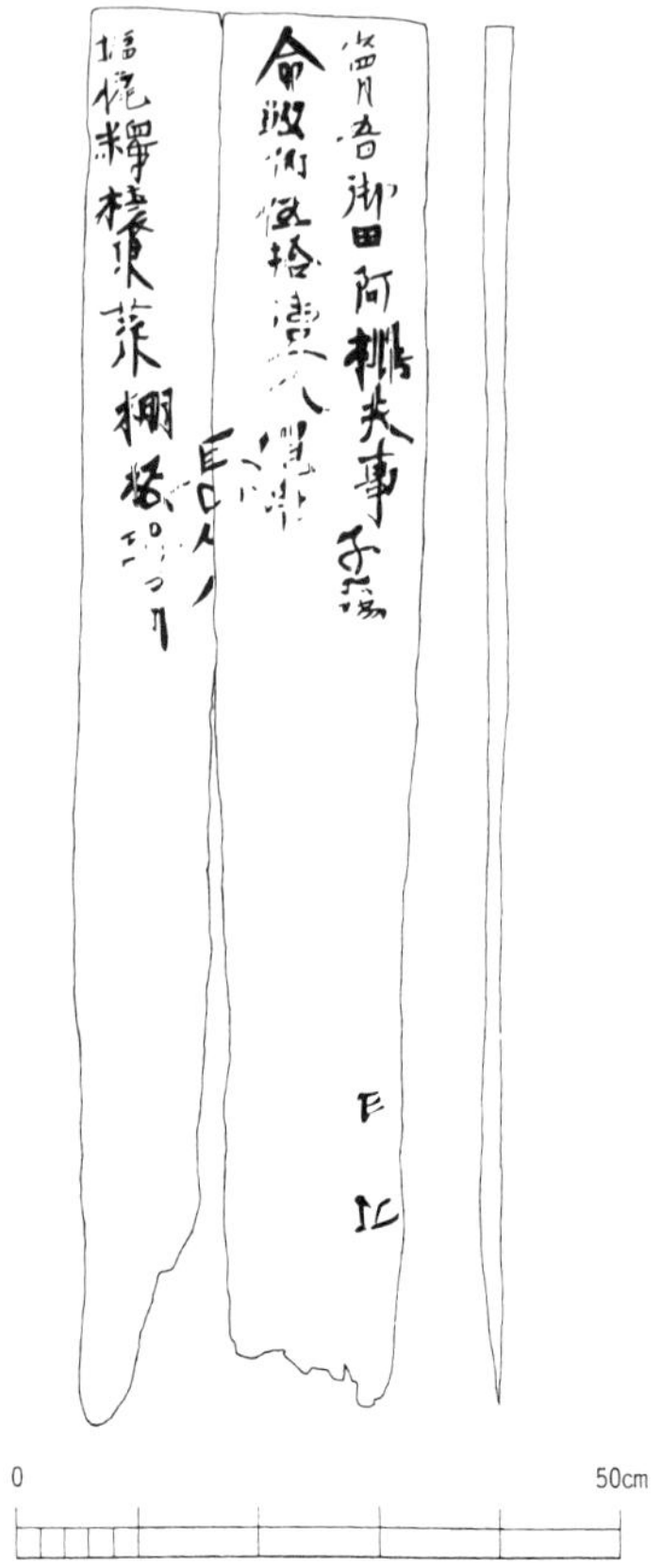

図16　榎井Ａ遺跡出土木簡実測図
（表面のみ）（注(1)報告書より）

地を逆にして書かれ、さらに上端付近では横に書かれている「束」「把」を含む文字群④、五つ目は、オモテ面の上半部にわずかに確認できる①以外の薄い墨痕⑤である。このように複数の文字群が確認されるということは、この木簡が余白部分を利用したり、表面を削ったりしながら、何度も繰り返し使用されたことを示しており、本木簡がどのようにして使用されたのか、木簡の機能を考える上で重要な点である。

次に木簡の記載内容について、墨痕が明確で、ある程度まとまった記載のある①③④の文字群をみてみよう。

①はオモテ面に六行分が確認できる。一行目（中間に欠損部分があるため、現状での行取りにより便宜的に付けた行数である）に「以四月五日御田阿□〔櫻カ〕夫事」と事書を記している。三行目の「合玖佰伍拾壱人」は、一行目の事書にみられる「御田阿□〔櫻カ〕夫」として動員された人々の総計と考えられる。三行目の総計の下、及び二行目、四行目、五行目には、「子□〔甥カ〕」「縄手」「子万呂」「長人」などの人名が書かれている。これらの人名は「御田阿□〔櫻カ〕夫」として動員された人物の名前と考えられ、木簡のオモテ面下半部の表面が腐食しているため、本来はさらに多くの人名が書かれていたと考えられる。最終六行目には、「塩」「梶」「装束」「棚板」などの物品名が記されている。①の文字群の書式をまとめると次のようになる。事書＋総計＋人名列記＋物品名

③はウラ面下半部に見られる天地逆の文字群である。「万呂」「斤」などの文字が確認でき、個人ごとの何らかの記録を記していると考えられる。「舂」の文字が確認できることから、舂米作業に関わる記録の可能性があるが、詳細は不明とせざるをえない。

④はウラ面上半部に天地を逆にして、さらに上端付近では横に書かれている文字群である。「束」「把」を単位とする数量記載を繰り返しているが、人名とみられる「魚万（以下欠損）」の記載もあることから、個人ごとの何らかの記録を記していると考えられる。

これら①③④および②⑤の文字群が、相互にどのように関連するのか、必ずしも明らかではないが、①と②③④と

では文字の向きが天地逆になっていたり、③と④の間に文字の書かれていない空白部分があったりしていることから、文字群相互の関連は想定しにくく、文字群はそれぞれ独立した内容をもつものと思われる。

2　木簡の使用方法について

本木簡の使用方法を考えるにあたっては、次の二点が重要である。一点目は、本木簡が大型の木簡であり、とくに幅が一五六ミリメートル以上あったと考えられる点。二点目は、先にも指摘したように、少なくとも五種類の文字群が確認でき、本木簡が何度も繰り返し使われたと考えられる点である。これらのことは、本木簡が命令の伝達や人物の召喚、物品請求などのために他所とやりとりされる木簡ではなく、その場(=荘所)で、荘経営に関わる何らかの作業のために使用された記録簡であることを示している(16)。

3　記載内容についての検討

次に本木簡の記載内容を考えてみたい。前述のように、五種類の文字群が確認できるが、ここでは①についてのみ考察する。①は、事書+総計+人名列記+物品名という書式をとり、全体として「四月五日」に動員された「御田阿□《〔櫻カ〕》夫」の総計九五一人と、その具体的な人名の列記、及びそれに関わる物品名を記していると考えられる。以下、いくつかの注目すべき記載について検討を加え、本木簡の内容を詳細に考えてみたい。

〔「御田阿□《〔櫻カ〕》夫」について〕

まず、動員された労働力がどのような内容の労働なのかを考えてみたい。事書に記された「御田阿□《〔櫻カ〕》夫」が直接それを示しており、田に関わる労働であることがうかがえるが、「阿□《〔櫻カ〕》夫」の解釈が問題となろう。「阿□《〔櫻カ〕》夫」と解読した小林昌二氏は、『神宮年中行事』の輿玉社御占神事歌に「ははりや弓筈と申さぬ阿佐久良に天つ神国つ神降りましませ」とある用法から、「朝座＋夫（あさくら＋ふ）」と考え、「神事に係わる荘園の御田の耕作に先立つ夫役に従う人々」と推察している。しかし、朝座を「阿＋櫻」と表記することには疑問があり、また、「朝座＋夫」という理解から「神事に係わる御田の耕作に先立つ夫役に従う人々」という解釈を導き出すのはいささか困難であるように感じられる。「阿□夫」の解釈については、次の木簡が参考となろう。

○大分県国東町・飯塚遺跡出土木簡[17]

・「○以四月廿一日作人十三　少子三　和田九段　下薦□□〔口主カ〕二段
　　　　　　　　　　　　　太十　　上阪田六段　下□〔阪カ〕×

・「○　伎佐本阿□〔作カ〕工入田阿□〔作カ〕□　□〔神カ〕人　上吉　（三二四）×三三×三　○一九型式

この木簡には、四月二十一日に行われる作業に動員される「作人」十三人の内訳と、作業の対象となる田地について書かれており、裏面にみられる「阿□〔作カ〕」の記載が注目される。報告書では「阿□〔作カ〕」に続けて「工」とあることから、何らかの技術者の関与を想定している。

田の労働に関わる二点の木簡に記された「阿（あ）」については、次のように考えることができよう。『時代別国語大辞典　上代編』によれば、「あ（畔）」として、「田と田の境として土を細長く盛りあげたところ。アゼの古形か。」とあり、[18]『古事記』では天津罪として「離天照大神之営田之阿」と記され、[19]また、前田家本『和名類聚抄』（十巻本系）の「畔」の項に「陸詞云―〈薄半反、和名久呂、一云阿〉田界也」とあることから、[20]「阿」はアゼの意と理解できる。

「阿□夫」の「阿」がアゼ（畔）だとすると、続く「□」の読みが問題となる。この文字については再調査を行ったが、読みきることができなかった。小林氏が解読したように「櫻」が最も近いようにも見えるが、「女」が左下に傾きすぎているようにも感じられる。以上のように、読みきることのできない文字があり問題が残るが、「阿」を畔の意と解して、「阿□夫」を畔の造作・作事に関わる人夫のことと理解しておきたい。

〔「四月五日」について〕

次に、「四月五日」という日付についてみてみたい。越後頸城地方の農事暦において、旧暦四月五日はどのような作業が行われる時期だろうか。時代が大きく異なり、農業技術の発展などの点を考慮すれば単純な比較はできないが、参考までに近世の事例をみておきたい。

寛延四（一七五一）年「未年万雑帳」[21]（平石家文書）

三月十六日　田打ち始まる
　十七日　種子こしらえ
四月七日　種子まき
　二十五日　田植え前仕事
五月十・十一日　田植え

安永七（一七七八）年「越後国頸城郡梶村指出明細帳[22]」

苗代春三月上旬頃早稲・中稲・晩稲共種蒔入、四月下旬ニ植付

近世の越後頸城地方の農事暦では、田植えは旧暦の四月下旬から五月上旬に行われ、四月上旬は田植え前の諸作業を行う時期であることが分かる[23]。そして、後に詳しく検討するように、本木簡にみられる労働力の動員が九五一人と大規模なものであることからすると、その作業は田打ち（荒田打ち）の可能性があろう。

田打ちは田植え前に田地を耕起する作業であり、中世の紀行集『海道記』では、貞応二（一二二三）年の四月四日に都を出立した作者が、近江で農夫が行う田打ちの様子を描写している。それによると、複数の農夫が横に並んで、田打ち歌を歌いながら、一斉に鋤を振るって田地を耕している。戸田芳実氏によれば、田打ちが行われる主たる時期は

二〜三月で、四月は最終段階であり、長期間にわたる重労働であったという。(24)

本木簡に記された労働の具体的内容が田打ちであったとすると、先の「阿□夫」の理解と合致しないようにも思われる。しかし、田打ち作業の中の一つの工程として畔の造作が含まれていたと考えれば、畔作りを含めた田打ちの作業に従事する人々を「阿□夫」と総称しているものとも考えられよう。

〔「玖佰伍拾壱人」について〕

本木簡に記された労働力の動員総計は九五一人であり、極めて規模が大きい。このような大規模な動員を示す類例としては次のようなものがある。

○山形県米沢市・古志田東遺跡出土第三号木簡(25)

・□〔二ヵ〕百五十八人　丁二百□〔卌〕
　　　　　　　　　　　小廿人

・卅人　男廿八人
　　　　小二人

（九九）×（二九）×三　〇八一型式

総数二五八人に及ぶ労働力の動員とその内訳が記されている。この木簡は、男性のみの動員であることから、灌漑施設や土木作業などの肉体労働の徴発に関わるものと考えられている。(26)

前述のように、本木簡に示された労働は田打ちの可能性があり、田打ちが長期間に及ぶ重労働であったことから、大規模な労働力の動員が行われたものと考えられる。しかし、その総計九五一人はあまりにも大規模であり実数とは考えがたいのではないか。また、総計に続けて書かれる動員された人夫の人名列記が九五一人分書かれているとは考えられないことも、九五一人が実数でないことを示しているだろう。総計九五一人は、延べ人数と考えるべきであろ

う。(27)

それでは何故延べ人数が記されたのであろうか。延べ人数の記載は、天平期の正税帳などに多くみられる。例えば、天平九(七三七)年「和泉監正税帳」の日根郡の記載には次のようにある。(28)

　合酒糟漆斗弐合　　修理池人夫単弐伯参拾肆人〈人別三合〉

同じ日根郡の記載に、池の修理のための監官人の部内巡行が二十日に及んだことが記されていることから、二三四人は二十日間に及ぶ池の修理に動員された人夫の延べ人数であり、一日あたりの動員数は十一・七人であったことが分かる。ここでの延べ人数の記載は、労働の功賃として、人夫一人、一日あたり三合支給される酒糟の総支出額七斗二合を算出するための記載である。正税帳には同様に、複数人による複数日におよぶ労働の対価の総額を算出するために延べ人数が記されることが多くみられる。このような正税帳に見られる延べ人数の記載の仕方を参考にすると、本木簡に記された九五一人という延べ人数も、複数人で複数日にわたって行われた労働に対する、功賃の総額を算出するための記載と考えることができるのではなかろうか。

ここで再び「四月五日」という日付と最終行に記された物品名に注意したい。長岡市(旧三島郡和島村)八幡林遺跡では、同じ「四月五日」を記す次のような木簡が出土している。

○長岡市・八幡林遺跡出土第二四号木簡(29)

「　　　　　郡進上於席二枚
・　四月五日　干宍□串
　　　　　　赤□□坏廿口□〔塩カ〕
「　　　　　長官尊　□□□備□□□宍二
・　　　　　□□進□□

□□進□□　［　　］
□人□［　　］　（四〇〇）×五六×七　〇一九型式

四月五日に「於席」「干宍」「赤□□坏」などの物品が郡（「長官尊」＝大領）に進上されており、三上喜孝氏は四月五日に郡家を拠点とした農耕儀礼があったことを想定している[30]。本木簡の最終行にも、「塩」「梶」「装束」「棚板」などの物品名が記されており、四月五日に荘所で行われた農耕儀礼に関わる物品と考えられよう。この木簡に、前述のような、田打ち労働の功賃総額を算出するための延べ人数の記載があることは興味深い。つまり、田打ちなどの田植え前の様々な農作業が終了し、四月五日に行われた農耕儀礼の際に、動員した人々に対して功賃が支給されたことが想定される。そして、本木簡は、四月五日の農耕儀礼の際に人々に支給される功賃と、儀礼で用いる物品名について書きあげた記録簡と考えられるのではないか。荘所におけるこのような記録を基にして、越前国坂井郡のいわゆる桑原荘券[31]のような荘経営の決算報告書が作成されるのであろう。

三　榎井A遺跡出土木簡からみた古代頸城郡の開発

前述したように、「庄」「北館」と記された墨書土器や、御田の田打ち労働に関わる木簡の出土などから、榎井A遺跡は九世紀前半の荘所の遺跡と考えられる。文献資料からは、頸城郡の初期荘園として、東大寺領石井荘、吉田荘、真沼荘、西大寺領桜井荘、津村荘の存在が確認される。しかし、榎井A遺跡がどの荘園の荘所に該当するのかは不明である[32]。もちろん、文献資料に残されていない荘園の荘所の可能性も考えられよう。

それでは、この荘園の生産基盤たる田地はどこにあったのであろうか[33]。榎井A遺跡周辺で水田耕作が可能な場所は、遺跡の北側の古保倉川の旧流路跡と、遺跡の立地する自然堤防の両側に展開する後背湿地であったと考えられる(34)。前者は、地元で「サンベ」「サンバイ」と呼ばれ、現在も水田として利用されている(35)。地下水位の高い湿田で、かつては天水だけの自然灌漑によったと考えられている。また、後者についても、用水施設をさほど必要としない湿田が部分的に開かれていた程度と推定されている(36)。

つまり、榎井A遺跡を荘所とする初期荘園は、用水設備が整い、条里型地割が施行されたような水田を生産基盤とする荘園ではなく、狭隘で部分的に開かれた湿田を生産の基盤とする荘園であったと考えられる。このことは、利用できる場所であれば、わずかな土地であっても開発の手が及んでいることを示しており、そこに頸城郡の在地豪族の関与を想定することもできよう。

承平年間(九三一～九三八)成立の『和名類聚抄』によれば、頸城郡は一〇郷を管しており、越後国の中では人口が最も多く、生産性の高い郡であったことがうかがえる。古代の初期荘園も、越後国の東大寺領荘園四荘のうちの三荘、西大寺領荘園五荘のうちの二荘が頸城郡に所在した。これら初期荘園の成立及び経営の実態について、具体的に示す史料はほとんどなく不明な部分が多い。しかし、宝亀十一(七八〇)年の『西大寺資材流記帳』には、雑書三十九巻のうちの一巻として、神護景雲三(七六九)年の「越後国水田并墾田地帳」や「同国田籍帳」などとともに、同年の「頸城郡大領高志公船長田図」の存在が記されている。この田図がどのような性格のものであったかは必ずしも明らかではないが、頸城郡の大領高志公船長が、西大寺領荘園の成立や経営に関与していたことをうかがわせる。

また、同じ頸城郡の東大寺領石井荘は、越前国や越中国の東大寺領荘園と異なり、天平神護年間(七六五～七六七)の寺領の一円化が行われず、散在的な存在形態であった(37)。このような散在的な荘園の経営は、一円化された荘園に比べて、より強い在地豪族の関与が必要であったと考えられる。なにより、石井荘が長期間にわたって存続したことは、その経営への在地豪族の積極的で強力な関与がなければ説明できないだろう。本木簡にみられる延べ人数九五一人の大規模動員も、このような強力な在地豪族の存在があってこそ可能だったのである。

注

（1）頸城村教育委員会『榎井A遺跡』（一九九八年）
（2）注（1）報告書、小林昌二「『御田阿櫻夫』九五一人」（『日本歴史』六一八、一九九九年）
（3）三上喜孝「北陸・東北地域の古代稲作―種子札・労働・農耕儀礼―」（『日本海域歴史大系第二巻古代篇Ⅱ』清文堂、二〇〇六年）
（4）頸城村史編さん委員会『頸城村史　通史編』（一九八八年）
（5）新潟県『新潟県史　通史編Ⅰ原始・古代』（一九八六年）、上越市史編さん委員会『上越市史　通史編1自然・原始・古代』（二〇〇四年）
（6）松嶋順正『正倉院宝物銘文集成』（吉川弘文館、一九七八年）
（7）上越市史編さん委員会『上越市史　資料編3古代・中世』（二〇〇二年）
（8）注（7）に同じ
（9）東京大学史料編纂所『越後国郡絵図一・頸城郡』（東京大学出版会、一九八三年）、東京大学史料編纂所『越後国郡絵図』解題（東京大学出版会、一九八七年）
（10）注（7）に同じ
（11）和島村教育委員会『和島村埋蔵文化財調査報告書第三集　八幡林遺跡』（一九九四年）
（12）新潟県教育委員会『上新バイパス関係遺跡発掘調査報告Ⅰ　今池遺跡・下新町遺跡・子安遺跡』（一九八四年）
（13）金沢市教育委員会『上荒屋遺跡Ⅱ』（一九九三年）
（14）一つの荘園に複数の荘所があったことは荘園絵図（天平神護二年「東大寺領越前国足羽郡道守村開田絵図」など）からうかがえる。
（15）水沢市教育委員会『胆沢城―昭和六十一年度発掘調査概報―』（一九八七年）
（16）このような特徴をもつ木簡の類例としては、山口県長登銅山跡出土木簡（『木簡研究』一九、一九九七年）や、奈良県藤原京跡出土の二点の木簡（『木簡研究』六、一九八四年）などがある。長登銅山跡出土の木簡は、天平二（七三〇）年六月に長門掾に配分される大斤七二三斤・小斤二四二四斤の製錬銅とその鋳工二〇人の名前が列記されている。長さ六八五ミリメートル、幅一四〇ミリメートルの大型木簡であり、幅は榎井A遺跡出土木簡に近い。また、人名を列記していることも共通している。上端部の右寄りには孔が開けられており、釘などにかけて掲出したか編綴に用いられたと考えられている。この木簡は、官営により行われた採銅・製錬作業を管理する官衙施設で使用された記録簡と考えられる。藤原京跡出土の二点の木簡は、ともに第三六次調査の際に、宮の西北隅で検出された井戸（SE三四〇〇）から出土した木簡である。一点は長さ九八二ミリメートル、もう一点は長さ八四〇ミリメートルで、どちらも大型の木簡である。記載内容は、ある荘園の弘仁元年の穫稲数を記し、続けてその中からの毎月の種々の支出について詳細に書きあげたものと、弘仁六年十二月の京上米に関する記載であり、京上米に関する木簡には、数値の訂正や抹消、書き加え等が多く認められる。この二点の木簡については、平安初期の畿内荘園のものとしてきわめて重要であるとされ、木簡が出土した井戸は荘所の施設の一つとも考えられている。二点の木簡は、荘経営に関わる種々の作業のために、荘所で使用された記録簡と考えられている。

(17) 国東町教育委員会『大分県国東町文化財調査報告書第二十六集　飯塚遺跡』（二〇〇二年）
(18)『時代別国語大辞典　上代編』（三省堂、一九九二年）
(19)『日本思想大系1　古事記』（岩波書店、一九八二年）
(20) 馬渕和夫『和名類聚抄古写本声点本本文および索引』（風間書房、一九七三年）
(21) 頸城村史編さん委員会『頸城村史　通史編』（一九八八年）
(22) 吉川町史編集委員会『吉川町史資料集第一集―村明細帳・村極―』（一九九三年）
(23) 地域が異なるが、九世紀中頃の福島県いわき市荒田目条里遺跡出土木簡によれば、五月三日に田植えが行われている（いわき市教育委員会『いわき市埋蔵文化財調査報告第七五冊　荒田目条里遺跡』二〇〇一年）。
(24) 戸田芳実「一〇〜一三世紀の農業労働と村落―荒田打ちを中心として―」（『初期中世社会史の研究』東京大学出版会、一九九一年。初出は一九七六年）
(25) 米沢市教育委員会『米沢市埋蔵文化財調査報告書第七三集　古志田東遺跡』（二〇〇一年）。釈文は注（3）三上論文により改めた。

(26) 三上注(3)論文

(27) 延べ人数であっても大規模な動員であったことに変わりはない。

(28) 林陸朗・鈴木靖民編『天平諸国正税帳』(現代思潮社、一九八五年)

(29) 和島村教育委員会『和島村埋蔵文化財調査報告書第三集　八幡林遺跡』(一九九四年)、浅井勝利・相澤央「八幡林遺跡出土木簡釈文の再検討」(『新潟県立歴史博物館紀要』一四、二〇一三年)

(30) 三上注(3)論文

(31) 『大日本古文書』四―五二、一一一、二二九、二四六

(32) 上越市岩ノ原遺跡で「石井庄」「石庄」と書かれた墨書土器が出土し、東大寺領石井荘の荘所跡であることが明らかとなった(新潟県教育委員会・財団法人新潟県埋蔵文化財調査事業団『岩ノ原遺跡』二〇〇八年)。岩ノ原遺跡の存続期間が荘園の存続期間のうちの一時期だけであり、また、石井荘が散在的な存在形態を取る荘園であったことから、他にも複数の荘所があったと考えられる。

(33) 発掘調査では土錘が出土しており、水田耕作以外の多様な荘経営も考慮しなければならない。

(34) 坂井秀弥「頸城平野古代・中世開発史の一考察―頸城村を中心にして―」(『新潟史学』一八、一九八五年)

(35) 籠瀬良明「保倉川旧河道の中世開発水田」(『人文地理』二―三、一九五〇年)

(36) 坂井注(34)論文

(37) 荻野正博「東大寺領越後国石井庄の歴史」(『政治社会史論叢』近藤出版社、一九八六年)

第四章　新潟市駒首潟遺跡出土木簡と九世紀の越後国

はじめに

平成十八(二〇〇六)年度に行われた新潟市駒首潟遺跡の発掘調査で三点の木簡が出土した。それぞれの釈文は次の通りである。[1]

○新潟市駒首潟遺跡出土第一号木簡

・□我我我衆　衆　衆衆　衆　衆　衆衆　衆衆　衆
□佛佛佛佛　佛佛佛佛佛佛　我　佛佛佛　佛佛佛佛
□羽臣家麻三□足羽臣家麻□□見見見是見見見見見見
是　是　佛　佛
道道道道是是　是是是是是是　是　是是　是是是是」

・　為
為□
□有□　」

(四二〇)×六四×五　〇一九型式

○同遺跡出土第二号木簡

・大大□□□大大大

・□□

□　□□□　□□

（二〇三）×（二四）×四　〇八一型式

○同遺跡出土第三号木簡

・「□〔高カ〕□□□　□　　□〔下カ〕□　□□□□田□〔朝カ〕臣　□□□□　□□〔家カ〕家

諸王臣資人諸王臣資人資資　□□　□〔家カ〕資資　□〔貴カ〕□郷高隻□　□□□□□□」

・「

諸王臣資人□□□庄大納言阿倍大夫殿資人資人百□乙□下次田連□

諸王臣資人□□□□□□□　資資子□□子□　介□〔念介カ〕□領領領領□〔従カ〕三□□」

（八二八）×四九×一三　〇六五型式

後述のように、いずれも習書木簡と考えられるが、第一号木簡の「足羽臣」や第三号木簡の「諸王臣資人」「大納言阿倍大夫殿」など、越後国の古代史を考える上で重要な記載が含まれている。なかでも第三号木簡は、九世紀の越後国、特に蒲原地域の在地社会を考察する上で重要な内容である。以下、主として第三号木簡の考察から、九世紀の越後国について考えてみたい。

一　駒首潟遺跡の概要

駒首潟遺跡(2)は新潟市江南区亀田早通字駒首潟に所在する。信濃川・阿賀野川・小阿賀野川に囲まれた亀田郷のほぼ中央に位置し、低湿地帯の中の河川沿いに形成された自然堤防上に立地している。発掘調査は、大型小売店舗の建設に伴い平成十八（二〇〇六）年度に実施され、約二万平方メートルと推定される遺跡範囲のうち、一万一四九三平方メートルが発掘された。

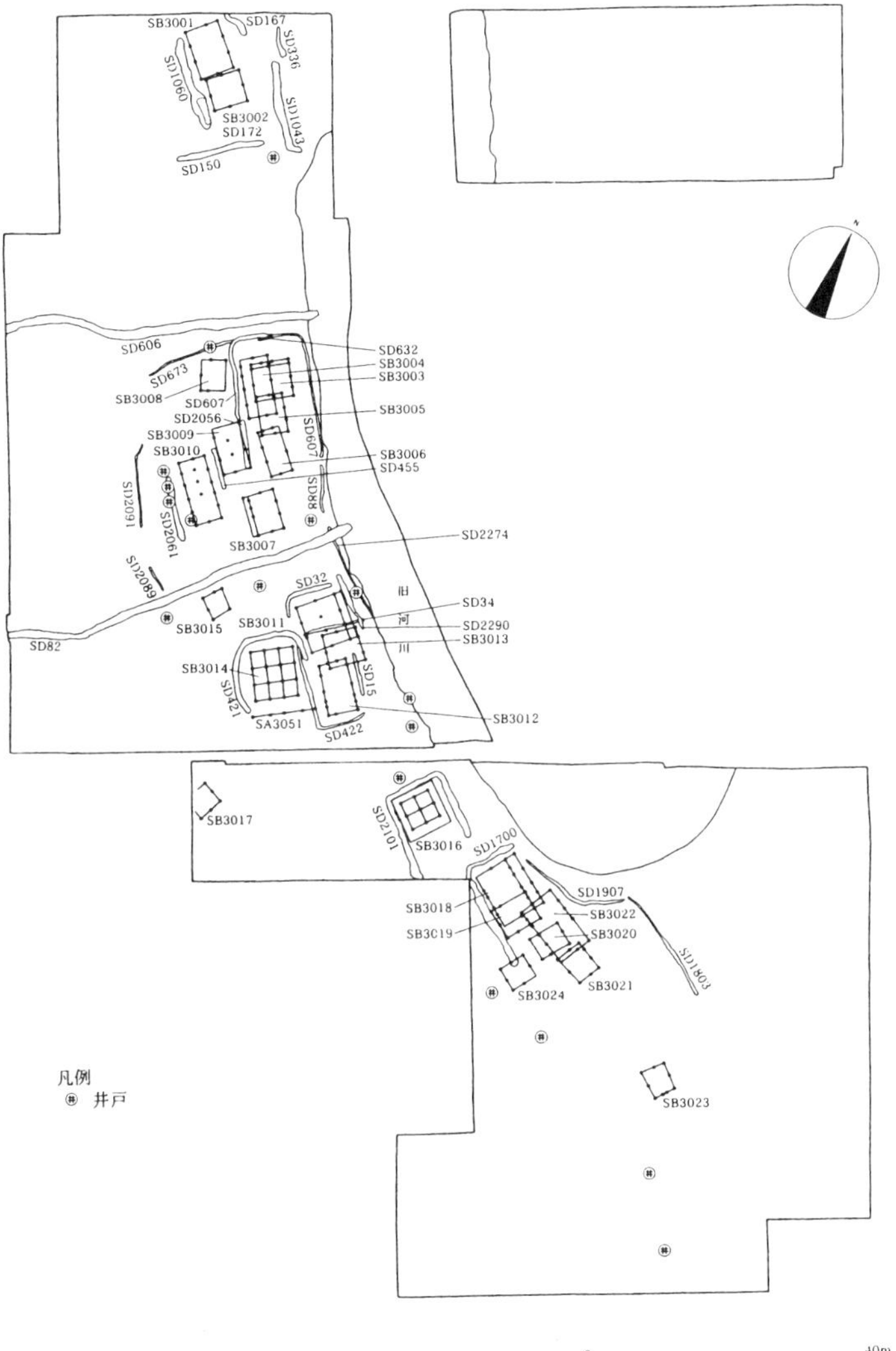

図 17　駒首潟遺跡遺構全体模式図（注（2）報告書より）

調査によって、掘立柱建物二四棟、井戸二一基、溝状遺構三九六条などの遺構が検出された(図17)。掘立柱建物には周溝を伴うものが多く、総柱建物一棟や庇付建物五棟(一棟は四面庇)も確認された。溝状遺構には、後述する河川跡に平行するものと直交するものとがあり、直交するもののうち調査区の中央付近で検出された二本の溝は、幅一メートル前後、深さ(最大)〇・八〜〇・九メートルで用排水路の機能を有したと考えられている。井戸の内の一基には底に水溜め用の曲物が設置されていた。刀子や斎串が出土した井戸もあり、埋設に伴う祭祀行為に関わると考えられている。遺跡の中央付近には昭和五十年代まで南北に走る潟があったが、調査ではこの潟跡に重なるようにして平安時代の河川跡が検出された。河川跡の左岸では、周囲より〇・二〜〇・三メートルほど低くなったテラス状遺構が検出され、船着場のような施設の可能性が指摘されている。

出土した土器の大半は九世紀後半のものであり、須恵器・土師器の食膳具、土師器の煮炊具、須恵器の貯蔵具などが出土した。須恵器は佐渡産が圧倒的に多いが、阿賀北産や新津産も少量出土している。また、須恵器の仏鉢型土器・浄瓶、百点以上の墨書土器が出土した。墨書土器には「柱十」「柱卅」「柱六十」など「柱＋(数字)」が底面に大書されたものが一三点あり、これらは調査区北側の河川跡や溝跡などから出土した。「柱＋(数字)」の墨書は、祭祀を行った集団の標識的文字ではなく、祭祀内容に関わる記述と考えられ、特定の祭祀が一定の場所で行われていたことを示している。木製品は大半が河川跡から出土し、食膳具、祭祀具、生活道具、生産用具、建築部材などがある。以上のような点から、駒首潟遺跡は地元の有力者によって営まれた集落と考えられている。

二　出土木簡の概要

三点の木簡は、いずれも河川跡から出土した。

第一号木簡は、現状では縦に三片に割れている。上端は裏面から刃物を入れて割られ、欠損している。長さ四二センチメートル、幅六・四センチメートルの大形の木簡であり、下端がゆるくカーブしていることから、何らかの木製品を転用したものと考えられる。表裏両面に文字が記されているが裏面は墨痕が薄く解読が困難である。「我」「衆」「佛」「見」「是」などの文字を繰り返し記す習書木簡であり、文字の種類（「衆」「佛」など）から仏典をテキストにしている可能性がある。また、表面の三行目には「足羽臣」の習書があり、遺跡近辺に足羽臣が存在したことを示している。『日本書紀』には渟足柵や磐舟柵の設置に伴って柵戸が配されたことが記されているが、長岡市（旧和島村）八幡林遺跡から「射水臣」「能等」（＝能登）などと記された木簡が出土していることから、[3]城柵設置地域より南の地域にも移民が存在したことがうかがえる。第一号木簡から知られる「足羽臣」の存在も越前国からの移民がいたことを示すのであろう。

第二号木簡は上下端および右側面を欠損している。表裏両面に文字が記されており、表面は「大」を繰り返し記している。裏面は欠損のため解読できない。

第三号木簡は、中ほどで折れているが、長さ八二・八センチメートル、幅四・九センチメートルの大形木簡である（図18）。上端部は左側から削って鋭く尖らせており、厚さは右辺が一・三センチメートル、左辺が〇・五センチメートルで断面は不定形である。何らかの部材に文字を記したようである。表裏両面に文字が記されているが、表面の下

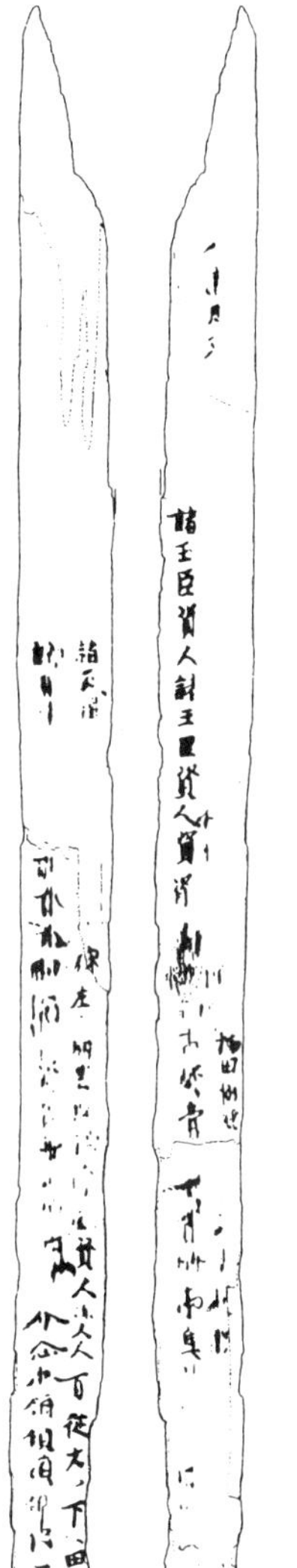

図18　駒首潟遺跡出土第3号木簡実測図（注(2)報告書より）

端付近と裏面の下半分は墨痕が極めて薄い。表面は上部が一行書きで途中から二行書き、裏面は上部には文字がなく途中から二行書きで記されている。表裏両面とも「諸王臣資人」「資」「領」などの文字が繰り返し記されており習書木簡と考えられるが、第一号木簡や第二号木簡とは異なり「諸王臣資人」「大納言阿倍大夫殿」「次田連」のような語句が書かれていることから、文字の練習というよりも文章の練習のようであり、資人に関する文書を作成する際の下書きと考えられる。

三　第三号木簡の検討

1　木簡の年代について

第三号木簡の裏面一行目には「大納言阿倍大夫殿」という注目すべき記載がある。『公卿補任』によれば、八世紀から九世紀の間で大納言に就任した阿倍（安倍）氏出身者には次の三人がいる。

①阿倍朝臣御主人…大宝元（七〇一）年三月二十一日任。同日任右大臣
②阿倍朝臣宿奈麻呂…養老二（七一八）年三月三日任。同四年正月十日薨
③安倍朝臣安仁…天安元（八五七）年四月十八日任。貞観元（八五九）年四月二十三日薨

前述したように、駒首潟遺跡から出土した土器の年代観は大半が九世紀後半と考えられている。このことからすれば、第三号木簡に記された「大納言阿倍大夫殿」とは③安倍朝臣安仁のことと断定でき、木簡の年代は八五七～八五九年に限定できる。

2　諸王臣資人について

〔越後国と資人〕

前述のように、第三号木簡は資人に関する文書を作成する際の下書きと考えられる。このことは越後国から資人が任用されていたことを示しているが、令制当初、越後国は三関国・大宰府管内諸国・陸奥・石城・石背・越中とともに資人の任用が禁止されていた。

養老軍防令48帳内条

凡帳内、取二六位以下子及庶人一為之。其資人不レ得レ取二内八位以上子一。唯充二職分一者聴。並不レ得レ取二三関及大宰部内、陸奥、石城、石背、越中、越後国人一。

この条文は、石城・石背の国名がみられることから、養老二(七一八)年から五年頃までの間の規定と考えられ[4]、ここに記された諸国は、軍事的に重要な地域であるため資人の任用が禁止されたと考えられている[5]。しかし、越後国は早い段階に資人の任用が許可されたようである。

『続日本紀』神亀五(七二八)年三月甲子条

又勅、補二事業・位分資人一者、依二養老三年十二月七日格一、更無二改張一。雖レ然、資人考選者、廻聴下待レ満二八考一始選中当色上。外位資人十考成選。並任二主情願一、通二取散位・勲位・々子及庶人一、簡試後請。々後犯レ罪者、披二陳所司一、推問得レ実、決杖一百、追二奪位記一、却二還本色一。其三関・筑紫・飛騨・陸奥・出羽国人、不レ得二補充一。余依レ令。

この条文は外五位の位分資人についての規定であるが、任用禁止の地域については他の資人も同様と考えて良いだろう。任用禁止の諸国に越後国はみられず、すでにこの時点では越後国からも資人が任用されるようになっていたと考えられる。

〔資人の統制〕

周知の通り、資人は課役を免除され（賦役令19舎人史生条）、また、白丁が官職につくためのほとんど唯一の方途であった（軍防令48帳内条）。そのため、資人の任用をめぐっては激しい競望があったと考えられる。さらに、次の史料にみられるように、資人は王臣家の庇護のもと課役を忌避する手段としても利用された。

『続日本紀』養老元（七一七）年五月丙辰条

丙辰、詔曰、率土百姓、浮二浪四方一、規二避課役一、遂仕二王臣一、或望二資人一、或求二得度一。王臣、不レ経二本属一、私自駈使、嘱二請国郡一、遂成二其志一。因レ茲、流二宕天下一、不レ帰二郷里一。若有二斯輩一、輙私容止者、揆レ状科レ罪、並如二律令一。

律令政府は、畿外からの資人任用を禁止（『続日本紀』和銅三〈七一〇〉年三月戊午条）したり、資人への叙位を制限（『続日本紀』和銅四年五月辛亥条）したりして、資人任用の規制を行うとともに、王臣家が浮浪人や地方有力者を資人とすることを禁止した（『続日本紀』天平神護元〈七六五〉年三月丙申条）。これらの資人に関する諸法令からすれば、律令政府は資人任用者の厳密な把握・管理を行っていたと考えられる。

○徳島県徳島市観音寺遺跡出土木簡(6)

・「阿波国司牒　□□□□〔淡路国カ〕　□□□□□□
牒
右彼今月廿三日牒偁〔×依〕国依牒旨仰当郡司与使人共依数乞徴已畢者国仍差那賀直綿麻呂　今□□□　方□
令向
□〔充カ〕使発遣如前仍注事状付使綿麻呂故牒」

・「
彼
已畢望請除此土籍欲附出京戸籍者国依解状覆検知実仍録事状故移　即附佐伯費大長
『□□』

『□』
阿波国司解　申勘籍資人事奏人マ大宅年弐拾陸
部下名方郡殖栗郷戸主秦人マ人麻呂戸口者
□　□
五七九×(五〇)×五　〇八一型式」

観音寺遺跡出土の勘籍木簡は、阿波国司が自国出身の資人についての勘籍の結果を報告した文書の下書きであり、律令政府が資人任用者を厳密に把握・管理していたことがうかがえる。第三号木簡は、前述のように資人に関する文書の下書きと考えられるが、このような資人の把握・管理に関わる文書の下書きの可能性もあるだろう。(7)

〔九世紀の資人〕

九世紀になると、諸国に居住して「王臣家之人」と称し、国司や郡司と対立したり、騒擾したりする資人が見られるようになる。彼らの実体はこの頃に台頭する富豪層である。(8)

『類聚三代格』寛平六(八九四)年十一月三十日太政官符

太政官符

応レ禁下断諸国百姓称二王臣家人一騒中擾部内上事

右舎人帳内資人之外、託二仕宮家一一切禁断、去寛平三年九月十一日新制已立、下レ符之後未レ経二年序一、而無頼奸猾之類、猶称二王臣家之人一、放縦暴猛不レ従二国郡一、侮二慢牧宰一騒二擾所部一、誠雖二猾民之濫悪一、抑又憲綱之寛簡也、不レ立二厳制一皇威何張、左大臣宣、奉レ勅、重立二法制一以絶二暴悪一者、諸国承知、舎人帳内資人以外、若称二宮家人一好二濫悪一者、随レ犯見決莫二寛宥一、如有二蔭贖一注レ状言上、不レ得二阿容一

寛平六年十一月卅日

この太政官符は、舎人・帳内・資人以外の者が「王臣家之人」と称して国郡に従わず、騒擾することに対して厳し

い対処をするように命じたものであるが、逆に言えば、舎人・帳内・資人らが「王臣家之人」と称して、騒擾をおこしていたことを示している。第三号木簡は、九世紀中頃の駒首潟遺跡周辺の蒲原の地に、王臣家（具体的には大納言安倍家）と結託した富豪層がいたことを示している。安倍氏との結託の契機としては次の二人の存在が注目される。

安倍朝臣小笠…大同元（八〇六）年五月一日任越後介

安倍朝臣甥麻呂…承和十二（八四五）年正月十一日任越後介

小笠や甥麻呂が越後介の在任時に在地の富豪層との間で築いた関係を前提として、第三号木簡にみられるような、大納言安倍安仁の資人への任用が行われたのかもしれない。

四　九世紀の越後国

第三号木簡から確認された富豪層の存在は、九世紀の越後の在地社会の中でどのように位置づけられるであろうか。当時の越後国の状況を確認しておこう。

1　自然災害

九世紀前半の天長・承和年間、越後国は天候不順による凶作や疫病などの災害に度々見舞われた[9]。

『類聚国史』天長五（八二八）年六月壬午（巻八十糶糴）

壬午、越後国穀一万斛、班二沽窮民一、以済二餓苦一也

この記事には、飢餓の原因は記されていないが、前年の凶作により人々は飢餓に苦しみ、越後国は窮民を救うため穀一万斛を班沽（売却）した。次に掲げる史料にみられるように、国は飢餓の対策として、まず賑給を行い、それでも

不十分な場合に穀の売却を行っていることから、この年も賑給が行われ、それでも不十分なので穀一万石が人々に売却されたのであろう(10)。

五年後の天長十年にも、越後国は飢餓と疫病に見舞われた。

『続日本後紀』天長十(八三三)年閏七月戊寅条

戊寅、越後国言、去年疫癘旁発、花耕失レ時、寒気早侵、秋稼不レ稔、今茲飢疫相仍、死亡者衆、凶年之弊、雖レ賑猶乏、望請、被レ許二糴糶一、資二此窮民一、聴レ之

前年(天長九年)、疫病が流行し、また天候不順のため耕作の時を失い、寒気も早く到来したため凶作となった。そのため、今年(天長十年)は飢餓と疫病が重なり、多数の死者が出ている。このような窮状に対して越後国は賑給を実施したが、なお不十分なので、稲穀の売却を許可してほしいと請い、許されたのである。『続日本後紀』承和元(八三四)年二月辛丑条によれば、この年も越後国は飢餓に苦しみ賑給が行われており、前年(天長十年)も凶作であったことが分かる。つまり、越後国を襲った災害は、天長九・十・承和元年と、少なくとも三年間続いたのである。ところで、この三年間の災害に関連して次のような史料がある。

『続日本後紀』天長十(八三三)年七月戊子条

戊子、越後国蒲原郡伊夜比古神預二之名神一、以下彼郡毎レ有二旱疫一、致レ雨救上レ病也

蒲原郡に鎮座する伊夜比古(弥彦)神は、旱や疫病があるごとに雨を降らせ、病を救うという霊験のため、名神に列せられた。災害に見舞われている最中に、伊夜比古神が名神に列せられたのは、前年から続く天候不順、疫病に対する霊験を期待されてのことであろう。また、蒲原郡における災害に対して霊験のある神社が名神とされていることからすれば、この度の災害は越後国の中でも蒲原郡により多くの被害をもたらしたと考えられる。

2　越後国の富豪層

度重なる災害の発生は、越後に暮らす人々の階層分化をより加速させたと考えられる。貧しい者はより貧窮し、豊かな者は更に富を貯えていったであろう。やや時代が遡るが次のような例が知られる。

『続日本紀』延暦三(七八四)年十月戊子条

戊子、越後国言、蒲原郡人三宅連笠雄麻呂、蓄㆓稲十万束㆒、積而能施、寒者与㆑衣、飢者与㆑食、兼以修㆓造道橋㆒、通㆓利艱険㆒、積㆑行経㆑年、誠合㆓挙用㆒、授㆓従八位上㆒

この記事にみられる三宅連笠雄麻呂について、亀田隆之氏は、多量に私財を蓄積し、それを貧農に施し救済することによって国家から褒賞される「力田者」の一例とする[11]。蓄稲数には誇張があるかもしれないが、「稲十万束」は天平期に一国が蓄えていた頴稲数に匹敵する莫大な数量である[12]。低湿地が広がり耕作地が限られていたであろう蒲原郡でも、このような富裕な農民が出現してきたことは注目すべきである[13]。

また、承和八(八四一)年の「某院政所文書案[14]」によると、越中国砺波郡の東大寺領井山荘や淳和院領荘園[15]では「浪人」が重要な労働力であったことがうかがえる。この「浪人」について、吉川真司氏は、井山荘周辺にいた富豪層であるとする[16]。この文書の端裏書には、「越後、越中国庄々浪人之状」と記されており、現存する文書の本文中には越後国のことは見られないが、本来は、越中国と同種の越後国の「浪人」に関する文書が貼り継がれていたのであろう。このことから、九世紀前半の越後国の東大寺領荘園などでも「浪人(=富豪層)」が労働力の一翼を担っていたと考えられる。

一方、考古学的には、九世紀中葉以降、集落遺跡が増加するとともに、その立地や形態にも変化が見られ、掘立柱建物・井戸・土坑・畑から構成される屋敷地が形成されることが指摘されている。なかには大型の建物跡が検出されたり、一般的な集落では見られない特殊な遺物が出土したりする例もあり、有力者の屋敷と考えられている[17]。新潟市江南区の小丸山遺跡は、九世紀中頃から十世紀前半の集落跡で、掘立柱建物一四棟、井戸九基、土坑五基、畝状小溝などが検出され、遺構の配置から二つの屋敷地と考えられている。掘立柱建物のうち六棟が面積五〇平方メートル以上で、大型の建物が多いことが指摘されている[18]。新潟市秋葉区の上浦B遺跡では、旧河道の南側から総柱建物一棟と掘立柱建物二棟が方向をそろえて検出された。掘立柱建物一棟は、桁行五間(一二メートル)、梁間二間(六・四メートル)、面積七六・八平方メートルで、周囲を溝で囲まれている。遺跡からは「赤背山家」「物」「孝」などと書かれた墨書土器八〇点以上のほか、特殊な遺物として奈良三彩の小壺が出土した[19]。このような考古学的に確認された有力者の屋敷の主には富豪層も含まれていたであろう。

前述したように、第三号木簡が資人の把握・管理に関する文書の下書きとだとすれば、駒首潟遺跡では国郡の行政に関わる事務が行われていたことになる。しかし、その末端の行政事務を担っていたのは在地の有力者であり、彼らは時には擬任郡司などとなって国郡の行政に携わったり、時には、後述のように、国司と対立したりするのである[20]。

3　富豪層と国司の対立

私富を蓄積した富豪層は、時として国司と対立するようになる。

『日本三代実録』貞観元(八五九)年十二月二十七日条

廿七日戊申、(中略)太政官論奏言、前越後守従五位上伴宿祢龍男、令下従者公弥侯広野等一殴中殺書生物部稲吉上、前者稲吉向二太政官一、告二訴龍男犯二用官物一、故殺之状下二刑部省一、令レ断二龍男罪一、省称レ会二恩赦一、直従二放免一

(後略)

斉衡元(八五四)年に越後守に任じられた伴龍男は、任期を終えた天安二(八五八)年に故殺の罪で下獄された[21]。前掲の史料によると、龍男は越後守在任中の官物犯用を書生物部稲吉に訴えられたため、従者公弥侯広野らに命じて殺害

させたという。[22] この事件で国司の不正を訴えた書生（国書生）の出自については、新たに成長してきた富豪層を含む在地の有力者層と考えられている。[23]『扶桑略記』仁和四（八八八）年十一月条では、常陸国書生飛鳥貞成について「其宅巨富、財貨豊贍」と記されている。稲吉は、頸城郡東南部の物部郷を中心に分布していたと考えられる物部氏の出身であり、蓄積した私富を背景として勢力を拡大し、国書生に任用されたのであろう。

『日本紀略』延喜二（九〇二）年九月二十日条

　廿日癸亥、遣二推問使於越後国一、彼国守紀有世為二藤原有度一落髪着鉗之由

『春記』長久元（一〇四〇）年五月一日

　五月一日、乙卯、朝間天陰微雨、午時許天更晴、早旦退出、参関白殿、而忽有御物忌云々、仍退出、参督殿、申承雑事、退出、参右府、（中略）又命云、昔聖代有非常事、延喜二年、越後守有世、為州民被捕獲、被搏打、剃髪為着駄、又安芸守於京中被殺、如此事可謂非常之甚、聖代之昔猶有此事、何況於末代哉

延喜二年、越後守紀有世が藤原有度によって髪を落とされ、首かせをはめられるという事件が起こった。事件から一四〇年近く経過した長久元年に、右大臣藤原実資によって、聖代の昔に起こった異常な出来事として想起されていることから、この事件は都の貴族に強烈なインパクトを与え、後々まで語り継がれていたのであろう。[24] 事件の首謀者である藤原有度は、その姓から土着貴族と考えられるが、『春記』では州民によって捕獲されたとしていることから、土着貴族藤原有度に率いられた在地の富豪層が国衙を襲撃したのであろう。事件の原因は明らかでないが、土着貴族も含めた在地の富豪層と国司との深刻な対立があったことがうかがえる。[25]

これらの事件は、国府が所在した頸城郡で発生した事件であるが、他郡でも富豪層と国司との対立はあったであろう。また、富豪層間での争いもあったと考えられる。越後国の事例は史料にみられないが、佐渡国では次のような事件が起こっている。

『日本三代実録』元慶三（八七九）年十二月十五日条

十五日庚子、（中略）太政官奏曰、（中略）佐渡国浪人高階真人利風闘二殺雑太団権校尉道公宗雄一、及喝二取高階真人有岑財物一、賀茂郡人神人勲知雄・道古・今人、為二闘殺之従一、大田部志真刀自女・服牟志子女、見レ殺不レ救、利風当二絞刑一、勲知雄・道古・今人徒三年、志真刀自女・牟志子女当二杖一百一、　詔曰、死罪宜下降二一等一処中之遠流上、徒以下罪、依二十一月廿五日　詔旨一免除

元慶三年、佐渡国の浪人高階真人利風が賀茂郡の神人勲知雄・道古・今人を従者として、雑太団権校尉道公宗雄を闘殺し、高階真人有岑の財物を喝取した。ここで注目されるのは、利風が神人勲知雄らを従者としており、富豪層が私的な軍事力を編成していることである。九世紀の越後国や佐渡国では、私富を蓄積して勢力を拡大してきた富豪層が、私的な軍事力を編成し、国司と対立したり、富豪層同士で争ったりしていたのである。

おわりに

駒首潟遺跡出土の第三号木簡にみられる「諸王臣資人」の記載は、災害の続く九世紀の越後の在地社会で成長を遂げた富豪層の存在を示している。彼らは私富を蓄積し、中央の王臣家や土着した貴族と結託し、また私的な軍事力を編成して国司と対立したり、富豪層同士で争ったりしていた。第三号木簡からは、そのような九世紀の越後国の在地社会の一端がうかがえるのである。

注

（1）拙稿「第Ⅶ章総括第2節文字資料」（注2報告書所収）

(2) 渡邊ますみほか『駒首潟遺跡第3・4次調査—大型小売店舗建設に伴う駒首潟遺跡第3・4次発掘調査報告書—』(新潟市教育委員会、二〇〇九年)

(3) 高橋保ほか『和島村埋蔵文化財調査報告書第二集　八幡林遺跡』(和島村教育委員会、一九九三年)、田中靖ほか『和島村埋蔵文化財調査報告書第三集　八幡林遺跡』(同、一九九四年)

(4) 土田直鎮「石城石背両国建置沿革余考」(『奈良平安時代史研究』吉川弘文館、一九九二年。初出は一九五二年)

(5) 『日本思想大系　律令』(岩波書店、一九七六年)

(6) 大橋育順「徳島・観音寺遺跡」(『木簡研究』三一、二〇〇九年)

(7) 後掲の寛平六年十一月三十日の太政官符では、舎人・帳内・資人かそれ以外かが問題とされており、法制上は九世紀においても資人の厳密な把握・管理を行おうとしていたようである。

(8) 富豪層については、戸田芳実『日本領主制成立史の研究』(岩波書店、一九六七年)参照。

(9) 古代の越後・佐渡における災害については小林健彦氏が検討を行っている(「災害の発生とそれへの人々の対処に関する文化史〜新潟県域に於ける事例の検出と人々の災害観を中心として〜」「日本古代に於ける災害対処の文化史〜新潟県域に於ける事例の検出と人々の災害観を中心として〜」ともに『新潟産業大学人文学部紀要』一九、二〇〇八年)。九世紀の越後・佐渡の災害としては、本文で取り上げたもの以外に、延暦二十一(八〇二)年九月に、越後国をはじめとする三十一国の損田百姓の租税が免除されており、何らかの災害に見舞われたことがうかがえる(『類聚国史』巻八十三免租税)。承和二(八三五)年八月には、佐渡国から前年の風雨による凶作のため飢饉と疫病が重なり、多数の死者が出ていることが報告され、賑給が行われている(『続日本後紀』)。また、貞観五(八六三)年六月十七日には越中・越後での大地震の発生が記されている(『日本三代実録』)。

(10) 『上越市史　資料編三古代・中世』(上越市、二〇〇二年)では有償の貸与としているが、廉価での売却であろう。『続日本紀』延暦八(七八九)年四月辛酉条には、

辛酉、美濃・尾張・参河等国、去年、五穀不レ稔、饑餒者衆、雖レ加二賑恤一、不レ堪二自存一、於レ是、遣レ使開二倉廩一、准二賤時価一糶二与百姓一、其価物者、収二貯国庫一、至二於秋収一、貿二成穎稲一、名曰二救急一、使二其国郡司及殷富之民不一レ得二交易一、如有二違犯一、科二違勅罪一矣

とあり、賑給を実施しても不十分な際に廉価（「賤時価」）で売却（「糶与」）し、代価は国庫に納め、秋の収穫後に穎稲と交換する「救急」と呼ばれる制度が実施されている（亀田隆之「救急料の考察」『日本古代治水史の研究』吉川弘文館、二〇〇〇年。初出は一九八七年）。

(11) 亀田隆之「「力田者」の一考察」（『日本古代用水史の研究』吉川弘文館、一九七三年）。なお、坂江渉氏が指摘するように、三宅連笠雄麻呂は厳密な意味では富豪層ではない（「律令制下の王権と住民規範―越後国の事例を素材にして―」『越と古代の北陸』名著出版、一九九六年）。

(12) 栄原永遠男「律令国家財政の骨格」（『日本の古代15古代国家と日本』中央公論社、一九八八年）

(13) なお、この記事については八世紀中頃から見られる献物叙位の一例とする見解がある（米田雄介「八世紀の在地とその支配形態」『郡司の研究』法政大学出版局、一九七六年。伊藤善允「越佐の社会と農民」『新潟県史　通史編一原始・古代』新潟県、一九八六年）。しかし、献物叙位の例に入れるべきではない。坂江氏はこの記事について、律令国家が在地社会に対する礼の規範意識の奨励の一環として行わせた「理想的な百姓」の推挙・褒賞事例としての側面があることを指摘する（注(11)論文）。

(14) 『新潟県史　資料編二原始・古代二』二七〇（新潟県、一九八一年）

(15) この文書に見られる「院庄」が淳和院領であることは、藤井一二「「越中国砺波郡井山荘絵図」の史的世界」（『東大寺開田図の研究』塙書房、一九九七年。初出は一九八七年）参照。

(16) 吉川真司「院宮王臣家」（『日本の時代史5　平安京』吉川弘文館、二〇〇二年）

(17) 坂井秀弥「古代の官衙・集落からみた館の形成」（『古代地域社会の考古学』同成社、二〇〇八年。初出は一九九四年）

(18) 小池邦明・本間桂吉『新潟市小丸山遺跡　直り山団地建設事業用地内発掘調査報告書』（新潟市教育委員会、一九九五年）

(19) 新潟市『新・新潟歴史双書2　新潟市の遺跡』（二〇〇七年）

(20) 坂上康俊『日本の歴史05律令国家の転換と「日本」』（講談社、二〇〇一年）

(21) 『日本文徳天皇実録』斉衡元年正月辛丑条、『同』天安二年閏二月甲寅条

(22)　この事件については亀田隆之氏が当時の地方政治の動向の中に位置づけて論じている(「良吏と悪吏」『日本古代治水史の研究』吉川弘文館、二〇〇〇年)。

(23)　森公章「国書生に関する基礎的考察」(『日本律令制論集　下巻』吉川弘文館、一九九三年)、大隅清陽「国衙機構の変化」(『上越市史　通史編一自然・原始・古代』上越市、二〇〇四年)

(24)　伊藤善允「律令制の変容」(『新潟県史　通史編一原始・古代』新潟県、一九八六年)

(25)　『将門記』には、天慶元(九三八)年、足立郡司判官代武蔵武芝と武蔵権守興世王・介源経基との間の紛争の際に、国書生らが「越後国之風」を尋ねて「不治悔過一巻」を作って国庁の前に落とし、そのため国司の悪政が国中に明らかにされたとある。この記述からは、かつて越後国において、武蔵国と同様の国司と在地の富豪層との間の対立があり、しかも、その告発の仕方が「越後国之風」と称されるほど全国的に知れ渡った事件であったことがうかがえる。あるいは延喜二年の事件のことなのかも知れない。

第三編　越後国の交通

第一章　柏崎市箕輪遺跡出土木簡の「駅家村」と交通

はじめに

新潟県柏崎市に所在する箕輪遺跡の平成十一年度調査において、次のような釈文を有する二点の牒木簡が出土した。(1)

○新潟県柏崎市箕輪遺跡出土第一号木簡

・「牒　三宅史御所　応□出□　□并□〔米カ〕

・「□不過可到来於駅家村勿□□〔怠遅カ〕

(二五九)×三五×五　〇一九型式

○同遺跡出土第六号木簡

「牒　小池御×

・右依収今月六日×

□

□

・早送□助勿□

故牒々到准状

(九九)×(三六)×三　〇八一型式

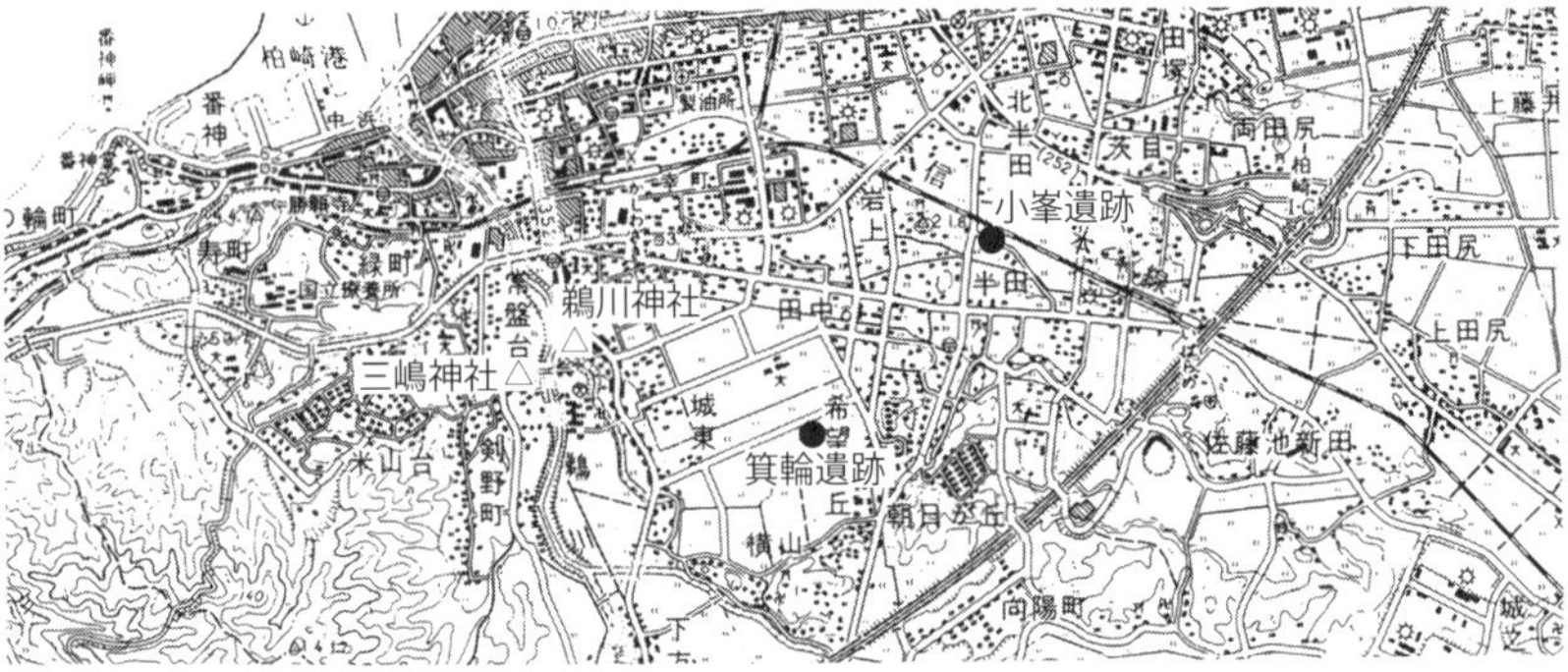

図19　箕輪遺跡位置図(注(2)『年報』平成12年度より、一部加筆)

このうち、一号木簡にみられる「駅家村」という語は、これまでの文献資料や出土文字資料にはみられない語であり、古代資料における「村」字の用法や、駅家の経営を支える駅戸集団の居住形態などを考えるうえで注目される語である。本章では、箕輪遺跡出土木簡にみられる「駅家村」についての私見を提示するとともに、二点の牒木簡の宛所である「三宅史御所」「小池御(所)」について考察したい。また、後述のように、箕輪遺跡付近に北陸道三嶋駅の存在が考えられることから、駅家の立地の問題や、隣駅の佐味駅からのルートの問題なども検討する。

一　柏崎市箕輪遺跡の概要

最初に、箕輪遺跡と出土木簡の概要について、財団法人新潟県埋蔵文化財調査事業団(当時)の年報などによりながら概観する。[2]

1　遺跡の立地と周辺の遺跡等(図19)

箕輪遺跡は、柏崎平野の南部に広がる中位段丘に沿った沖積地に立地しており、遺跡の西方約一・二キロメートルのところを鵜川が北流している。箕輪遺跡の所在する柏崎平野の地域は、古代には当初越後国古志郡に属していたが、九世紀前半に古志郡より分郡され、三嶋郡とされた。[3] 遺跡の北東約八〇〇

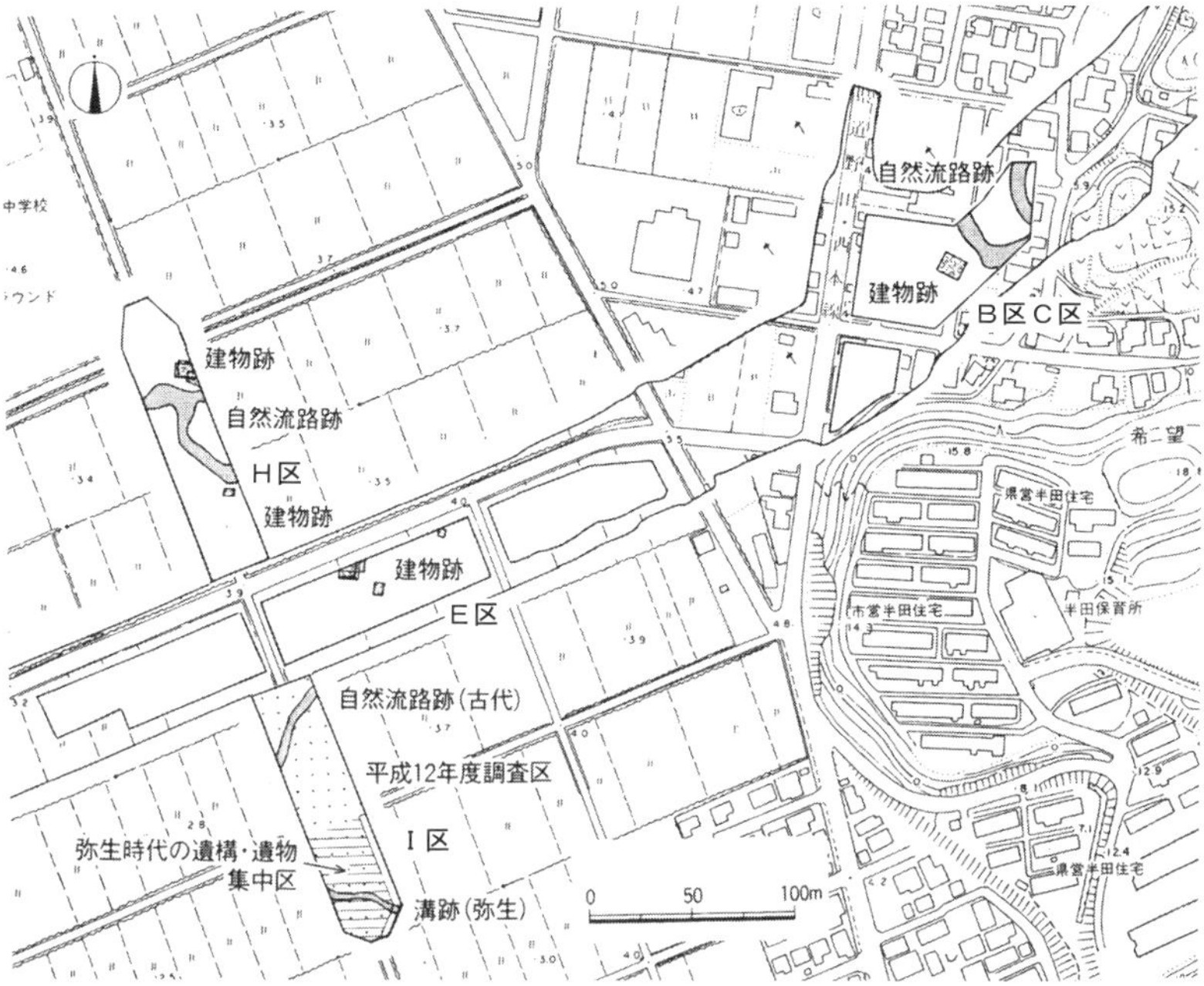

図20　箕輪遺跡遺構配置模式図(注(2)『年報』平成12年度より、一部加筆)

メートルには、箕輪遺跡と時期的に重なる九世紀後半の小峯遺跡が存在する。小峯遺跡では、水田跡や畑跡、溝、井戸、土坑などの遺構が検出され、須恵器、土師器のほか、灰釉陶器、石銙などの遺物が出土している。また、遺跡の西方約一・二キロメートルには延喜式内社に比定される鵜川神社(柏崎市宮場町)と三嶋神社(柏崎市剣野町)が所在している。箕輪遺跡のある鵜川中流域は、古代においては古志郡(のちに三嶋郡)の中心地のひとつであったと考えられ、『和名類聚抄』に記載される三嶋郡三嶋郷に比定されている。[4]

2　遺構と遺物

つぎに、発掘調査によって検出された遺構と遺物について概観しておきたい。箕輪遺跡は、全体をA区からI区に分けられ(図20)、各区から遺構、遺物が確認されているが、ここでは古代の遺構、遺物が確認された主要なものをとりあげる。

①B区C区(平成八・九年度調査、図21)

二ヶ所の自然流路と掘立柱建物二棟などの遺構が検出された。二ヶ所で確認された自然流路（流路1、流路2）は、それぞれ幅五～一一メートル、深さ約一・六～一・九メートルで同一の流路である可能性が高いとされる。自然流路2には、テラス状や階段状に掘り込んだ遺構があり、船着場の可能性が指摘されている。この二ヶ所の自然流路からは、多量の土器や木製品（斎串、馬形、農具、漆塗椀など）、鉄製品（刀子）が出土した。なかでも、四二点出土した墨書土器のうち、「上殿」と書かれたものが一〇点あり、なんらかの官衙的施設を示す呼称として注目される。(5) また、京都産の緑釉陶器が四個体出土している。B区C区で検出された遺構、遺物の年代については九世紀後半～十二世紀前半頃と考えられており、後述する牒木簡の時期（八世紀後半～九世紀前半）より新しい。このことは、箕輪遺跡が八世紀後半から一貫して官衙的様相を呈する遺跡であることを示しており、先述した九世紀前半における三嶋郡の建郡と官衙のありかたを考える上で重要である。

図21　箕輪遺跡B区C区遺構平面図
（注(2)『年報』平成9年度より）

② E区（平成十・十一年度調査）

総柱建物を含む九棟の掘立柱建物などの遺構が検出され、平安時代の土師器椀類を中心とする遺物が出土している。E区の建物跡はB区C区の自然流路や建物跡と直接結びつくものではないと考えられている。

③ H区（平成十一年度調査）

H区内を南北に蛇行する幅四・三～九・四メートル、深さ一・三メートルの自然流路(流路14)と四棟の掘立柱建物などが確認されている。自然流路は、出土した土器の特徴から、八世紀後半から九世紀前半に機能したと考えられている。この自然流路の覆土は大きく三つに分けられ(上層・中層・下層)、下層からは土器・木製品が多量に出土した。土器はほとんど磨滅しておらず、完形に近い状態のものもあることから、川岸から投棄されたと推定されている。木製品では、ろくろ挽きの盤や椀、曲物、農具のほか、黒漆塗りの壺鐙が出土しており、正倉院宝物にみられる馬具に類似した特徴が指摘されている。鉄製品では、黒漆塗りの銅銙(丸鞆)、刀子が出土している。本章で検討する二点の牒木簡をはじめとして、箕輪遺跡から出土した六点の木簡は、いずれもこのH区の自然流路から出土した。

④I区(平成十二年度調査)

幅約三メートル、深さ約一・五メートルの自然流路が検出され、須恵器、土師器、横櫛、曲物などの遺物が出土している。出土した墨書土器には、「十」「丁」などと書かれたものがみられる。

3　出土木簡の概要(図22)

先述したように、箕輪遺跡からは合計六点の木簡が出土しており、いずれもH区の自然流路から出土したものである。

一号木簡は、本章で検討を行う「駅家村」と書かれた牒木簡である。オモテ面に記載された宛所「三宅史御所」に対して何らかの物品請求を行ったものと考えられ、裏面に「可到来於駅家村」とあることから、請求された物品は「駅家村」に運ばれたのであろう。

二号木簡と三号木簡は、記載された「伊加忍上神」「死」「得罪」などの文言から、呪術的な行為の際に用いられた木簡と考えられる。

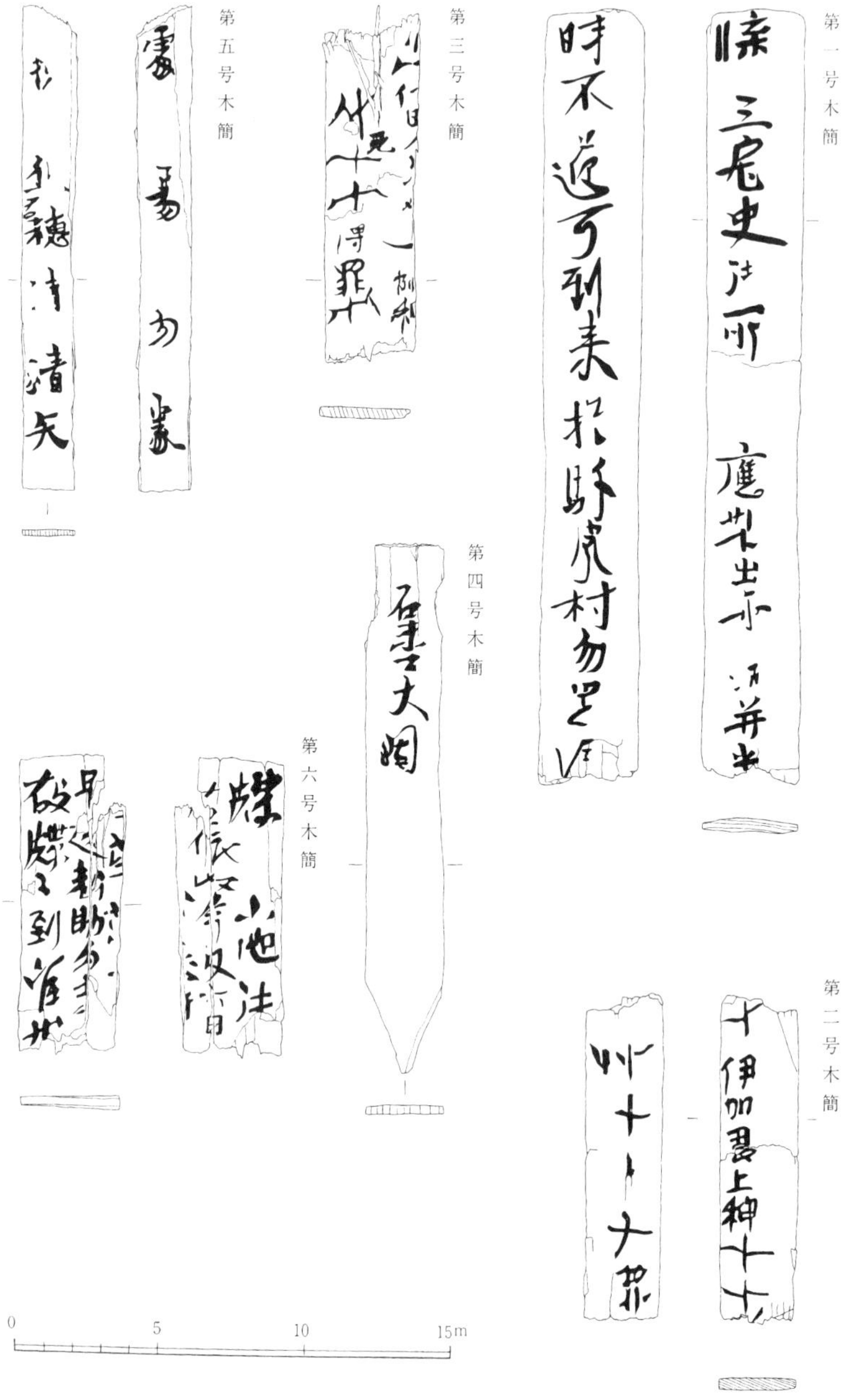

図 22　箕輪遺跡出土木簡木簡（注（2）『年報』平成 11 年度より）

四号木簡は、上端部の左右に切り込みを入れ、下端を尖らせた形状の荷札木簡である。オモテ面には貢進者と考えられる人名「石未マ大調」が記される。「石未部」は「石木部」と考えられ[(6)]、ウジ名「石木部」は越後国では初見である。ウジ名としての「石木部」は、長岡京跡出土木簡に越前国大野郡大山郷戸主「石木部広国」があり[(7)]、地名としては、長屋王家木簡に越前国坂井郡「石木部里」がみられ[(8)]、越前国にその分布が確認される。

五号木簡は、その内容を必ずしも明確になしえないが、仮に裏面とした文字とその書き方に特徴があり、一種の習書とも考えられる。裏面では、文字の一部に「勿」を有する文字を、間隔をあけて書き連ねている。

六号木簡は、箕輪遺跡から出土したもう一点の牒木簡であり、オモテ面に記載された宛所「小池御(所)」に対して何らかの物品を請求したものと考えられる。裏面には、正倉院文書に多くみられる牒の書止文言「故牒、々到准状」が記される。

これら箕輪遺跡から出土した六点の木簡のうち、物品請求を内容とする一号木簡と六号木簡が同一遺構から出土している点が注意される。つまり、宛所を異にする物品請求の牒木簡が同一遺構から出土しているのであり、このことは、一号木簡と六号木簡が、宛所から物品とともに移動して廃棄されたことを示している。そして、一号木簡にみられる「可到来於駅家村」という記載からすれば、木簡は物品とともに「駅家村」に移動し、そこで廃棄されたと考えられる。

二　「駅家村」について

1　「駅里」「駅家里」「駅家郷」

はじめにも述べたように、箕輪遺跡出土木簡の「駅家村」という語は、これまでの資料には確認できないものであるが、類似の例として「駅里」「駅家里」「駅家郷」がある。

「駅里」は大官大寺跡出土の荷札木簡に「讃用郡駅里鉄十連」（一五五×三四×四、〇三二型式）とある。[9]「駅家里」は『播磨国風土記』賀古郡条にみられ、駅家の所在によって里名としたという里名の説明を載せる。「駅家郷」は二条大路出土の荷札木簡に「駅家郷石部足嶋」（一八一×二四×五、〇三一型式）とあるほか、[10]『和名類聚抄』などに多くみられる用例である。これら「駅里」「駅家里」「駅家郷」（ウマヤノサト）について永田英明氏は、駅家の語は施設のみならず駅戸集団そのものを指す言葉としても使用されていたとする坂本太郎氏の見解を引きながら、駅家そのものを本貫とする駅戸集団たる「駅」「駅家」の別称であり、「駅家」が公民編成、徴税上の単位として郷や里に対置しうるものであることに基づく派生的な用法であるとする。[11]つまり、「駅里」「駅家里」「駅家郷」とは駅家の経営を支える駅戸集団のことであり、後述する「駅家村」とは異なり、人的集団であることを確認しておきたい。

2　駅戸の編成、居住形態

駅戸集団の編成について、永田氏は、駅戸集団の駅子数の増減に応じた造籍年ごとの再編成が律令制施行当初より繰り返されていた可能性が高いとし、駅戸集団の編成において政策的規制力が強いことを指摘した。[12]このことは、宮城県多賀城市山王遺跡出土の計帳の漆紙文書に、「財部得麻呂」なる人物の注記として「割附駅家里戸主丈部祢麻呂為戸」という記載がみられることからも確認される。[13]また、駅戸集団の居住形態について、永田氏は、駅子という力役との関わりから、一般公民よりも徹底した本貫地主義がとられ、駅戸集団を居住地ごと駅家近辺に強力な形で禁縛するという形態であり、駅戸集団の設定の際に強制的移住を伴う場合が少なくなかったのではないかとする。[14]これらの指摘からすれば、駅戸集団は、人為的、政策的に編成され、強制的な移住を伴いつつ駅家近辺の一定の領域に集住させられていたと考えられる。

3　「村」について

古代史料にみられる「村」の理解をめぐっては、周知のように、自然村落とする説のほか、未編戸村落や計画村落とする説などがある。また、「村」の結合のあり方、編成原理などの内部構造をめぐっては、首長制論に基づく村落構造理解や、村の集団的主体性を強調する見解などがあるが、古代の「村」一般の議論については今後の課題として、ここでは、鬼頭清明氏による古代資料にみられる「村」の属性についての指摘に注意したい[15]。鬼頭氏は古代史料にみられる「村」の属性について、

①人間の現実の居住区。
②土地の所在を示す場合にも使用される。
③村には村長・村刀祢などの存在が確認され村独自の身分秩序を形成していた集団。
④宗教活動の一単位として機能する場合があった。
⑤村という呼称が租税賦課に関連してみられる場合があり公的支配と関連する。
⑥村という用語は編戸との関わりでは使用されない。
⑦村は僻地で未編戸のままの人々の居住区と考えられる場合がある。

などの諸点を指摘している。とくに①の人間の現実の居住区、現実の生活空間という属性の指摘は、空間領域を前提としない里(郷)との対比において重要であろう。また、『出雲国風土記』にみられる「村」を検討した関和彦氏によれば、『出雲国風土記』では、正確にある地点を示す際に「〇〇村」という表記が用いられるとされる[16]。つまり、一定の領域、空間、地点を示す場合に「村」という語が使用されると考えられる。改めて箕輪遺跡出土木簡の記載をみてみると、「可到来於駅家村」とあり、到来すべき地点を示していることが確認できる。箕輪遺跡出土木簡では物品を運搬して到るべき正確な地点を示すために「駅家村」という表記が用いられたのであろう。また、「駅家村」は、

前述した「駅里」「駅家里」「駅家郷」が駅戸集団という人的集団を示していたのに対して、駅家施設を中心とし、駅戸集団の居住区をも含んだ、一定の空間領域を示しているものと考えられる。(17)

4　計画村落としての「駅家村」

箕輪遺跡出土木簡の記載において「駅家村」とされたもう一つの要因として、古代史料で「〇〇村」と表記される計画村落としての性格が考えられるのではなかろうか。計画村落とは、公権力によって計画・設定された村落のことであり、その一類型として荘園村落がある。(18)荘園村落は、荘園経営の拠点としての荘所を中心に建設された村落であり、荘所を中心とした集落を含む経営単位とされる。(19)この公権力により計画・設定され、荘所を中心とした集落を含む経営単位という荘園村落のあり方は、成立の契機、管轄施設を中心とした集落を含む経営単位という点において、「駅家村」も類似したものと考えられるのではなかろうか。つまり、「駅家村」は公権力により計画・設定された駅家施設を中心として、強制的移住を伴って駅家近辺に集住させられた駅戸集団や駅起田(駅田)から構成される経営単位と考えられ、ここに計画村落の一類型としての「駅家村」を指摘できる。(20)

5　「駅家村」の景観

それでは「駅家村」の実態としての空間構成・景観はどのようなものであったか。参考として、荘園村落の構成についてみてみたい。

〇天平神護二年越前国足羽郡糞置村開田地図(『大日本古文書』家わけ十八東大寺文書四)

「越前国足羽郡糞置村東大寺田

合地壱拾伍町捌段貳伯陸拾捌歩〈東南西山／北大市広田野〉」

○神護景雲元年越中国砺波郡杵名蛭村墾田地図（『大日本古文書』家わけ十八東大寺文書四）

「越中国砺波郡杵名蛭村地合伍拾捌町伍段伍拾陸歩〈東杵名蛭川　南建部百済治田／西石黒川　北百姓口分田〉」

これらの史料は、東大寺領荘園図の冒頭の記載であるが、「村」の範囲を示す四至の記載がみられ、荘園村落が四至をもって表される一定の領域であることが確認される。また、荘園図の記載によれば、荘園村落の内部には、「田」「野」「沼」「溝」「道」「社」「三家所」などが含まれている。先に指摘した計画村落としての荘園村落との類似性からすれば、「駅家村」の実態としての空間構成・景観は、駅家施設を中心として、駅戸集団の居住区、駅家の財源のひとつとしての駅起田（駅田）などを内部に含む一定の領域と考えることができるだろう。このような「駅家村」と呼ばれる一定の領域を箕輪遺跡周辺に想定できるのではなかろうか。(21)

三　「三宅史御所」「小池御（所）」について

1　長屋王家木簡・二条大路木簡にみられる「人名＋（御）所」

つぎに、箕輪遺跡出土の二点の牒木簡にみられる宛所について考えてみたい。先述したように、一号木簡の宛所は「三宅史御所」であり、六号木簡の宛所は「小池御（所）」である。これらの二点の牒木簡の宛所は、次に掲げるような類例があることから、いずれも「人名＋御所」と考えてよいだろう。「人名＋（御）所」の類例として、まず長屋王家木簡や二条大路木簡にみられる「人名＋（御）所」の例をあげることができる。

○長屋王家木簡（『平城宮発掘調査出土木簡概報（二十一）』）

・安倍大刀自御所米一升　「道万呂」○
神田古

受物部立人

・御所進米五升　　九月十六日　　○　　二三三×二一×三　○一一型式

○二条大路木簡(『平城宮発掘調査出土木簡概報(三十)』)

・牒　大友史生所　種薑一籠

・付使進度勿緩　□□〔書吏ヵ〕足嶋
　　　　四月五日　　　二七六×三四×四　○一一型式

これら長屋王家木簡や二条大路木簡にみられる「人名＋(御)所」は、それぞれ米の受給主体や文書の受取主体となっており、単なる人物の居所を示すのではなく、何らかの組織・機構的な存在を示していると考えられる。

2　安都雄足の越前国の私田経営における「人名＋所」

小口雅史氏は、これまで東大寺領越前国足羽郡道守庄あるいは足羽郡内諸庄の経営を示す史料とされてきた「石山紙背文書」について、これが安都雄足の私的水田経営に関わるものであるとし、私田経営の実態を明らかにした[22]。これら安都雄足の私田経営を示す史料の中に、「秦広人所」「倭画師池守所」(『大日本古文書』四—三五九)、「生江子老所」(『大日本古文書』四—四一六)など、複数の「人名＋所」の例を確認することができる。これらの「人名＋所」は、雄足の私田経営の耕営レベルにおける経営拠点として機能していた一種の機関と考えられている[23]。このような「人名＋所」の類例からすれば、箕輪遺跡出土の牒木簡に宛所としてみられる「三宅史御所」「小池御(所)」についても、単なる居所を示すのではなく、在地における一定の有力者が構えた何らかの組織・機構と考えられるのではなかろうか。そして、「ヤケとトコロが近似した景観・機能を表す言葉であったことを想定させる」との吉田孝氏の指摘からすれば、[24] 在地有力者の私的なヤケであった可能性もあるだろう。

3 「三宅史御所」について

以上のように、箕輪遺跡出土の二点の牒木簡に記された宛所は、在地の有力者の私的なヤケである可能性が考えられるのであるが、一号木簡の宛所である「三宅史御所」については、『延喜式』神名帳に古志郡式内社三宅神社がみられ、「三宅史」との関連が想定される。『式内社調査報告』では、長岡市妙見町の三宅神社、同市六日市町の三宅神社、同市中潟の三宅神社の三社を論社として掲げている。[25] いずれも長岡市の南部に所在する神社であり、「三宅史」が長岡市周辺に勢力を有した在地有力者であった可能性が考えられよう。

ところで、二点の牒木簡の差出はいずれも欠損により不明であるが、物品を請求し駅家村に持って来るように命令していることからすれば、駅家経営に関わる木簡であることは確実であり、駅家経営の日常的責任者である駅長、あるいはそれを管轄する上部の組織と考えられる。[26] このように、箕輪遺跡出土の二点の牒木簡は、差出は特定できないが、物品の請求という駅家経営の実態を示している。とくに注意されるのは、物品の請求が「三宅史御所」や「小池御(所)」といった駅家組織の外部に対して行われていることである。駅家経営の実態については不明な点が多く今後の課題であろう。

四　三嶋駅の立地と交通

1 陸上交通路と河川の交点

箕輪遺跡から物品請求を内容とし、「可到来於駅家村」と書かれた木簡が出土したことは、遺跡付近における駅家の存在を示している。『延喜式』には、越後国の駅家として一〇の駅名が記載されており、このうちの三嶋駅については、これまでの研究において、具体的な位置の比定にはそれぞれ違いがあっても、およそ柏崎市周辺とすることでは諸説一致していた。箕輪遺跡付近には北陸道三嶋駅が存在していたと考えてよいだろう。ここでは駅家の立地という点に注意してみたい。

すでに述べたように、箕輪遺跡は柏崎平野の南部に広がる中位段丘に沿った沖積地に立地しており、遺跡の西方約一・二キロメートルのところを鵜川が北流する。発掘調査では、時期を異にするが、B区C区およびH区から自然流路が検出され、B区C区で検出された自然流路2では階段状やテラス状に掘り込んだ遺構が認められ、船着場の可能性が指摘されている。これらの自然流路のうち、H区で検出された流路は南東から北西へ蛇行しており、遺跡西方の鵜川へ注いでいたのではないだろうか。B区C区で検出された自然流路も、周辺の地形などから考えれば、北西方向へ流れ鵜川に合流していた可能性が高いと思われる。つまり、箕輪遺跡付近に想定される三嶋駅は、北陸道の陸上交通路と鵜川の支流河川との交点付近に立地していたと考えられる。このような陸上交通路と河川との交点付近に駅家が設置されるというあり方は、越後国の他の駅家にもうかがえる。水門駅はその所在地を上越市直江津付近に比定される駅家であるが、付近を流れる関川を通じて越後国府(上越市今池遺跡付近か)と結ばれていたと考えられている。(27) 三嶋駅の隣の駅家である佐味駅は、上越市(旧中頸城郡柿崎町)木崎山遺跡から「佐味」と書かれた墨書土器が出土しており、佐味駅との関わりが指摘されている。(28) 木崎山遺跡の西方すぐには柿崎川(黒川)が北流しており河口からも近い。木下良氏は、北陸道の駅家が海岸に位置することが多く、港津を兼ねるものも少なくないと考えられることから、これを陸上交通に支障を来たす積雪期に、必要に応じて海路を利用するという積雪地の特殊性と解した。(29) 海路における港は、多くの場合、河川の河口付近に設置されたと考えられる。陸上交通路と河川との交点付近に駅家が設置されるというあり方からは、状況に応じて陸上交通と海上交通の両者に対応できるという利便性が想定できよう。

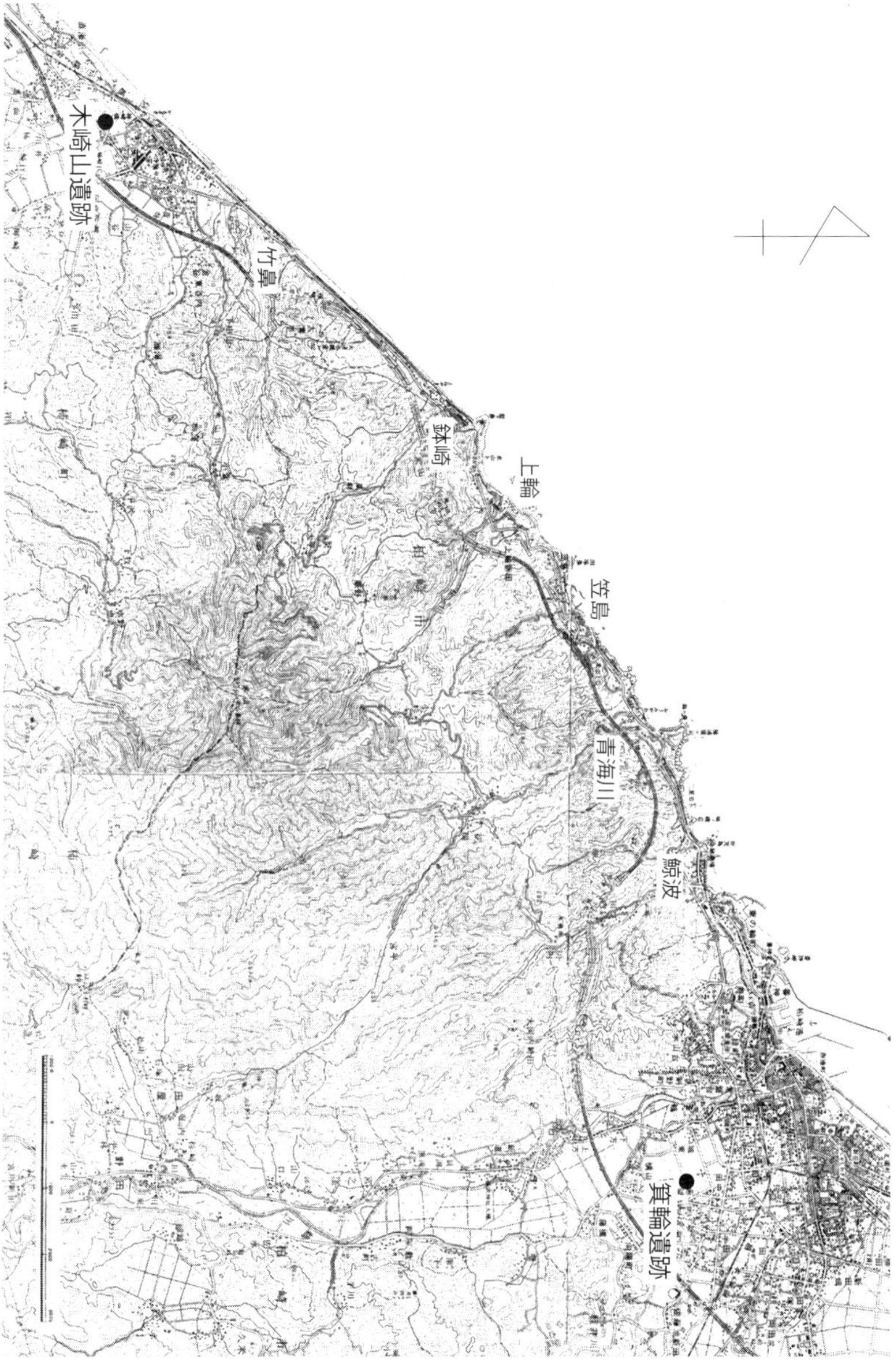

図23　佐味駅から三嶋駅

2　佐味駅からのルート

前述したように、三嶋駅の隣駅の佐味駅は、上越市木崎山遺跡が関連遺跡として指摘されている。ここでは佐味駅と三嶋駅との間の駅路のルートを考えてみたい。両駅の間には標高九九三メートルの米山が聳えている。その山麓は海岸に迫っており、越後・越中国境の親不知と並ぶ交通の難所である(図23)。そのため両駅間のルートについて、危険な海岸沿いを避けて米山の山腹を通ったとする説もある(30)。

一方、近世の街道は海岸沿いのルートであり(31)、聖護院道興、万里集九、冷泉為広など、十五世紀後半にここを通過した人々がとったルートも海岸沿いである(32)。これら山腹ルート、海岸沿いルートの他に、先に指摘した海路の利用も考えられよう。駅路については、歴史地理学の方法による想定駅路の復元作業や、近年の発掘調査による駅路遺構の検出により、幅が広く直線的な駅路というイメージが強くなっているように思われる。

しかし、佐味駅と三嶋駅との間では、そのような幅広で直線的な駅路は想定しがたい。幅広で直線的な駅路が想定しがたい箇所は、両駅間に限らず、親不知をはじめとして他にも全国的にみられるであろう。駅路については、幅広で直線的な駅路というイメージだけでは捉えきれず、場所によっては海上交通や河川交通の利用も含めた、多様な形態を想定すべきである。

おわりに

最後に、九世紀前半に三嶋郡として古志郡から分割される古代の柏崎平野の地域性について若干考え、むすびにかえたい。私はかつて、長岡市(旧三島郡和島村)八幡林遺跡出土の墨書土器の記載内容が、郡司の中でも大領関係のものが大半を占めることについて検討し、三嶋郡分郡以前の古志郡が、地形的に水系によって、信濃川水系の越後平野側と、鯖石川、鵜川水系の柏崎平野側という二つの「地域」から構成されていることから、郡司(大領と少領)による分割支配が行われていた可能性を指摘した[33]。当然、のちに三嶋郡として分割される柏崎平野の「地域」には、支配の拠点となる郡家別院のような施設の存在が想定されるが、その立地は、『出雲国風土記』意宇郡の記載にあるような諸官衙の近接状態からすれば、箕輪遺跡付近に存在した三嶋駅に隣接すると考えられる[34]。一方、柏崎平野における生産遺跡の分布をみると、箕輪遺跡の南部に広がる丘陵に製鉄遺跡(藤橋東遺跡群、八世紀後半～九世紀代)や須恵器窯跡(雨池古窯跡、九世紀前葉)が存在する[35]。これらのことは、制度的には古志郡の一部とされながらも、柏崎平野の地域が自律性を有した実態としての「地域」(「歴史的地域」)として存在していたことを示しているだろう。柏崎平野の「地域」は、実態としての「地域」であったために、のちに古志郡から分割され、三嶋郡として成立したと考えられる[36]。

注

(1) 財団法人新潟県埋蔵文化財調査事業団『財団法人新潟県埋蔵文化財調査事業団年報　平成十一年度』(二〇〇〇年)
(2) 財団法人新潟県埋蔵文化財調査事業団『財団法人新潟県埋蔵文化財調査事業団年報　平成八～十二年度』(一九九七年～二〇〇一年)。なお補注を参照
(3) 米沢康「大宝二年の越中国四郡分割」(『北陸古代の政治と社会』法政大学出版局、一九八九年。初出は一九八〇年)
(4) 『柏崎市史』上巻(柏崎市史編さん委員会、一九九〇年)
(5) そのほか「勅」「中山」「黒人」「見」「今」などと書かれた墨書土器がある。
(6) 長屋王家木簡にも「石木部」を「石末部」と記す例がある(『平城宮発掘調査出土木簡概報(二十一)長屋王家木簡一』三四下)
(7) 『長岡京木簡二』七八九
(8) 『平城宮発掘調査出土木簡概報(二十一)長屋王家木簡一』三二上

(9)『飛鳥藤原宮発掘調査出土木簡概報(三)』七上
(10)『平城宮発掘調査出土木簡概報(三十一)二条大路木簡五』三二上
(11)永田英明「駅伝馬制経営の基本構造―駅戸の編成を中心に―」(『古代駅伝馬制度の研究』吉川弘文館、二〇〇四年。初出は一九九三年)
(12)永田注(11)論文
(13)多賀城市教育委員会『山王遺跡Ｉ』(一九九七年)
(14)永田注(11)論文
(15)鬼頭清明「郷・村・集落」(『国立歴史民俗博物館研究報告』第二十二集、一九八九年)
(16)関和彦「古代の村落と村落制度」(『風土記と古代社会』塙書房、一九八四年)
(17)すでに中大輔氏も「駅家村」が駅家の所在する地域空間を示すとする考えを示している(中大輔「日本古代の駅家と地域社会―越後国三嶋駅の事例を中心に―」『古代交通研究』一三、二〇〇三年)。実態としての「駅家村」の空間構成については後述する。
(18)直木孝次郎「古代国家と村落―計画村落の視角から―」(『奈良時代史の諸問題』塙書房、一九六八年)
(19)関注(16)論文
(20)加賀郡牓示札にみられる「深見村」について、同じく公権力により計画・設定された計画村落としての駅家村と考える。「深見村」が駅名によって固有名称で表記されているのに対して、箕輪遺跡出土木簡では一般名称としての「駅家村」と表記されたのであろう。また、永田英明氏は、大宝令制下の駅家を一種の「ヤケ」ととらえる視点から、駅家施設を核に、駅戸、駅起田といった経営基盤を付属させるという構造が、大化前代のミヤケ経営の構造をモデルとして考案されたことを指摘している(永田英明「古代駅家の成立」『古代駅伝馬制度の研究』吉川弘文館、二〇〇四年。初出は一九九九年)。
(21)このような一定の領域としての「駅家村」の景観が想定されるとすると、先に指摘した到来すべき正確な地点を示すにはやや漠然としているように思われるかもしれない。しかし、「可到来於駅家村」といっても、実際にはその中心施設である駅家施設を指しているものと考える。

(22) 小口雅史「安都雄足の私田経営—八世紀における農業経営の一形態—」(『史学雑誌』九六—六、一九八七年)
(23) 小口注(22)論文。松原弘宣「越前国東大寺領荘園における「所」—産業所を中心にして—」(『日本史研究』一六六、一九七六年)。藤井一二『初期荘園史の研究』(塙書房、一九八六年)
(24) 吉田孝「トコロ覚書」(『日本古代の政治と文化』吉川弘文館、一九八七年)
(25) 『式内社調査報告　第十七巻北陸道3』(皇學館大学出版部、一九八五年)
(26) 財団法人新潟県埋蔵文化財調査事業団『新潟県埋蔵文化財調査事業団年報　平成十一年度』(二〇〇〇年)、吉川真司「牒」(『日本古代木簡集成』東京大学出版会、二〇〇三年)
(27) 『新潟県史通史編1原始・古代』(新潟県、一九八六年)
(28) 注(27)に同じ
(29) 木下良「近年における古代道研究の成果と課題」(『人文地理』四〇—四、一九八八年)
(30) 注(4)に同じ
(31) 新潟県教育委員会『新潟県歴史の道調査報告書第五集　北国街道II』(一九九三年)
(32) 聖護院道興は「あふみ川」(青海川)、「かさ嶋」(笠嶋)、「くじらなみ」(鯨波)を通過している(『廻国雑記』)。万里集九は「鉢崎」を通過しており、「自柏崎行至柿崎、左山右海踏危機」と記している(『梅花無尽蔵』)。冷泉為広は「タケ花」(竹鼻)、「ハンサキ」(鉢崎)、「アケハ」(上輪)、「カサ嶋」(笠嶋)、「アフミ川」(青海川)、「クシラ浪」(鯨波)を通過している(『冷泉為広越後下向日記』)。
(33) 拙稿「新潟県長岡市八幡林遺跡と郡の支配」(本書第二編第一章、初出は一九九八年)
(34) 中大輔氏も三嶋駅と郡家別院的な官衙とが近接して存在していたと想定されることを指摘している(中注(17)論文)。三嶋郡成立後の郡家も箕輪遺跡付近に存したと考えられる。このことは、箕輪遺跡のB区C区において九世紀後半〜末にかけても官衙的様相が確認されることからもうかがえる。
(35) 品田高志「柏崎平野の古代鉄生産雑感—藤橋東遺跡群の発見とその意義—」(『新潟考古学談話会会報』一二号、一九九三年)。伊藤啓雄「柏崎平野における平安時代前期の土器様相—組成からみた九〜十世紀の土器編年—」(『新潟考古学談話会会報』二五号、二〇〇二年)

（36）このことは、古代における郡の領域設定が人為的、行政的なものであったことを示している。なお、「歴史的地域」についてては、亀谷弘明「古代地域社会論」（『史観』一三九、一九九八年）を参照。

〔補注〕二〇一五年一月に箕輪遺跡の当該調査分の報告書『箕輪遺跡Ⅱ』（新潟県教育委員会・公益財団法人新潟県埋蔵文化財調査事業団）が刊行された。そのため、初出時の記述を一部改めた。また、「三宅史御所」「小池御（所）」を在地の有力者の「人名＋所」と解した点について、松原弘宣氏より国司に関わる組織と考えるべきとの指摘をいただいた（松原弘宣「八・九世紀における地方官衙の「所」」『日本古代の支配構造』所収、塙書房、二〇一四年）。確かに、「御所」と称されたことは軽視すべきでなく、国司との関わりを含めてさらに検討していきたい。

第二章　古代越後平野の内水面交通

はじめに

古代の越後平野では、その地形的特質により、河川や潟湖を利用した内水面交通が発達していたと考えられている。(1)胎内市蔵ノ坪遺跡、新潟市四十石遺跡、燕市中組遺跡では、発掘調査によって「津」(中組遺跡では「池津」)の墨書土器が出土し、津として機能していたことが直接認められるが、それ以外にも河川沿いや潟縁には多くの津が形成されていたであろう。

本章では、発掘調査で河川跡や湿地跡が検出されるなどして、河川沿いや潟縁に立地していたことがうかがえ、なおかつ、出土文字資料の検討から、津としての機能を有していたと考えられる遺跡について考察する。とくに、津においで何がなされていたのか、その場がどのような場であったのか、資料の検討を通して具体的にみていきたい。なお、長岡市の八幡林遺跡や下ノ西遺跡は、直接内水面に接しておらず津の遺跡ではない。しかし、すでに坂井秀弥氏による指摘があるように、(2)越後平野の内水面交通と陸上交通(北陸道)の接点に位置するため検討対象に含める。両遺跡から東へやや離れたところに所在する浦反甫東遺跡や門新遺跡では、河川跡に面して複数の掘立柱建物跡が検出され、門新遺跡では河川跡の一角にテラス状の遺構が確認されている。(3)八幡林遺跡や下ノ西遺跡は、このような河川沿

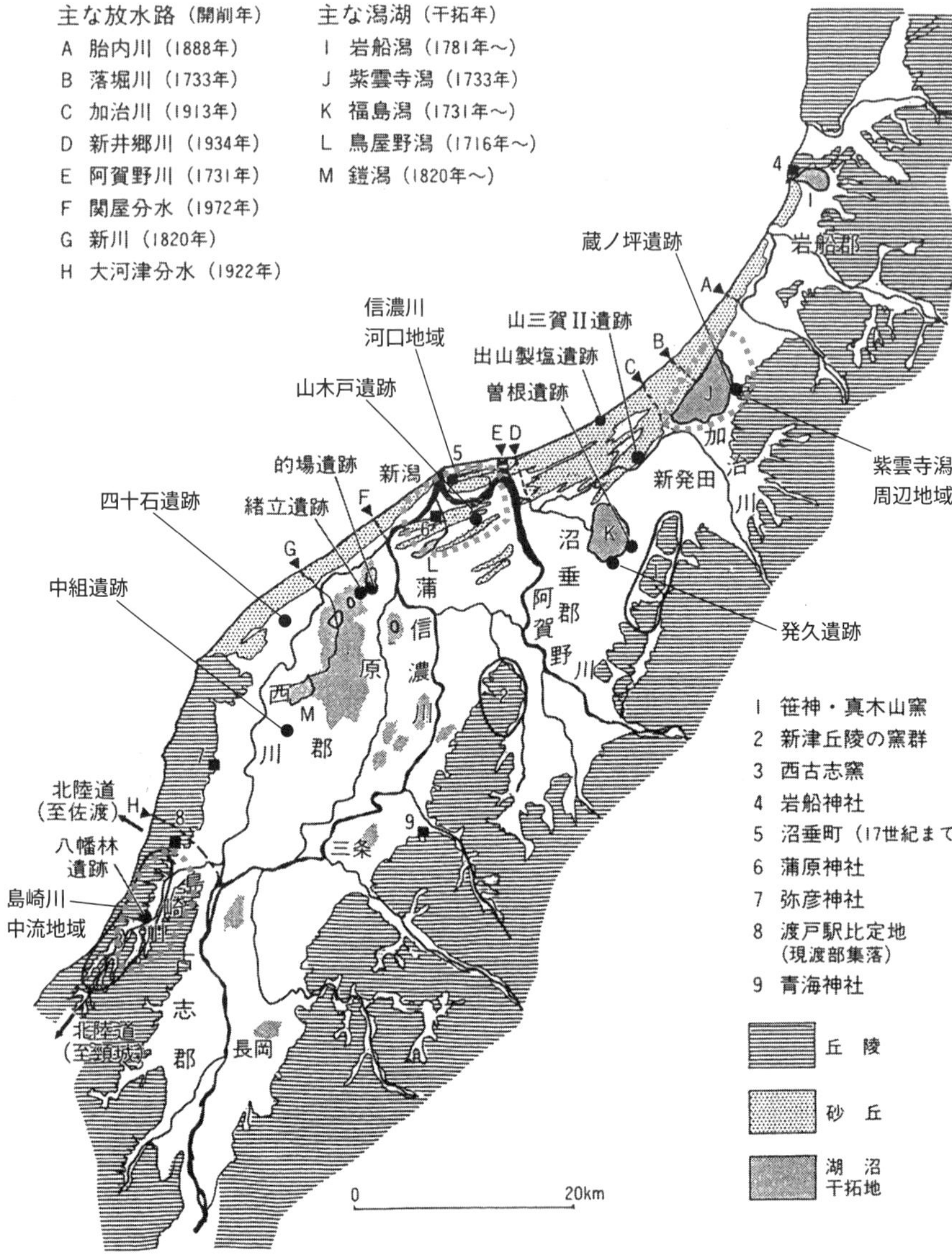

図 24　越後平野の概要図（注（1）坂井論文掲載図に加筆）

いに営まれた遺跡（浦反甫東遺跡や門新遺跡そのものというわけではない）と一体的に稼働することによって、内水面交通と陸上交通の接点としての機能を果たしていたのであろう。

一　越後平野の地形環境

まず、越後平野の地形的な特質について、先行研究[4]によりながら確認する（図24）。越後平野は南北約一〇〇キロメートル、東西約一〇～二五キロメートル、面積約二〇七〇平方キロメートルの日本有数の広大な沖積平野である。その地形的な特徴としては次の三点があげられる。一点目は、きわめて低平な平野であることで、信濃川河口から約六〇キロメートル上流の長岡市の標高は約二〇メートルに過ぎず、勾配は三〇〇〇分の一である。このような低平な平野を、信濃川と阿賀野川の二大河川およびその支流が蛇行しながら流れ、流路は頻繁に変遷した。そのことは、沖積地に点在する自然堤防の分布からうかがえる。燕市中組遺跡は、沖積地の自然堤防上に立地する遺跡であるが、現在、この自然堤防を形成した河川の流れは失われている。遺跡からは、九世紀中頃から後半の京都産緑釉陶器や、「池津」墨書土器が一〇点出土している[5]。このことは、九世紀には、遺跡が立地する自然堤防を形成した河川が流れており、遺跡が津として機能していたことを示していよう。

越後平野の地形的特質の二点目は、海岸沿いの大規模な砂丘（新潟砂丘）の存在である。新潟砂丘は、北端は村上市岩船から西端は角田山麓まで連なり、長さは約七〇キロメートル、高所では高さ約五〇メートルをはかる。一〇列以上の砂丘列から構成される砂丘で、最も内陸側の砂丘列は海岸線から約一〇キロメートルに位置する。砂丘列は内陸側から新砂丘Ⅰ・Ⅱ・Ⅲに大別され、新砂丘Ⅰは六〇〇〇年前以降、Ⅱは四〇〇〇年前以降、Ⅲは一七〇〇年前以降に形成された[6]。この海岸沿いに形成された大規模な砂丘によって、越後平野は排水不良となり、砂丘の内側や砂丘列の間には大小無数の潟湖や湿地帯が形成された。また、砂丘のために河川の海への放出が阻まれ、河口となる場所は限定された。古代には、平野北部の荒川を除いて、信濃川河口が越後平野でほぼ唯一の河口であった。

越後平野の地形的特質の三点目は、常に沈降する平野だという点である。(7) とくに信濃川以西の地域では、新砂丘Ⅰ・Ⅱの大半が現地表面では確認できず地下に埋没している。新潟市四十石遺跡は地下に埋没した新砂丘Ⅰに立地する遺跡であるが、この遺跡から九世紀後半の「津」墨書土器が二点出土した。(8) このことは、遺跡が機能していた時期においては、砂丘が地表面に現出しており、遺跡は砂丘列の間を流れる河川（あるいは砂丘列間の潟湖）の津として機能していたことを示している。

二　物資の集積地としての津

前述したように、内水面交通が発達していた古代の越後平野には、河川沿いや潟縁に多くの津が存在していたと思われる。それでは、津ではどのようなことが行われていたのであろうか。まず、指摘できることは、各地の遺跡から荷札木簡が出土しており、津に物資が集積していた状況がうかがえることである。荷札木簡が出土した遺跡としては、胎内市蔵ノ坪遺跡、同市船戸桜田遺跡、同市屋敷遺跡、同市築地館東遺跡、新発田市曽根遺跡、阿賀野市発久遺跡、新潟市的場遺跡などがある。また、胎内市草野遺跡では、複数の物品をまとめて進上したことを示す物品進上状の木簡が出土している。

○胎内市蔵ノ坪遺跡出土木簡(9)〔九世紀後半〕

・「少目御館米五斗」

・「　□□□□所進」　　一一〇×一九×四　　〇五一型式

○胎内市船戸桜田遺跡出土木簡[10]〔九世紀〕

「麻績マ宿奈麻呂」　一六五×二〇×八　〇五一型式

○胎内市屋敷遺跡出土木簡[11]〔八世紀中頃〕

「山家石マ真若女」　一八四×一九×五　〇八一型式

○胎内市草野遺跡出土木簡[12]〔八世紀前半〕

・□百□　一年□　□　猪油
二升　荏□升　」
・□□□□□
□　四月廿六日　」（一七一）×三二×四　〇一九型式

○胎内市築地館東遺跡出土木簡[13]〔八世紀前半〕

「山家深□〔江カ〕　（一〇五）×二五×二　〇一九型式

○新発田市曽根遺跡出土木簡[14]〔八世紀後半～九世紀前半〕

「井於連□□」　一六〇×二三×六

○新潟市的場遺跡出土木簡[15]〔八世紀後半～九世紀〕

「杉人鮭　」（一四三）×（一九）×五　〇一九型式

これらの荷札木簡に特徴的な点は、人名のみを記すもの（船戸桜田、曽根）や、郷名＋人名のみを記すもの（屋敷、築地館東）、人名＋物品名のみを記すもの（的場）のように、記載が簡略な点である。ちなみに、八幡林遺跡からは数量のみを記す荷札木簡（「＜卅五隻」）、下ノ西遺跡からは物品名＋人名のみを記す荷札木簡（「＜志多々美／＜丈□□〔部子カ〕」）が出土している。このような簡略な荷札木簡の出土は、仮梱包の状態で簡略な荷札が付された荷が津へ運送され、津で荷解きされ、津で何らかの作業が行われたことを示していよう。また、「猪油」「荏□」「志多々美」（＝小さな細い巻貝の一種）など、京進されない物品を含む多様な物資が集積していることが確認できる。このような物資集積のあり方は、次に掲げる八幡林遺跡出土の二十四号木簡、二十五号木簡にもみられる。

○長岡市八幡林遺跡出土二十四号木簡(16)〔九世紀前半〕

「　郡進上於席二枚
・　四月五日　干宍□串
　　赤□□坏廿口□〔塩カ〕
「　長官尊　□□□備□□□宍二［　］
・　［　］　□□進□□［　］
　　□□進□□　［　］
　　□人□［　］　（四〇〇）×五六×七　〇一九型式

○長岡市八幡林遺跡出土二十五号木簡(17)〔九世紀前半〕

「　頭付壱拾漆隻　河□腊一古　干宍十六□
□物□鮭弐拾肆隻　頭无漆隻　鳥腊二古　膘思佐良八口
　宍腊四古　佐目腊一古　米一斗八升　□□　」　三六〇×四八×四　〇一一型式

当然のことではあるが、古代の地域社会では、京進を必ずしも前提としない、多様な物資が郡家や地方豪族の拠点施設に集積していたのであり、津にも同様に多様な物資が集積していた。屋敷遺跡出土の荷札木簡に「石マ真若女」

という女性名が見られることも、必ずしも京進を前提としない、地域社会における多様な物資集積の実態を示しているのであろう。地域社会における物資集積と京進の具体的なあり方についてはなお後述する。

次に、津の遺跡から出土した木簡の記載からうかがえることは、津に倉庫があり物資の出し入れが行われていたことである。

○胎内市蔵ノ坪遺跡出土木簡(既掲)

○胎内市船戸川崎遺跡出土木簡[18]〔八世紀後半～九世紀〕

守部五百国十三□　土師船守十三□□

□「　　　　」　「　　　　」　(二〇八)×(二三)×三　〇八一型式

○阿賀野市発久遺跡出土木簡[19]〔八世紀末～九世紀前半〕

・右米領納如件

　返抄　」

・四

九月廿日磯部廣人」　(一一二)×三一×四　〇一九型式

蔵ノ坪遺跡出土の荷札木簡は、国司の少目の公廨米に付された荷札である。遺跡からは、「津」墨書土器が三点出土しており、津に倉庫が存在し、公廨米が収納されていたと考えられている[20]。公廨米の収納施設として津の倉庫が利用されたことは、天平勝宝七(七五五)歳の「越前国雑物収納帳」(『大日本古文書』四所収)に四度使の料にあてる公廨米について「在津十石」の記載があることからも知られる。

船戸川崎遺跡出土の木簡は、「十三」に続く数量単位が不明であるが、「人名＋数量」の記載を繰り返す。また、それぞれの人名には合点が付されており、倉庫から物資を出して各人に支給する際か、あるいは各人から物資を集めて倉庫に収納する際に使用された記録簡と考えられよう。発久遺跡出土の木簡は、米の領納を示す返抄木簡であり、遺跡の地から米が支出されたことを示している。このほか、胎内市中倉遺跡出土の「×升　斗阿二升　□□二升／×□〔升カ〕子嶋二升」の木簡も「人名＋数量」記載の連続であり、各人への物資（米か）の支給、あるいは各人からの収納の際に使用された記録簡であろう。[21] また、草野遺跡からは「□巳者□卅五束又□□束記　□□又□五」の木簡が出土しており、物資（稲か）の継起的な支出あるいは収納を示している可能性がある。

以上のように、各遺跡から出土した木簡の記載内容からは、津における倉庫の存在と物資出納のようすがうかがえる。新潟市四十石遺跡では、総柱建物四棟（八世紀後半～九世紀初頭）が検出され、時期が異なるが、「津」墨書土器（九世紀後半）も二点出土している。[22] 蔵ノ坪遺跡でも、総柱建物を含む複数の掘立柱建物が川岸近くから検出されており、倉庫として用いられたと考えられている。[23]

三　古代越後平野の内水面交通における要衝

越後平野各地の遺跡から出土した木簡の記載をみていくと、平野全体の内水面交通において、要衝（拠点）となるような地域があることが分かる。以下、地域ごとに、陸路も含めた古代越後国の交通体系全体の中におけるそれぞれの位置を確認し、出土木簡の検討から各地域の特質を明らかにする（図24参照）。

1　紫雲寺潟（塩津潟）周辺地域

《位置》

この地域は、越後平野の内水面の北端に位置し、北方の出羽国へ向かう陸路との結節点となる場所である。出羽国へ通じる陸路は見つかっていないが、山形県鶴岡市山田遺跡出土木簡に「駅」「駅子人」の記載が見られることなどから、越後国から出羽国へと通じる駅路の存在が想定されている。(24) また、胎内市草野遺跡からは壺鐙（八世紀前半）が、同市船戸川崎遺跡からは鞍橋（九世紀中頃）が出土している。水澤幸一氏は、紫雲寺潟周辺地域について、水陸交通の転換点であり、両遺跡をはじめとする紫雲寺潟周辺の遺跡群は、総体として駅家（水駅）としての機能を果たしていたのではないかとする注目すべき指摘をしている。(25) ここでは、出土木簡の検討を通して、この地域の特質をさらに探ってみたい。

《出土木簡の検討》

○胎内市蔵ノ坪遺跡出土木簡（既掲）

既述したように、この木簡は、国司の少目の公廨米五斗（＝一俵）に付された荷札である。他所から内水面交通を利用して蔵ノ坪遺跡の津に運ばれ、津の倉庫に収納されたと考えられる。この後、さらに公廨米の最終的な消費地である「少目御館」に運送されたと想定されることから、「少目御館」はこの地域周辺のいずれかに存在したと考えられている。(26)

○胎内市船戸桜田遺跡出土木簡(27)（九世紀）

「□□《御カ》政所符　□□黒緒　」　二〇六×七二×八　〇一一型式

直

「□□《御カ》政所」から「□□黒緒」に宛てた符木簡である。上下端とも原形をとどめているが、裏面は調整されていない。「□□黒緒」は人名であろう。符の具体的な内容は記されていないが、下端部の右端に書かれた「直」の文字が注意される。この符木簡が完形の木簡であることからすれば、この「直」の一文字で符の内容が示されていると考えられる。このような人名の傍らに「直」の一文字を記す類例としては、次に掲げる藤原宮跡朝堂院地区出土の木簡がある。

○藤原宮跡朝堂院地区出土木簡(28)(第一二八次調査)

「『直』　『□』

　五背□〔須カ〕田ア□　　(一三二)×(三八)×四　〇八一型式

藤原宮朝堂院地区の東外側を北流する南北溝SD九八一五から出土した五〇〇〇点以上に及ぶ木簡群の内の一点である。この木簡群は、近接した場所から投棄されたものとみられ、きわめて一括性が高いことが指摘されている。大半は大宝年間を中心とする八世紀初頭のもので、内容は衛士に関するものが目立つという。SD九八一五の機能時には、周辺で何らかの造営工事が進行しており、また、SD九八一五の埋め立て後には、重なる位置で石敷が構築されることから、この付近が朝堂院への通路として利用されていた可能性があり、ここでの衛士の任務については、造営工事の労働力と朝堂院区画施設の警備という両面から考える必要があるという。「五背」は衛士・仕丁の編成単位である列・部の責任者の人名で、SD九八一五から出土した木簡には、「猪手列」「嶋身列」「嶋身部」「五背部」などの記述がある。これらのことからすれば、木簡に記された「直」の一文字は、衛士による日中の勤務(日直)を示しているのではなかろうか(この木簡群の中には、同様の記載方法で〝逃〟と同義の「逋」の一文字を記すものもある)。船戸桜田遺跡出土木簡の「直」の一文字も、同様に日直を示し、その勤務を命じた符木簡と考えられる。

船戸桜田遺跡の符木簡が日直を命じた木簡であるとすると、命令を受けた「［　　］黒緒」は木簡を携えて勤務地へ行き、木簡はそこで廃棄されたと考えられよう。船戸桜田遺跡では、河川跡に接続する溝(SD一五七)が七〇メートルにわたって検出され、その両側に総柱建物を含む複数の掘立柱建物が建つ。また、前掲の「麻績マ宿奈麻呂」の荷札のほかに、「□□郷物□×」(郷名+人名)の荷札、「合籾五石五斗」と記す記録簡も出土しており、東側に近接する蔵ノ坪遺跡と同様に、物資が集積する津の様相がうかがえる。「［　　］黒緒」は、このような津施設での日直を命じられたのではなかろうか。

さて、この符木簡の差出である「□□〔御カ〕政所」については、何らかの官司の機関(部署)と考えられるが、「少目御館」に設けられた機関の可能性もあるだろう。(29) 秋田城跡出土の第一〇号漆紙文書には、「介御館　務所」とあり、国司の館に設置された機関の存在が指摘されている。(30)

《小結》

越後平野の内水面の北端に位置し、北方の出羽国への陸路との結節点となる紫雲寺潟周辺地域には、蔵ノ坪遺跡出土木簡の「少目御館」にみられたように国司の駐在が想定される。国関連の施設の存在を示唆するという点では、次に掲げる阿賀野市発久遺跡出土木簡も注目される。

○阿賀野市発久遺跡出土第八号木簡(31)〔八世紀末~九世紀前半〕

「健児等解　中進上宿直事　家人家□　」　二九九×二四×一〇　〇一一型式

健児の宿直報告の解木簡である。延暦十一(七九二)年六月十四日の太政官符(『類聚三代格』)によれば、健児が守衛する施設は、兵庫・鈴蔵・国府とされている。この時期の越後国府は頸城郡にあり、また、駅鈴を収納する鈴蔵も国府に付随していたと考えられることから、健児が守衛した施設は兵庫の可能性があろう。兵庫が国府所在郡以外にも設置されていたことは、兵庫の鳴動記事(『日本三代実録』承和七年五月二日条、『同』貞観元年正月二十二日条等)などから明らかである。また、健児が軍団兵士の停止に伴い設置された兵制であり、その守衛する施設が国関連の施設であることからすれば、健児が宿直報告をする対象は、郡司ではなく国司と考えるべきであろう。この解木簡からは、遺跡地付近における国関連施設の存在が想定されるのである。

発久遺跡は、紫雲寺潟周辺地域から南西へ約一五キロメートルに位置する福島潟に注ぐ河川沿いに営まれた遺跡である。発久遺跡の北約六キロメートルには福島潟の湖岸砂丘上に立地する曽根遺跡があり、前掲の「井於連□□」の荷札木簡のほか、「郡」「上殿」などの墨書土器が出土している。このように福島潟周辺地域についても、国関連施設の存在が想定されるのであるが、紫雲寺潟周辺地域とどのような関係にあったのかは明らかでない。両地域間での時期による変遷も含めて今後の検討課題である。

2　島崎川中流地域

《位置》

この地域は、越後平野の内水面の西端に位置し、すでに指摘があるように、西方の越後国府、さらには都城へ向かう陸路（北陸道）との結節点となる場所である。(32) 北陸道の遺構は検出されていないが、島崎川が流れる低地を通過していたであろう。八幡林遺跡からは、「□〔大カ〕家駅」の墨書土器が出土し、下ノ西遺跡では馬の洗い場状の土坑（ＳＫ五〇四）が検出されている。また、やや広く見れば、この地域は佐渡へ向かう海路との結節点となる場所でもある。

《出土木簡の検討》

○長岡市下ノ西遺跡出土第五号木簡(33)〔八世紀前半〕

・「　く　志志　□□□　く
　越後国高志郡□越志□□高□高志　」

・「　高千　道　道
　□百二百千千十世卌　□〔関カ〕　在首
　五　六　□　」

（側面記載は省略）　三三〇×二四×九

木簡の上下の右側面にのみ切り込みがある。国名から書き始める荷札木簡だが、「郡」の文字を書き損じて大きく右側に偏ってしまったため、途中から習書として利用している。国名から書き始める荷札木簡の出土は、この場で京進する荷に付ける荷札が作成されていたことを示していよう。下ノ西遺跡からは、このような京進される荷札木簡が出土する一方で、「山マ千足」「＜志多々美／＜丈□□〔部子カ〕」など、簡略な荷札木簡も出土している。このことは、仮梱包状態で運送されてきた多様な荷が、この場でいったん荷解きされ、何らかの作業が行われるとともに、京進すべき荷については、京進用の荷造りに仕立て直され、京進用の荷札が付されたことを示していよう。

○長岡市八幡林遺跡出土第二十三号木簡[34]（九世紀前半）（図25）

　鮭と内子鮭の運送に関する記録簡である。三上喜孝氏によって詳細な検討がなされ、運送にあたって「綱丁―進丁（夫）」からなる班が組まれ、四班編成で運送していたことが明らかにされている[35]。三上氏は、この運送について、中央への官物進上と関わることを指摘するが、この木簡にみられる運送形態は郷または郡の段階でのもの、つまり、八幡林遺跡の地に運ばれてくるまでの運送形態とする。しかし、冒頭の「当荷取文」という記述からすれば、この木簡は、荷を各班に割り当てる際に使われたと考えたほうがよいのではないか。つまり、この木簡にみられる運送形態は、八幡林遺跡の地から他所（国府か）への運送に関わるものと考えられる。また、総計記載に「合駄馬廿七匹」とあり、運送は陸路によったことが分かる。

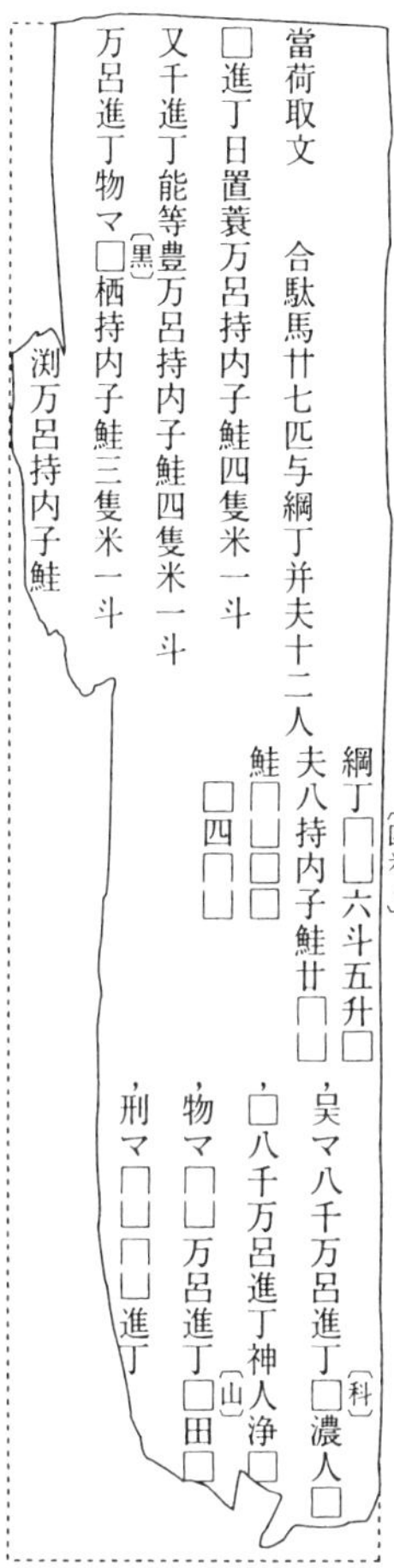
當荷取文　合駄馬廿七匹与綱丁并夫十二人
□進丁日置蓑万呂持内子鮭四隻米一斗
又千進丁能等豊万呂持内子鮭四隻米一斗
万呂進丁物マ□〔黒〕栖持内子鮭三隻米一斗
渕万呂持内子鮭
綱丁□〔四米カ〕六斗五升□
夫八持内子鮭廿□
鮭□□□
□四□
呉マ八千万呂進丁□〔科〕濃人□
□八千万呂進丁神人浄□
物マ□万呂進丁□〔山〕田□
刑マ□□進丁
図25　八幡林遺跡出土第23号木簡の文字の割付（注(34)三上論文より）

　ところで、八幡林遺跡からは「＜卅五隻」の数量記載だけの荷札木簡が三点出土しており、「隻」の数量単位から鮭の荷札と考えられている。また、「＜鮭凡三□×」の荷札も出土している。[36] これらのことと、先の下ノ西遺跡出土五号木簡の検討結果を併せ考えるならば、次のように考えることができよう。つまり、鮭の捕獲・加工地から八幡林遺跡の地までは、仮梱包状態で簡略な荷札（「＜卅五隻」「＜鮭凡三□×」など）が付されて、越後平野の内水面交通を利用して運送された。運ばれてきた鮭や内子鮭は、八幡林遺跡の地でいったん荷解きされて簡略な荷札が外された後、京進のための荷造りに仕立て直され、京進用の荷札（国名から書き始める荷札）が付けられた。その後、荷（鮭・内子鮭）が各班に割り当てられ、陸路（北陸道）によって西方の国府へと運ばれていった。八幡林遺跡や下ノ西遺跡から出土した木簡は、越後平野の内水面交通と北陸道の陸上交通の結節点で、どのようなことがなされていたのかを具体的に示しているのである。次に、この地域の特質について、すでに指摘されていることではあるが、三点の木簡から確認しておこう。

○長岡市八幡林遺跡出土第一号木簡[37]（八世紀前半）

・「郡司符　青海郷事少丁高志君大虫　右人其正身率」

　符到奉行火急使高志君五百嶋

・「虫大郡向参朔告司□率申賜

　九月廿八日主帳丈部□□」　五八五×三四×五　〇一一型式

八幡林遺跡の所在する古志郡の隣郡、蒲原郡の郡司が管下の青海郷に宛てて下した符木簡であり、少丁高志君大虫に対して、国府で行われる告朔儀に参加するように命じている。木簡は、蒲原郡家（発行）↓青海郷↓蒲原郡家↓越後国府↓八幡林遺跡（廃棄）と、大虫とともに移動したと考えられ、その約二尺という大きさからも、過所としての機能も有していたと考えられている。つまり、八幡林遺跡には関としての機能が認められるのであり、陸上交通と内水面交通の転換点に関が置かれていたのである。また、蒲原郡の郡符が古志郡の八幡林遺跡で廃棄されていることは、八幡林遺跡に国関連の施設が存在したことを示唆する。

○長岡市下ノ西遺跡出土第一号木簡(38)〔八世紀前半〕

「殿門上税四百五十九束先上

三百五十束後上一百九束　十四

又後六十六束

掾大夫借貸卅五束　　八十束」　二二五×(八〇)×一〇　〇六一型式

出挙稲の収納に関わる記録簡である。「掾大夫借貸卅五束」の記載があり、国司借貸制の運営実態がうかがえる。つまり、国司借貸稲の出挙が他の官稲(「殿門上税」)の出挙とともに行われており、また、掾の借貸稲の出挙運営が古志郡で行われていたことが分かる。平川南氏は、前述した八幡林遺跡出土一号木簡の過所的機能から、八幡林遺跡に国レベルの機能がうかがえるとし、この地域に掾が管轄する国レベルの施設があったことを想定する。(39)

○長岡市下ノ西遺跡出土第十二号木簡(40)〔八世紀前半〕

・「今浪人司謹牒丸部臣専司二□

・「竈山俣水取小布西三村田人□　　(二六〇)×二六×四　〇一九型式

「今浪人司」から「丸部臣」宛ての牒木簡である。報告書によれば、「今浪人司」は国府の一機関であり、「謹牒」という解に近い用例から、「丸部臣」は国司と考えられるという。そして、同遺跡から出土した前掲の「掾大夫借貸」の記述から、この地域での掾の駐在を想定している。

《小結》

越後平野の内水面の西端に位置し、越後国府や都城へ向かう北陸道や、佐渡へ向かう海路との結節点にあたる島崎川中流地域には、国関連の施設が設置され、国司の駐在も想定される。また、八幡林遺跡は関の機能も果たしており、陸上交通と内水面交通の転換点に関が設置されていた。「はじめに」で述べたように、八幡林遺跡や下ノ西遺跡は津の遺跡ではないが、これらの遺跡と密接にかかわる津が島崎川沿いに置かれていたのであろう。

3　信濃川河口地域

前述したように、古代の越後平野では当時の信濃川河口がほぼ唯一の河口であり、信濃川の河口地域は広大な流域を有する越後平野の内水面交通と、日本海の海上交通の結節点となる、物資流通の重要拠点であった。そのため、越後国の国津は、国府の所在する頸城郡の津ではなく、信濃川河口に設けられた蒲原津であった（『延喜式』主税上、諸国運漕雑物功賃条）(41)。蒲原津の詳細な位置は不明であるが、蒲原津との関連が指摘される遺跡として、京都産緑釉陶器が多く出土した新潟市山木戸遺跡がある(42)。また、この地域は、大化三（六四七）年に造営された渟足柵の推定地でもある。

○新潟市的場遺跡出土木簡(43)〔八世紀後半～九世紀〕

×狄食狄食　狄食　狄食×　（一八七）×（二〇）×七　〇八一型式

的場遺跡は、大量の漁具の出土などから公的な大規模漁業基地と考えられている遺跡である。この遺跡から、服属儀礼の際に蝦夷に与える食料を意味する「狄食」の習書木簡が出土している。このことは、遺跡の近在に蝦夷の服属儀礼を行う場があったことを示しており、その場としては渟足柵（沼垂城）が最もふさわしい。この地域は、越後国の成立以前から、国家による直接支配が布かれた政治的拠点でもあったのである。

おわりに

古代の越後平野では、その地形的な特徴によって内水面交通が発達し、各地の河川沿いや潟縁には多くの津が存在した。津には、国・郡が管轄するものから在地の有力者が経営するもの、さらには一般百姓層が利用するものまで、さまざまなレベルのものがあったであろう。その中で、陸路も含めた古代越後国の交通体系を全体としてみた場合、越後平野の内水面の北端と西端にあって、北方の出羽へ向かう陸路との結節点となる地域（紫雲寺潟周辺地域）と、西方の国府・都城へ向かう北陸道、及び佐渡へ向かう海路との結節点となる地域（島崎川中流地域）の津は、信濃川河口の蒲原津とともに、国が直接掌握し、付近に国司の駐在も想定される。つまり、古代越後国の交通体系において、内水面交通と陸上交通、内水面交通と海上交通との転換点となる重要拠点は、国が直接掌握し、管理していたと考えられるのである。これまで、古代の越後国における国司の分割配置の可能性については、陸奥・出羽国との類似性から、もっぱら蝦夷政策とのかかわりで論じられてきた(44)。しかし、同時に上記のような交通体系の側面から捉える視点も必要であろう。

注

（1）坂井秀弥「越後平野の環境・交通・産業と官衙遺跡」（『古代地域社会の考古学』同成社、二〇〇八年。初出は一九九六年）。水澤幸一「潟街道の遺跡群」（『古代の越後と佐渡』高志書院、二〇〇五年）など

（2）坂井秀弥「古代越後国の交通と八幡林遺跡」（『古代交通研究』四、一九九五年）

（3）和島村教育委員会『和島村埋蔵文化財調査報告書第四集　門新遺跡』（一九九五年）。長岡市教育委員会「浦反甫東遺跡発掘調査現地説明会資料」（二〇一二年）

（4）坂井秀弥「古代越後国の環境・交通・官衙」（『木簡研究』一七、一九九五年）

（5）吉田町『吉田町史　資料編一　考古・古代・中世』（二〇〇〇年）。拙稿「墨書土器からみた古代の吉田」（『吉田町史通史編　上巻』二〇〇三年）

（6）鴨井幸彦・田中里志・安井賢「越後平野における砂丘列の形成年代と発達史」（『第四紀研究』四五―二、二〇〇六年）

(7) 卜部厚志・高濱信行「蒲原郡を中心とした越後平野砂丘列のボーリング調査の成果」(『前近代の潟湖河川交通と遺跡立地の地域史的研究』二〇〇一年)、鴨井幸彦「越後平野の七不思議」(『地質と調査』九九、二〇〇四年)
(8) 新潟市教育委員会『四十石遺跡　第二次調査』(二〇一二年)
(9) 新潟県教育委員会・財団法人新潟県埋蔵文化財調査事業団『蔵ノ坪遺跡』(二〇〇二年)
(10) 中条町教育委員会『船戸桜田遺跡二次』(二〇〇一年)
(11) 中条町教育委員会『屋敷遺跡二次』(二〇〇四年)、平川南「古代越後国の磐船郡と沼垂郡」(『律令国郡里制の実態上』吉川弘文館、二〇一四年。初出は二〇〇五年)
(12) 中条町教育委員会『草野遺跡二次』(二〇〇四年)
(13) 胎内市教育委員会『築地館東遺跡・堂前遺跡』(二〇〇七年)
(14) 豊浦町教育委員会『曽根遺跡Ⅱ』(一九八二年)
(15) 新潟市教育委員会『新潟市的場遺跡』(一九九三年)
(16) 和島村教育委員会『和島村埋蔵文化財調査報告書第三集　八幡林遺跡』(一九九四年)、浅井勝利・相澤央「八幡林遺跡出土木簡釈文の再検討」(『新潟県立歴史博物館紀要』一四、二〇一三年)
(17) 注(16)に同じ
(18) 中条町教育委員会『船戸川崎遺跡四次』(二〇〇二年)
(19) 笹神村教育委員会『発久遺跡発掘調査報告書』(一九九一年)
(20) 注(9)に同じ
(21) 中条町教育委員会『中倉遺跡三次』(一九九九年)
(22) 注(8)に同じ
(23) 注(9)に同じ
(24) 財団法人山形県埋蔵文化財センター『山田遺跡調査説明資料』(一九九九年)
(25) 水澤注(1)論文
(26) 注(9)に同じ

(27) 中条町教育委員会『船戸桜田遺跡四・五次・船戸川崎遺跡六次』（二〇〇二年）
(28) 奈良文化財研究所『飛鳥・藤原京発掘調査出土木簡概報(十八)』（二〇〇四年）。市大樹「奈良・藤原宮跡」（『木簡研究』二七、二〇〇五年）
(29) 水澤注(1)論文
(30) 秋田城を語る友の会『秋田城出土文字資料集Ⅱ』（一九九二年）。鐘江宏之「平安時代の「国」と「館」―地方における権威をめぐって―」（『城と館を掘る・読む』山川出版社、一九九四年）
(31) 笹神村『笹神村史　資料編一　原始・古代・中世』（二〇〇三年）。拙稿「阿賀野市発久遺跡出土の「健児」木簡と古代の阿賀北」（『郷土新潟』四五、二〇〇五年）
(32) 坂井注(2)論文
(33) 和島村教育委員会『和島村埋蔵文化財調査報告書第七集　下ノ西遺跡―出土木簡を中心として―』（一九九八年）
(34) 和島村教育委員会『和島村埋蔵文化財調査報告書第三集　八幡林遺跡』（一九九四年）、三上喜孝「文書木簡と文書行政―地方出土木簡を例として―」（『日本古代の文字と地方社会』吉川弘文館、二〇一三年。初出は一九九九年）
(35) 三上注(34)論文
(36) 浅井・相澤注(16)論文
(37) 和島村教育委員会『和島村埋蔵文化財調査報告書第一集　八幡林遺跡』（一九九二年）
(38) 注(33)に同じ。本木簡については本書第二編第二章参照。
(39) 平川南「異なる利息の出挙木簡」（『古代地方木簡の研究』吉川弘文館、二〇〇三年。初出は一九九八年）
(40) 和島村教育委員会『和島村埋蔵文化財調査報告書第十四集　下ノ西遺跡Ⅳ』（二〇〇三年）
(41) 坂井注(1)論文
(42) 新潟市教育委員会『新潟市山木戸遺跡』（二〇〇四年）
(43) 注(15)に同じ
(44) 平川注(39)論文。拙稿「律令国家の蝦夷政策と古代越後国」（本書第一編第三章。初出は二〇〇三年）

第四編　「辺境」としての佐渡国

第一章　佐渡国の贄——平城京跡二条大路出土木簡の検討から——

はじめに

平城京跡二条大路の南北で確認された三条の東西溝（ＳＤ五一〇〇、ＳＤ五三〇〇、ＳＤ五三一〇）出土の「二条大路木簡」の中に、次に掲げる一点の佐渡国の木簡がある。

「雑太郡猪前若海藻」　一〇九×二〇×六　〇一一型式

この木簡については、『平城宮発掘調査出土木簡概報（二十二）——二条大路木簡一——』（一九九〇年、以下『概報』）で報告され、その後、小林昌二氏によって紹介された（1）以外には、本格的な検討がなされていない。私は一九九九年に奈良国立文化財研究所（当時）でこの木簡を実見する機会を得た。本章では、この佐渡国の木簡の検討を通して、税物の採取と負担主体の問題を考察し、最後に北方の境界地域としての古代佐渡国の特殊性について指摘したい。

一　佐渡国木簡の概要

はじめに木簡の概要について、『概報』及び実見の知見によってまとめておきたい。佐渡国の木簡は、平城京跡二

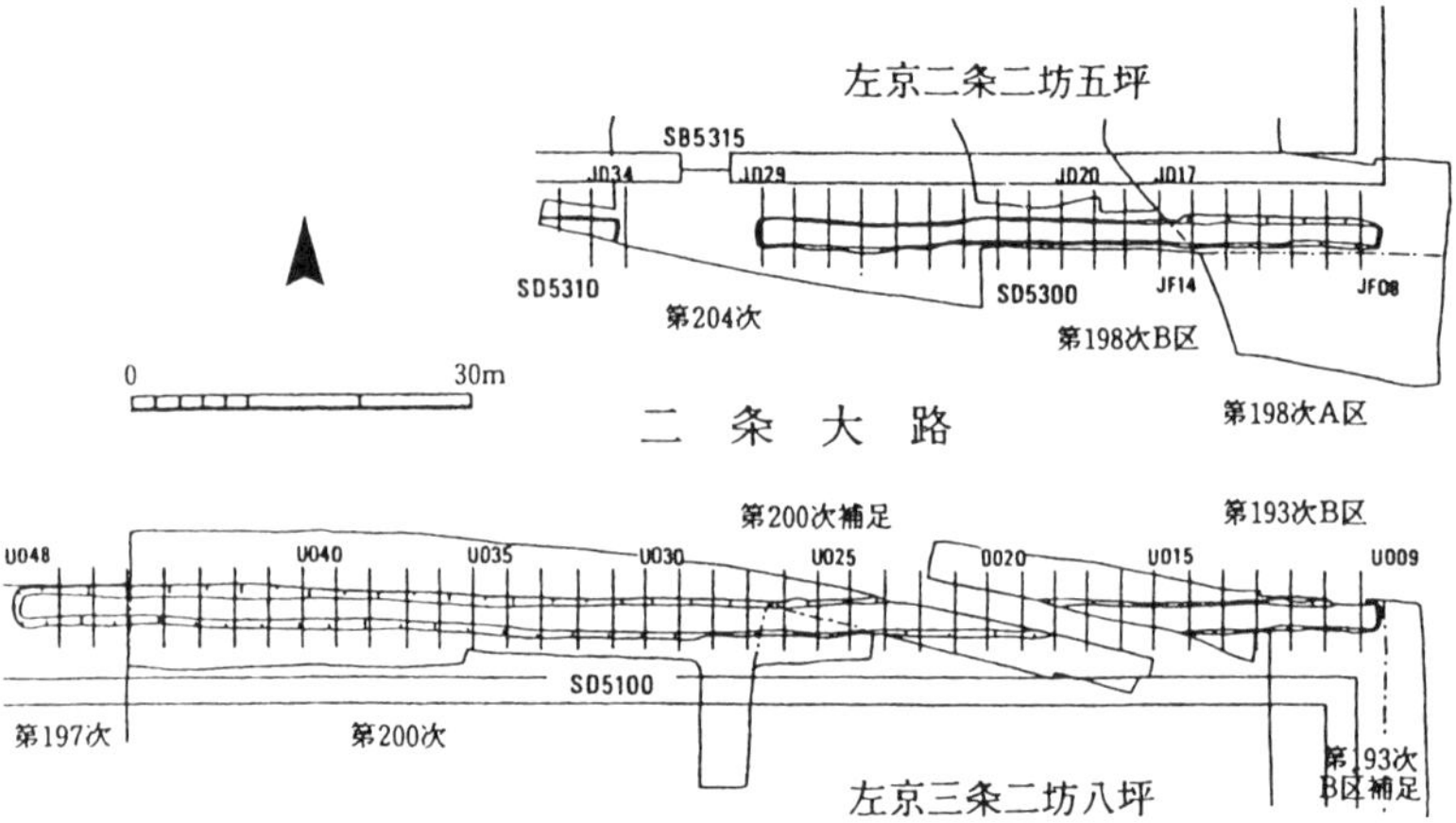

図26 SD5100・5300・5310の平面図と小地区割(注(12)概報より)

条大路の南端を大路に沿って東西に走る溝SD五一〇〇から出土した(図26)。SD五一〇〇は、溝幅二・六メートル、深さ〇・九メートル、全長一二〇メートルの溝で、溝の東端は、東二坊坊間路西側溝(SD四六九九)の一・二メートル西で途切れ、西端も一坪・八坪の境で止まっており、途中で流入・流出する施設もないので、溝状ではあるが、流れた痕跡のない遺構とされている。この溝から出土した木簡に記された年紀は、天平三(七三一)年から十一年で、とくに天平七・八年のものが多いとされる。佐渡国の木簡は、SD五一〇〇の西端に近いUO42地区より出土した。木簡の形態は短冊形(〇一一型式)で、上下端ともに調整が施された完形の木簡である。オモテ面にのみ文字が記載され、「郡名+地名+物品名」の書式をとる。記載内容から若海藻に付された荷札木簡と考えられる。文字の書風は、いわゆる国衙的書風[2]であり、この荷札木簡が国衙段階で作成されたものであることをうかがわせる。

二 佐渡国木簡の検討

前述したように、この木簡は若海藻に付された荷札木簡と考えられる。『延喜式』内膳司諸国貢進御贄の式文に年料として「佐渡国〈穉海藻一担、十二籠〉」とあることから、この木簡は佐渡国からの贄に付された荷札であることは容易に推測がつく。しかし、奈良時代の贄の品目と『延喜式』の贄の品目とでは対応しないものが多いという指摘(3)からすれば、出土木簡そのものについての検討によって税目を確定する必要がある。以下、1出土状況、2書式、3物品名の検討を行う。

1　出土状況

平城宮跡出土の贄に関する木簡の出土地点について整理した鬼頭清明氏によれば、贄に関する木簡は、天皇の日常の居所である内裏や、東院などのしばしば出御したと考えられる場から集中して出土する傾向があるとされる。(4)この指摘を受けて佐渡国木簡の出土したSD五一〇〇出土の木簡について、『概報』によって確認すると、三河国幡豆郡篠嶋、析嶋や若狭国遠敷郡青郷のものなど、贄(大贄、御贄ともに含む)と明記された木簡が五七点出土している。また、佐渡国木簡の出土地点周辺(UO42・43・44)に限ってみても、贄と明記された木簡が一四点出土しており、贄の荷札木簡が集中して出土していることが確認できる。

2　書　式

先にも述べたように、佐渡国木簡は「郡名＋地名＋物品名」という書式をとっており、「国＋郡＋郷＋個人名＋物品名」という書式をとる一般的な荷札木簡とは明らかに異なる。佐渡国木簡で注目されることは地名の記載があることである。(5)地名を記載する荷札木簡には次に掲げるような例がある。

① 「下総国海上郡酢水浦若海藻　御贄太五斤中」　二〇二×二五×六　〇三二型式(6)

② 「常陸国那賀郡酒烈埼所生若海藻」　二二一×二三×三　〇三一型式(7)

③ 「参河国幡豆郡篠嶋海部供奉三月料御贄赤魚楚割六斤」　二七二×一五×八　〇三一型式(8)

地名の記載は贄の荷札木簡に特徴的な記載であり、贄の採取地を示していると考えられている。(9)

3　物品名

佐渡国木簡に記載された物品名「若海藻」は、海藻(ワカメ)のなかでもとくにはしりのワカメ(春ワカメ)のことである。(10)「若(穉)海藻」の荷札木簡には前掲の①②に加えて次のような例がある。

①「阿波国進上御贄若海藻壹籠　板野郡牟屋海」　一九〇×一九×六　〇三一型式(11)

②「出雲国若海藻　御贄」　一四五×二一×三　〇三一型式(12)

③「伯耆国進上屈賀若海藻御贄」　一三四×二〇×七　〇三一型式(13)

すでに指摘があるように、物品名「若(穉)海藻」を記す荷札木簡は贄と推定されるものばかりであり、贄を代表する品目とされる。(14)

以上三点の考察から、佐渡国の木簡は贄の荷札木簡であることが確認される。

律令制下の贄については、平城・藤原宮跡からの贄関係木簡の出土以降、多くの研究がなされている。(15)鬼頭清明氏は、『延喜式』における贄の記述の検討から、贄の貢進方式に二つの系統があることを指摘し、平城宮跡出土の贄荷札木簡の検討から、それが八世紀にまでさかのぼることを明らかにした。(16)一つは、畿内近国の雑供戸や御厨などの特定集団から貢進されるもので、「宮内省式」に諸国所進御贄として記され、より詳細の規定が「内膳司式」の諸国貢進御贄の旬料、節料にみられるもの。もう一つは、広く諸国から貢進される贄で、「宮内省式」に諸国例貢御贄として記され、「内膳司式」の諸国貢進御贄の年料の規定と対応するもの。佐渡国の贄は、先にも述べたように「内膳司式」諸国貢進御贄の年料規定に、「佐渡国〈穉海藻一担、十二籠〉」とあり、また、遠隔地からの貢進であることから、諸国例貢御贄として貢進されたのであろう。

三　佐渡国における贄の調達

贄の調達方法については、特定の貢納集団による調達のほかに、中男作物、調、雑徭、交易などによる調達方法がとられたことが明らかにされている。鬼頭氏は出土木簡の書式の検討から、諸国例貢御贄について次の二つの収取方式が想定されることを指摘している(17)。①国・郡・里を記す＝公民の雑徭や中男作物による収取。②「浦」「埼」「海」など郷里名以外の地名まで記す＝五十戸一里制とは関連しない、律令的地方行政組織からはずれた集団による収取。また、長山泰孝氏は天皇との強い人格的隷属関係によって結ばれた特定の貢納集団(贄戸)による貢進が贄の本源的収取形態であるとして、広く畿外諸国にも贄戸的な貢納集団が存在したことを想定し、木簡にみられる地名記載を贄戸的集団の所在地と解している(18)。鬼頭氏、長山氏が木簡にみられる地名記載から、贄の貢進主体としての特定の集団の存在を想定するのに対して、樋口知志氏は、地名記載は単に贄の採取地を示しているに過ぎないとする(19)。確かに、木簡の地名記載のみから鬼頭氏や長山氏のように理解することは困難であろう。しかし、贄の荷札木簡に個人名が記されないことからも明らかなように、贄の調達にあたっていかなる方法がとられたにせよ、それが集団労働によって行われていたことは確実であろう。問題はその集団の性格である。雑徭、中男作物などは、国郡が主体となって労働力の編成が行われたと考えられるが、漁業等の集団労働における技術的問題を考慮すれば、その労働力の編成にあたっては、既存の労働集団の存在を前提として行われたと考えられる。そのような労働集団としては、やはり、『万葉集』巻十六にみられる、著名な筑前国志賀の白水郎(あま)集団のようなものを想定すべきであろう。この労働集団は、国郡に編成されており、鬼頭氏が言うような地方行政組織からはずれたものではないが、所管郡を異にする者同士が船を同じくして漁業労働を行っていたことが記されており、律令地方行政組織とは異なる次元で結束した労働集団である。

佐渡国における若海藻の調達も、形式としては国郡が主体となって労働力を編成した雑徭等によるものと考えられるが、実態としては上述のような集団による集団労働によって行われたのではないだろうか。これまでに知られている古代佐渡国の人名には、[20]「海部」「安曇」など直接海人に関わることを想定させるウジ名は確認できない。しかし、「国造本紀」に「佐渡国造　志賀高穴穂朝、阿岐国造同祖、久志伊麻命四世孫大荒木直定二賜国造一」とあり、阿岐国造と系譜を同じくするとされていることが注意される。黛弘道氏によれば、阿岐国造の本拠地と考えられる安芸国安芸郡周辺は海人に関する地名が濃厚に分布する地域とされる。[21]もちろん、「国造本紀」の系譜記事をそのまま事実とすることはできず、同祖系譜の形成における何らかの関係の存在を示すものという程度に考えるべきであるが、安芸地方における海人関係地名の分布の指摘とともに、この際注意しておきたい。また、甘粕健氏は、佐渡国の後期古墳の大部分が、丘陵が直接海に迫る断崖の突端や、裾に営まれているという立地条件に注目し、いかにも海洋を生活舞台とする集団によって営まれたことを思わせるあり方であるとし、その造営主体としての佐渡の海人集団の存在を想定している。[22]あるいは、このような海人集団の後裔が若海藻の採取を行ったのであろうか。

四　雑太郡式内社御食神社

ここで改めて若海藻の特殊性に注意したい。つまり、先にも述べたように、若海藻は贄を代表する品目であり、その贄が天皇の食事に供される供御物としての性格や、神饌的性格を有する税目であることを考えれば、[23]贄としての若海藻を採取・調達する集団が、天皇を中心とした王権に対して特別な意識を有していたと考えることも可能であろう。『延喜式』神名帳には雑太郡式内社として御食神社の名がみられる。御食神社の祭神は御食津神であり、宮中大膳職

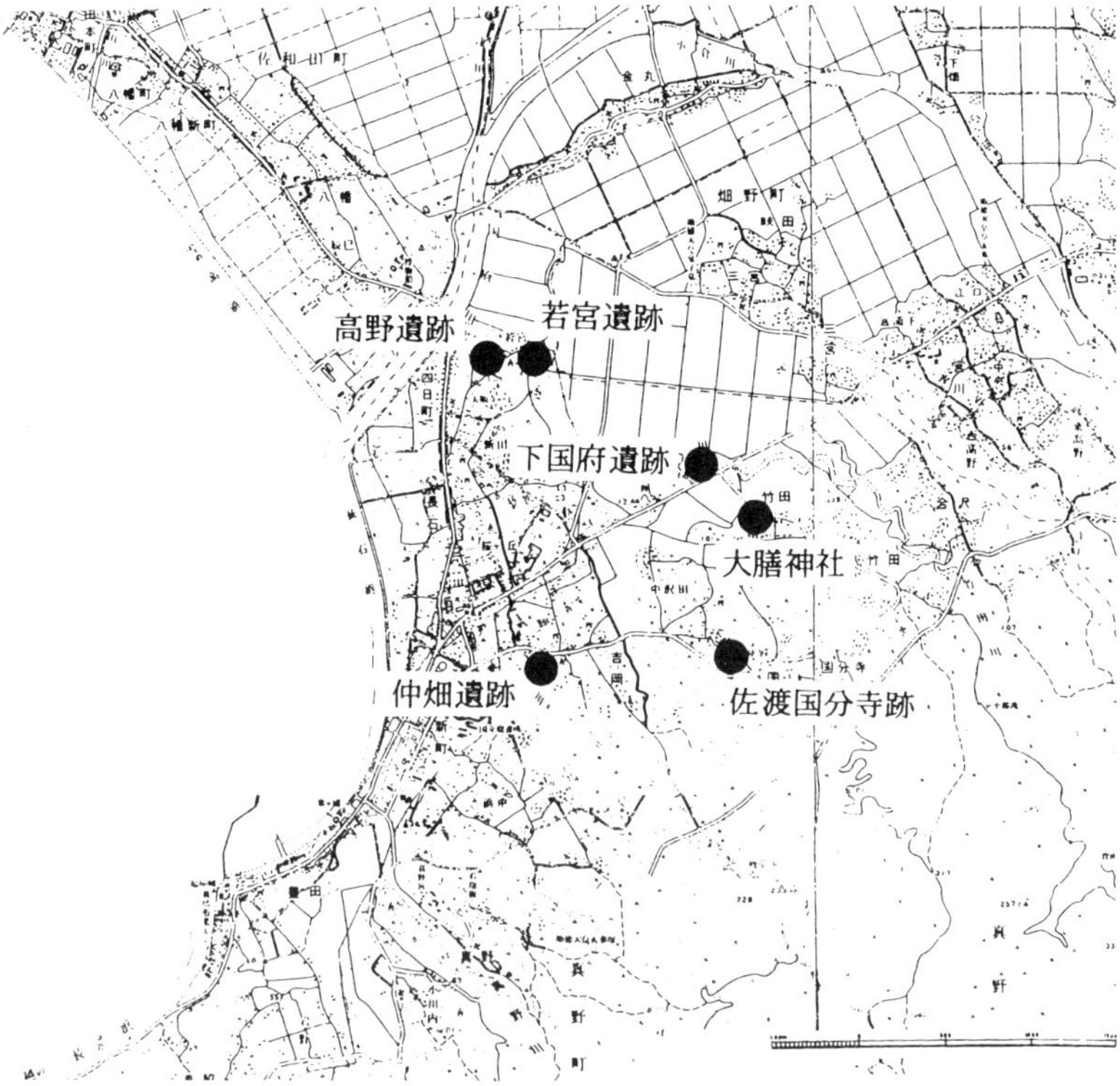

図 27　大膳神社周辺の遺跡

の祭神と同一である。[24] 贄の採取・調達を行う前述の労働集団が、王権に対する特別な意識を前提として、大膳職に祭る神と同一の神を集団の神として奉斎していたと考えることもあながち不可能ではないであろう。贄を調達する集団と食の神との関係を示す同様の例としては、御食国とされる安房国と安房大神の関係があげられる。佐藤信氏は、「高橋氏文」に安房大神を御食都神としたことが記され、さらに注においてその御食都神を今の大膳職の祭神であるとしていることに注目し、大膳職の祭神でもあった安房大神を高橋氏が氏族伝承に取り込もうとしたものであり、そこに朝廷の食膳に深く関わる安房国・安房大神の存在が浮き彫りになっているとする。[25] また、御食国の若狭国と気比神社(祭神伊奢沙別命は「御食津大神」と名付けられている[26])の関係も注目されるところである。

『式内社調査報告』によれば、雑太郡の御食神社は現在の佐渡市（旧佐渡郡真野町）竹田の大膳神社に比定されている。付近には、佐渡国分寺跡が所在するほか、「衙」「寺」などの墨書土器が出土し、国府関連の遺跡と考えられている若宮遺跡(27)、二重の堀に囲まれた内部に二棟の掘立柱建物跡が検出され、同じく国府関連の遺跡とされる下国府遺跡(28)、「軍」「団」「厨」などの墨書土器が出土し、官衙関連遺跡とされる高野遺跡(29)、「□館」「□郡」「□寮院」などの墨書土器が出土した仲畑遺跡(30)などが所在する（図27）。これらのことは、この地域が古代の佐渡国の政治的中心地であったことを示しており、この地に居住した前述の集団が、佐渡国において有力な存在であったことを示唆するものであろう。

五　佐渡鰒

『延喜式』には、佐渡国の中男作物の物品として鰒が規定されている。しかし、現在までのところ、佐渡国から都へ貢進された鰒に付された荷札木簡は出土していない。古代における鰒については、狩野久氏により供御物としての特殊性が指摘されており、税目として調や中男作物の形式をとっていても実質は贄物そのものであり、律令税制が整えられる以前は贄として貢納されていたであろうことを指摘している(31)。佐渡国の鰒も、本来は贄として貢納されていた可能性がある。

さて、『延喜式』によると、佐渡鰒は特殊な扱いを受けている。『延喜式』神祇七践祚大嘗祭では、東鰒、隠岐鰒とともに大嘗祭における供神物として規定されており、また、「大膳職式」では、園韓神祭や平野夏祭の雑給料として、やはり東鰒、隠岐鰒とともに規定されている。佐渡鰒と必ずセットでみられる東鰒と隠岐鰒については、東鰒の大部分が安房鰒であることが指摘され(32)、また、隠岐鰒の特殊性を神仙思想や陰陽思想との関連でとらえる見解が提示されている(33)。狩野氏は、大嘗祭において、神への御饌として東鰒と隠岐鰒が供せられた意味について、東と西の鰒を神に捧げることによって、列島全体の支配が観念されたことにあるとしている。[34]この指摘は佐渡鰒にもあてはまるだろう。著名な『延喜式』「陰陽寮式」の追儺詞にみられるように、古代において佐渡国は北方の境界地域と認識されていた。その佐渡国から貢進された鰒は、東と西の鰒である東鰒や隠岐鰒とともに、北の鰒として、大嘗祭における御饌として神に捧げられたのである。

おわりに――律令国家のなかの佐渡――

佐渡国は、『続日本紀』養老五(七二一)年四月丙申条に「分二佐渡国雑太郡一、始置二賀母羽茂二郡一」とあるように、当初は雑太郡一郡からなる一国一郡であった。同様の例としては、養老三年以前の志摩国がある。当初一国一郡制をとった志摩国については、御食国としての特殊性がその成立事情として考えられることが指摘されている。[35]あらためて『延喜式』に佐渡国の諸税として規定された物品名をみると、布(調・庸・中男作物)、鰒(中男作物)、稗海藻(贄)であり、志摩国、安房国、若狭国など御食国とされる諸国に規定された物品が、その種類において多様であることと極めて異なっている。佐渡国を御食国とすることは難しいのではないだろうか。[36]それでは、当初一国一郡制が採用された佐渡国の特殊性はどこに求められるのであろうか。もちろん島国であるという佐渡国の地理的条件も考慮しなければならないが、先述した佐渡鰒の特殊な扱われ方からすれば、北方の境界地域としての特殊性に求めることができるのではないだろうか。詳細な検討は後日を期さざるを得ないが、佐渡鰒とともに、調庸として貢進された布も、佐渡布として新嘗祭や春日祭における斎服料として用いられるなど、特殊な扱いを受けていることが確認できる。[37]このことは、境界地域である佐渡国から貢進された物品に対する特別な意識があったことを示しているだろう。境界地域としての佐渡国については、先にも触れた追儺や流刑の問題など、検討すべき課題が多い。また、視点を変えて列島外部からみてみると、佐渡国は本州を目前に控えた孤島であり、大陸との往来において重要な位置を占めたであろうことが考えられる。[38] この視角からの検討も必要であるが、全て今後の課題としたい。

注

(1) 小林昌二「『沼足郡深江』木簡の出土─付、平城京出土の越後・佐渡関係木簡」(『市史にいがた』一六号、一九九五年)
(2) 国衙的書風については、鬼頭清明「木簡の書風」(『古代木簡の基礎的研究』塙書房、一九九三年。初出は一九七八年)を参照。
(3) 渡辺晃宏「志摩国の贄と二条大路木簡」(『長屋王家・二条大路木簡を読む』吉川弘文館、二〇〇一年)
(4) 鬼頭清明「贄貢進荷札の分析」(『古代木簡の基礎的研究』塙書房、一九九三年。初出は一九八三年)
(5) 「猪前」は郷名の可能性もあるが、他の地名記載荷札木簡における地名が、「嶋」「浦」「海」「埼」などを伴う地名であることから、郷名ではない固有地名としてよいだろう。
(6) 『平城宮木簡一』四〇〇
(7) 『平城宮木簡一』四〇二
(8) 『平城宮跡発掘調査出土木簡概報(二十二)─二条大路木簡一─』二〇頁
(9) 勝浦令子「律令制下贄貢納の変遷」(『日本歴史』三五二号、一九七七年)。樋口知志「律令制下の贄について(上)(下)」(『東北大学附属図書館研究年報』二一・二二号、一九八八・一九八九年)
(10) 東野治之「志摩国の御調と調制の成立」(『日本古代木簡の研究』塙書房、一九八三年。初出は一九七八年)
(11) 『平城宮木簡一』四〇三
(12) 『平城宮跡発掘調査出土木簡概報(三十)─二条大路木簡四─』七頁
(13) 『平城宮跡発掘調査出土木簡概報(二十二)─二条大路木簡一─』三五頁
(14) 東野注(10)論文、樋口注(9)論文

(15) 律令制下の贄の研究史については、樋口注(9)論文を参照。
(16) 鬼頭清明「『延喜式』と贄」(『古代木簡の基礎的研究』塙書房、一九九三年。初出は一九七八年)
(17) 鬼頭注(16)論文
(18) 長山泰孝「贄と調について」(『日本古代の国家と宗教　下巻』吉川弘文館、一九八〇年)
(19) 樋口注(9)論文
(20) 佐渡国の古代人名については、桑原正史「古代佐渡国人に関する基礎的考察―越佐古代史研究(一)―」(『越佐研究』三一号、一九七二年)を参照。
(21) 黛弘道「海人族のウヂを探り東漸を追う」(『日本の古代8海人の伝統』中央公論社、一九八七年)
(22) 『新潟県史　通史編一原始・古代』第四章第五節(甘粕健執筆担当、一九八六年)
(23) 贄の供御物、神饌的性格については、梅村喬「律令財政と天皇祭祀―調と贄をめぐって―」(『日本史研究』二三五号、一九八二年)を参照。
(24) 『式内社調査報告』十七巻北陸道3(皇學館大学出版部、一九八五年)。なお、贄が大膳職で扱われたことについては、勝浦注(9)論文を参照。
(25) 佐藤信「古代安房国と木簡」(『日本古代の宮都と木簡』吉川弘文館、一九九七年。初出は一九九三年)
(26) 『古事記』「仲哀記」。なお、若狭国と気比神社の関連については、狩野久「御食国と膳氏」(『日本古代の国家と都城』東京大学出版会、一九九〇年。初出は一九七〇年)を参照。
(27) 真野町教育委員会『佐渡国府緊急調査報告書Ⅰ』(一九六八年)。同『佐渡国府緊急調査報告書(若宮遺跡)Ⅱ』(一九六九年)
(28) 真野町教育委員会『下国府遺跡』(一九七七年)。『新潟県史　通史編Ⅰ原始・古代』付編「奈良・平安時代の遺跡」(一九八六年)
(29) 本間嘉晴・椎名仙卓「新潟県佐渡郡高野遺跡」(『日本考古学年報』八、一九五九年)。椎名仙卓「軍・団の墨書土器をめぐって―雑太軍団の所在地に関する問題―」(『佐渡博物館館報』三号、一九五九年)。椎名仙卓「佐渡国の墨書土器」(『佐渡史学』五号、一九六二年)

(30) 真野町教育委員会『仲畑遺跡』(一九九五年)
(31) 狩野久「古代における鰒の収取について」(『日本古代国家の展開　上巻』思文閣出版、一九九五年)
(32) 岸田定雄「延喜式の鰒について」(『民具マンスリー』一三―一〇、一九八三年)。佐藤信「宮都出土の安房の木簡」(『古代東国と木簡』雄山閣出版、一九九三年)。宮原武夫「東鰒と隠岐鰒」(『古代東国の調庸と農民』岩田書院、二〇一四年。初出は二〇〇〇年)
(33) 勝部昭「隠岐鰒について」(『古代文化研究』一号、一九九三年)
(34) 狩野注(31)論文。宮原氏も注(32)論文において、鰒の大量消費の背景として、国土の領域・領海に対する天皇の支配権の神前における確認という政治的意味があったことを指摘している。なお、この点は古代国家の境界認識の問題と関わるだろう。第四編第二章参照。
(35) 狩野注(26)論文
(36) 「高橋氏文」のような安房国や若狭国における膳氏と朝廷の食膳との関係を示す伝承がみられないことも、佐渡国を御食国とすることの困難を覚える。
(37) 『延喜式』「神祇式」「縫殿寮式」「大膳職式」「左右近衛府式」など。このほか、仏事に関して佐渡布が用いられる例(『西宮記』「貞信公記逸文」延長六年八月十日、『権記』長保三年五月九日など)、賭弓における賭物として佐渡布が用いられる例(『後二条師通記』寛治五年正月十八日、『永昌記』長治二年正月十八日など)が確認できる。また、貢進される物品が布と鰒に代表されるというあり方は、安房国におけるあり方(佐藤注(25)論文)と共通している。
(38) 小嶋芳孝「日本海の島々と靺鞨・渤海の交流」(『境界の日本史』所収、山川出版社、一九九七年)

第二章　北の辺境・佐渡国の特質

はじめに

『延喜式』陰陽寮儺祭には次のようにある。

今年今月今日今時、時上直符、時上直事、時下直符、時下直事、及山川禁気江河谿壑廿四君、千二百官、兵馬九千万人、已上音読、位置二衆諸前後左右一、各随二其方一諦定レ位可レ候。大宮内尓神祇官宮主能伊波比奉里敬奉留、天地能諸御神等波、平久於太比尓伊麻佐布倍志登申。事別氏詔久、穢悪伎疫鬼能所所村々尓蔵里隠布留乎波、千里之外、四方之堺、東方陸奥、西方遠値嘉、南方土佐、北方佐渡与里乎知能所乎、奈牟多知疫鬼之住加登定賜比行賜氏、五色宝物、海山能種種味物乎給氏、罷賜移賜布所所方方尓、急尓罷往登追給登詔尓、挟二奸心一氏留里加久良波、大儺公、小儺公、持二五兵一氏追走刑殺物曽登聞食登詔。

これは、追儺において陰陽師が読み上げる祭文である。周知のように追儺は、十二月晦日に宮中で行われる疫鬼を追い払う行事であり、ここに示された「四方之堺」には、古代国家の境界に対する認識がうかがえる。この祭文において佐渡国は、「北方佐渡」とあるように北の境界とされており、古代国家によって北の辺境と認識されていたことがわかる。

古代の辺境をめぐる研究では、蝦夷や隼人、あるいは大陸、朝鮮半島諸国など、対外関係をテーマとした研究が多く積み重ねられてきた。一方、中世史では、国家の境界認識についての研究が進められ、とくに、境界についての呪術的観念・怪異性の指摘が注目される[1]。本章では、後者の視角にも注意しながら、古代国家によって北の辺境として認識された佐渡国の特質について検討する[2]。

一　北の辺境・佐渡国の形成

1　国土認識における〝北〟の成立

先にも述べたように、佐渡国は古代国家によって北の辺境と認識されていた。ここでは、古代国家の方位認識における〝北〟の成立について、これまでの研究によりながら考えてみたい。

古代においては、国土がおおよそ東西に長く延びているという、東西を軸とする国土像の認識があったことが指摘されている[3]。著名な『宋書』倭国伝の倭王武の上表に「東征㆓毛人㆒五十五国、西服㆓衆夷㆒六十六国、渡平㆓海北㆒九十五国」とあるのをはじめ、『隋書』倭国伝には、「其国境、東西五月行、南北三月行、各至㆓於海㆒」、『旧唐書』倭国日本伝には「東西五月行、南北三月行」とある。これらの記述からは、国土を東西に長いものとする認識がうかがえる。とくに注意したいのは、倭王武の上表において列島内の征服過程を「東」と「西」の二つの方位で表す一方、「海北」とあるように、〝北〟については朝鮮半島諸国と認識している点である。このことは、当時の方位認識において、列島内には〝北〟が存在していなかったことを示しているのではなかろうか。熊田亮介氏によれば、このような認識は、六世紀の高句麗使節の越国への来着(『日本書紀』欽明天皇三十一年四月乙酉条など)や、斉明期の阿倍比羅夫の「北征」に伴う粛慎の登場によって変化するという。つまり、それまで〝北〟と認識されていた高句麗の使節が越国に来着したり、さらにその北にあると認識されていた粛慎が渡島に存在することが知られたりする[4]ことによって、〝北〟と認識されていた地域が「北海」（日本海）の海上ルートを介して越国やその延長の渡島とつながっているという、〝北〟についての新たな認識をもたらしたとする。

佐渡については次のような史料がある。

『日本書紀』欽明天皇五（五四四）年十二月条

十二月、越国言、於㆓佐渡嶋北御名部之碕岸㆒、有㆓粛慎人㆒、乗㆓一船舶㆒而淹留。春夏捕魚充㆑食。彼嶋之人、言㆑非㆑人也。亦言㆓鬼魅㆒、不㆓敢近㆒之。嶋東禹武邑人、採㆓拾椎子㆒、為㆓欲熟喫㆒。着㆓灰裏㆒炮。其皮甲化㆓成二人㆒、飛㆓騰火上㆒、一尺餘許。経㆑時相闘。邑人深以㆓為異㆒、取㆓置於庭㆒。亦如㆑前飛、相闘不㆑已。有㆑人占云、是邑人、必為㆓魅鬼㆒所㆓迷惑㆒。不㆑久如㆑言、被㆓其抄掠㆒。於是、粛慎人移㆓就瀬波河浦㆒。々神厳忌。人不㆓敢近㆒。渇飲㆓其水㆒、死者且㆑半。骨積㆓於巌岫㆒。俗呼㆓粛慎隈㆒也。

粛慎人の佐渡来着を記すこの史料について、熊田氏は伝説的所伝とするが、史料の後半部の説話はともかくとして、佐渡に来着した集団が粛慎人と認識されたことは事実として認めてよいのではなかろうか。ここで注目されるのは、佐渡嶋での事件が越国からの報告という形式で記載されている点である。後述するように、佐渡は当初は越国に含まれていたと考えられ、粛慎人は越の佐渡嶋に来着したのである。斉明紀で粛慎が登場する渡島も「越渡島」（『日本書紀』持統天皇十年三月甲寅条）とあるように、越に含まれる地域であった。このように、〝北〟とつながる地域は越であったことを重視したい。つまり、このことによって、越を〝北〟と捉える、列島内の方位認識における〝北〟が成立したと考えられる。『日本書紀』崇神十年九月九日条のいわゆる四道将軍の派遣説話では、その派遣先として「東海」「西道」とともに「北陸」がみられる。一方、対応する『古事記』の記述では、のちの東海道・東山道に対応する呼称が「東方十二道」と方位を冠しているのに対して、北陸道に対応する呼称は「高志道」とされている。このことは、その年代にはもちろん問題があるが、越を〝北〟とする、列島内の方位認識における〝北〟が所与のものではなく、歴史的過程の中で形成されたものであることを示しているだろう。また、『日本書紀』斉明天皇元(六五五)年七月己卯条で北の蝦夷について「北越」と注記することも、このような越を〝北〟と捉える方位認識の成立によるものと考えられよう。

2　七道制の成立と佐渡国

佐渡国を北の辺境とする認識の形成には、熊田氏が指摘するように、七道制の成立が密接に関わっている。七道制の成立時期について、早川庄八氏は、天武天皇四(六七五)年から十四年の間とし、天武天皇十二(六八三)年から十四年の国境画定は諸国を七道に分かつための作業であったとする。(5)鐘江宏之氏も天武期の国境画定事業について、諸国の国境と同時に、諸国を編成したいわゆる七道制が成立したとする。(6)七道は、中央から地方への使者の派遣や命令伝達の単位であり、各道の終着は中央からの使者や命令が行き着くところであった。七道制の成立によって北陸道の終着に位置づけられた佐渡国は、中央から北方への使者や命令が行き着くところ(=北辺)と認識されるようになったのである。ところで、令制国としての佐渡国の成立についてはどのように考えられるであろうか。「国」制の成立について検討した鐘江氏によれば、大化二(六四六)年の「国司」派遣は常駐性を伴うものであり、その派遣単位は、『常陸国風土記』の立評関係記事で複数の国造を対象としているように、複数の国造をまとめた単位とする。「国造本紀」によれば、佐渡には佐渡国造のみであり、鐘江氏の指摘からすれば、佐渡単独で地方官(「国司」)が派遣されたとは考えがたい。佐渡は越地域に派遣された地方官(「国司」)の管轄地域に含まれていたのではなかろうか。先に掲げた欽明紀の記事で、佐渡嶋における事件が越国からの報告として記載されていることも、「国」表記にはもちろん問題があるが、佐渡が当初は越国に含まれていたことによるのであろう。越国は天武期の国境画定事業の際に越前・越中・越後に分割される。(7) おそらく佐渡もこの時に、他の国と同様に越国から分割されたのであろう。つまり、佐渡国は天武期の国境画定に伴い令制国として成立するとともに、北陸道の終着として位置づけられ、古代国家によって北の辺境と認識されるようになったのである。

二　北の辺境・佐渡国の特質

1　辺要国としての佐渡

『延喜式』民部省上によれば、佐渡国は、陸奥・出羽・隠岐・壱岐・対馬などとともに辺要国とされている。しかし、佐渡国は当初から辺要国であったわけではない。天平十一(七三九)年の諸国兵士の停止では、陸奥・出羽などとともに越後国が停止の対象外とされているが、佐渡国は対象外とはされておらず(『類聚三代格』延暦二十一年十二月太政官符所引天平十一年五月二十五日兵部省符)、他の国々と同様に軍団兵士は停止されたと考えられる。延暦十一(七九二)年の諸国兵士停止の際には、佐渡国が陸奥・出羽などとともに対象外とされている一方、越後国はみられない(『類聚三代格』延暦十一年六月七日勅)。これらのことについて熊田氏は、佐渡国が当初から辺要国であったかどうか疑問が残るとし、辺要国としての位置づけが、越後国から佐渡国へ代わったのだとする。(8) また、養老職員令大国条に蝦夷政策についての特別職掌が規定された国は、陸奥・出羽・越後であり、佐渡国は含まれていない。(9) これらのことからすれば、佐渡国は本来的には辺要国ではなかったのであり、天平十一年から延暦十一年の間に、新たに辺要国として位置づけられたと考えられる。とくに、職員令大国条の蝦夷政策の特別職掌規定に佐渡国の記載がみられないことは、佐渡国が蝦夷問題とのかかわりで辺要国とされたのではないことを示している。(10) 佐渡国が辺要国とされた要因としては、対岸の大陸・朝鮮半島諸国との関係をより重視すべきであろう。とくに、次の史料に注意したい。

『続日本紀』天平勝宝四（七五二）年九月丁卯条

丁卯、渤海使輔国大将軍慕施蒙等著二于越後国佐渡嶋一

天平勝宝四年、渤海使が佐渡に来着する。当時、佐渡は越後国に編入されていた（『続日本紀』天平十五年二月辛巳条）が、渤海使の来着から一ヵ月あまり後に復置されている（『続日本紀』天平勝宝四年十一月乙巳条）。このことについては、国府が日本海を挟んで遠く隔絶するという問題を解消し、外国使節の来着という事態に機敏に対処するための措置と考えられている(11)。また、天平宝字二（七五八）年には、越前・越中・出雲・石見・伊予などの諸国とともに、飛駅鈴が頒布されており（『続日本紀』天平宝字二年九月丁酉条）、渤海との国交の緊密化や緊迫する新羅との関係によるものと考えられよう。佐渡国は、緊張する大陸・半島諸国との関係のなかで、新たに辺要国として位置づけられたのである(12)。

2　遠流の国

佐渡国は、『続日本紀』養老六（七二二）年正月壬戌条の穂積朝臣老の配流記事を初見として、古代において一貫して流刑地とされた。『続日本紀』神亀元（七二五）年三月庚申条では伊豆・安房・常陸・隠岐・土佐の諸国とともに遠流の国とされ、この規定は『延喜式』刑部省に引き継がれる。佐渡国が遠流の国とされた理由としては、第一節で述べたように、佐渡国が北陸道の終着に位置づけられ、国家によって北の辺境と認識されたことと密接に関わる。古代の流刑について検討した利光三津夫氏によれば、律に規定された流刑はほとんど実効性を欠いており、律導入以前から実際に行われていた流罪は、神怒にふれた者を共同体外に追放するという原始刑法に由来するもので、囚を島に捨てて殺しにする準生命刑ともいうべきものであったという(13)。流罪には犯罪によって生じる穢れを境域外へ追放するという祓としての意味があったのであり、罪を犯した者は境域外へ追放されたのである(14)。しかし、実際には、熊田氏も指摘するように、流刑地は境域の外ではなく境内の最奥地であった。佐渡国が遠流の国とされた理由の一つは、北の辺

境とされ、国土の北の最奥に位置していたことによると考えられる。しかし、このような想定の前提としては、国土をひとつの境域と捉える思想、つまり、中世的王土思想の成立が前提とされなければならないだろう。村井章介氏によれば、中世的王土思想の成立は九世紀を転換期とするという。[15] この指摘からすれば、佐渡国が遠流の地とされた、より本質的な要因を考えなければならない。

ここで注意されるのは、流罪の配所として島が選ばれることが多く、流罪の外形的特徴は「囚を島に捨て殺しにする準生命刑とでもいうべきものであった」とする利光氏のもうひとつの指摘である。神亀元年以前の流刑記事において、流刑地が「伊豆嶋」や「佐渡嶋」と記される(『続日本紀』養老六年正月壬戌条など)ことは、穢を追放すべき地としての流刑地が、本源的には島であったことを示しているだろう。日本海に浮かぶ佐渡国の孤島としての地理的特徴を示す史料として次のようなものがある。

『続日本紀』神護景雲二(七六八)年三月乙巳朔条

乙巳朔、(中略)北陸道使右中弁正五位下豊野真人出雲言、佐渡国造二国分寺一料稲一万束、毎年支在二越後国一、常当二農月一、差レ夫運漕、海路風波、動経二数月一、至レ有二漂損一、復徴二運脚一、乞割二当国田租一、以充二用度一、(中略)詔並許レ之、

佐渡国分寺の造寺料稲について、それまでの越後国が支弁する方式から当国の田租を割き充てる方式に変更することを記すが、その理由として、「差レ夫運漕、海路風波、動経二数月一、至レ有二漂損一、復徴二運脚一」という日本海の海上輸送の困難を記している。また、『続日本後紀』承和元(八三四)年十一月己巳条でも、諸税輸送のため上京する郡司について、「冬中勘定、夏月上道、而或遭二風波一、留二連海上一」と記し、夏であっても日本海の海上交通が困難な場合があることを記している。このような、孤島としての佐渡国の地理的特徴が、「囚を島に捨て殺しにする準生命刑」という流罪の原義に合致し、遠流の国とされた本質的な要因であろう。

3　佐渡鰒

『延喜式』主計上には、佐渡国の中男作物として鰒が規定されている。しかし、現在までのところ、佐渡国から都へ送られた鰒に付された荷札木簡は出土していない。古代の鰒については、狩野久氏により供御物としての特殊性が指摘されており、税目として調や中男作物の形式をとっていても実質的には贄物そのものであり、律令税制が整えられる以前は贄として貢納されていたであろうとされる。[16] 佐渡国の鰒も、本来は贄として貢納されていたのではなかろうか。ところで、『延喜式』によれば、都へ貢納された佐渡国の鰒は特殊な用いられ方をしている。

『延喜式』神祇　践祚大嘗祭

凡供㆓神御㆒雑物者、大膳職所㆑備、多加須伎八十枚、高五寸五分、口径七寸、無㆑蓋、折足四所、別盛㆓隠岐鰒、烏賊各十四両、熬海鼠十五両、魚腊一升、海菜十両、塩五勺㆒、並居㆓葉椀㆒、久菩弓、覆以㆓笠形葉盤㆒、比良弓、似㆓笠形㆒、以㆓木綿㆒結垂装餝、比良須伎八十枚、高及口径装餝与㆓多加須伎㆒同、但足不㆑折、別盛具物種種別五合、山坏卌口、別盛㆓貽鮓、鰒鮓各一升㆒、装餝与㆓比良須伎㆒同、麁盛白筥三百合、長一尺五寸、広一尺二寸、深三寸、盛㆓東鰒㆒筥五合、別納㆓十斤㆒、隠岐鰒筥十六合、別納㆓十二斤㆒、熬海鼠筥十六合、別納㆓十二斤㆒、烏賊筥十二合、別納㆓六斤㆒、佐渡鰒筥四合、別納㆓十斤㆒、煮堅魚筥十五合、別一籠不㆑開、堅魚筥廿四合、別納㆓十二斤㆒、腊筥五十五合、別一籠不㆑開、与理刀魚筥十一合、別納㆓一斗五升㆒、鮭筥二合、別納㆓十隻㆒、昆布筥四合、別納㆓十五斤㆒、海松筥六合、別納㆓六斤㆒、紫菜筥四合、別一籠不㆑開、海藻筥六合、別納㆓六斤㆒、橘子筥十合、別納㆓十蔭㆒、搗栗子筥五合、別納㆓一升㆒、扁栗子筥五合、別納㆓廿籠㆒不㆑開、干柿筥二合、別納㆓五十連㆒、梨子筥五合、別納㆓一斗㆒、楪栗子筥六合、別納㆓一斗㆒、削栗子筥二合、別納㆓二斗㆒、熟柿筥三合、別納㆓一斗㆒、柚筥二合、別納㆓三顆㆒、勾餅筥五合、末豆子筥五合、大豆餅筥十合、小豆餅筥十合、捻頭筥五合、粰糀筥五合、已上六種、別納㆓六枚㆒、祭畢山坏已上、皆置㆓山野浄処㆒、余皆頒㆓給諸司㆒、造酒司所㆑備等呂須伎十六口、口別酒五升、都婆波卅二口、十六口別酒一斗、十六口別五升、各以㆓八口㆒置㆓一案㆒、甅八口、口別酒一斛五斗、各置㆓一案㆒、匜六十口、小盞六十口、已上各盛㆑筥置㆑案、長女柏一筥、置㆑案、祭畢都婆波已上、亦置㆓山野浄地㆒、余皆准㆑上頒給、

この史料は践祚大嘗祭における供神物についての規定であるが、東鰒・隠岐鰒とともに、佐渡鰒の記載がみられる。

佐渡鰒は、大嘗祭以外にも、園韓神祭や平野夏祭の雑給料として、やはり東鰒・隠岐鰒とともに規定されている。佐渡鰒と必ずセットでみられる東鰒と隠岐鰒については、東鰒の大部分が安房鰒であることが指摘され[17]、また、隠岐鰒の特殊性を神仙思想や陰陽思想との関連でとらえる見解が提示されている[18]。狩野氏は、東鰒(安房鰒)と隠岐鰒について、両国がそれぞれ膳氏と阿曇氏によって、鰒が贄として伝統的に貢納されてきた地域であることを指摘するとともに、大嘗祭において神への御饌として東鰒と隠岐鰒が供せられた意味について、東と西の鰒を神に捧げることによって列島全体の支配が観念されたことにあるとする[19]。また、宮原武夫氏は、海の幸・山の幸の神への供饌と天皇がこれを食することについて、国土の領域・領海に対する天皇の支配権を神の前で確認する儀式であることを指摘している[20]。とくに、両国が山陰道と東海道の終着に位置し、いずれも遠流の国とされる境界地域であることを重視したい。つまり、これらの指摘からすれば、東鰒(安房鰒)と隠岐鰒は、天皇の支配の及ぶ範囲を象徴的に示していると考えられる。

このように考えることによって、大嘗祭の神饌として東鰒と隠岐鰒とともに佐渡鰒が規定されていることも、境界地域からの供神物という共通性によって理解できるのではなかろうか。北の境界地域である佐渡国から貢進された鰒は、東と西の鰒である東鰒や隠岐鰒とともに、北の鰒として、大嘗祭における御饌として神に捧げられたのであろう。

また、安房・隠岐・佐渡の鰒が大嘗祭における供神物とされていることは、境界地域から貢進される物品に対する特別な意識の存在を示しているのではなかろうか。詳細は後考を期さざるを得ないが、佐渡国から調庸として貢進された布も、佐渡布として新嘗祭や春日祭の斎服料として用いられるなど、特殊な扱いを受けている(『延喜式』神祇、縫殿寮、大膳職、左右近衛府など)。中世史研究では、国家の境界地域に対する認識として、呪術的観念の存在や、怪異性が指摘されているが、前項で考察した流罪や追儺にみられる祓の要素からは、これが古代にさかのぼるものであることが考えられよう。大嘗祭の供神物にみられる、境界地域の物品に対する特別な意識は、このような境界地域の有する呪術的観念や怪異性に基づくものではなかろうか。

三　佐渡の境界神

1　境界神

前節でみたように、流罪や追儺には穢を境域の外へ追い払う祓としての意味があった。つまり、境域の外には穢が充満しており、そこの住人もまた穢にまみれたものたちであり、境域内の人間にとっては畏怖の対象としての「鬼」であった[21]。境界地域には、このような境域外の穢から境内を守る、境界神が存在したことが指摘されている[22]。

佐渡国とともに、もう一方の北の辺境と認識された出羽国の大物忌神社について検討した誉田慶信氏によれば、鳥海山を神体とする大物忌神社は、国家そのものの軍神（守護神）であり、国家の支配領域をおびやかす外敵すべてに対して神力で威圧し征夷する神であり、遠く南の境界地域で起きた賊との戦いにも軍神として神力を発揮したという。そして、大物忌神社の境界神としての性格の由来について、八〜十世紀中ごろの古代国家において、鳥海山の位置したところが、客観的に見て古代国家の北の境界であったという点に求められるとする[23]。また、小口雅史氏は民俗学の研究成果にもふれながら、東の境界としての鹿島神宮にも境界神としての性格が認められるのではないかとする[24]。佐渡国における境界神では、まず、既掲の『日本書紀』欽明天皇五年十二月条にみられる「浦神」が注目されよう。

『日本書紀』欽明天皇五年十二月条

（前略）於是、粛慎人移二就瀬波河浦一。々神厳忌。人不二敢近一。渇飲二其水一、死者且レ半。骨積二於巌岫一。俗呼二粛慎隈一也。

粛慎人が移った「瀬波河浦」の「浦神」は霊威がはげしく、島の人々はあえて近づかなかったが、渇した粛慎人はその水を飲み、死者が半数にも及んだことを記している。この説話自体については、無論事実とはできない。しかし、島の人が「鬼魅」と呼んで恐れ、怪異現象をもたらし、島民を抄掠する粛慎人に対して、霊威をもって殺してしまうという文脈からは、外敵から境内を守る境界神としての性格がうかがえるのであり、編者の境界神についての認識が読み取れるだろう。また、境界神が「浦神」という地主神であることにも注意しておきたい。

2　兵庫震動と佐渡の神階叙位

『日本三代実録』貞観十三（八七一）年五月十日条には次のようにある。

十日乙卯、佐渡国司言、兵庫震動。

このような、兵庫の鳴動・震動や、兵庫の皷が自鳴するという記事（以下、兵庫震動記事とする）が、六国史には二五例ほど確認される（表6）。これらの兵庫震動記事には、固関に先だってみられるもの（『続日本紀』天応元年三月乙酉条、同年四月己丑朔条、『続日本後紀』承和七年丁丑条、『日本文徳天皇実録』天安二年八月壬辰条）もあるが、佐渡国の兵庫震動記事と前後する時期の次のような史料が注目されよう。

『日本三代実録』貞観八（八六六）年四月十八日条

表6　六国史にみられる兵庫振動記事

年月日	国名等	内容
宝亀 11 年 10 月 3 日	左右兵庫	左右兵庫皷鳴
天応元年 3 月 26 日	美作国	苫田郡兵庫鳴動
天応元年 3 月 26 日	伊勢国	鈴鹿関西中城門大皷自鳴
天応元年 4 月 1 日	左右兵庫	左右兵庫兵器自鳴
大同元年 3 月 22 日	兵庫	兵庫夜鳴
承和 4 年 3 月 20 日	美濃国	兵庫自鳴
承和 7 年 5 月 2 日	但馬国	養父郡兵庫皷無故夜鳴
承和 7 年 5 月 2 日	但馬国	気多郡兵庫皷夜自鳴
斉衡 2 年 8 月 10 日	兵庫	兵庫中皷自鳴
天安 2 年閏 2 月 24 日	肥後国	菊池城院兵庫皷自鳴
天安 2 年 6 月 20 日	肥後国	菊池城院兵庫皷自鳴
天安 2 年 8 月 4 日	若狭国	兵庫鳴
貞観元年正月 22 日	筑前国	志摩郡兵庫皷自鳴
貞観 8 年 4 月 18 日	若狭国	納印公文庫并兵庫鳴
貞観 8 年 9 月 7 日	美作国	兵庫鳴
貞観 12 年 6 月 13 日	肥前国	杵島郡兵庫震動皷鳴二声
貞観 13 年正月 15 日	壱岐嶋	兵庫皷鳴
貞観 13 年 5 月 10 日	佐渡国	兵庫震動
貞観 14 年 7 月 17 日	遠江国	兵庫自鳴
元慶 3 年 3 月 16 日	肥後国	菊池郡城院兵庫戸自鳴
元慶 3 年 11 月 4 日	隠岐国	兵庫震動
元慶 4 年 2 月 28 日	隠岐国	兵庫振動、経三日後、庫中皷自鳴
元慶 4 年 6 月 23 日	右兵庫寮	中央兵庫自鳴
元慶 5 年 6 月 23 日	兵庫	兵庫自鳴
元慶 5 年 8 月 14 日	兵庫	兵庫有鳴

十八日壬辰、若狭国言、納二印公文一庫并兵庫鳴。下二知国司一曰、今月十六日、宣二告彼国一、戒二慎兵戎一。今言、兵庫自鳴。陰陽寮言、遠国之人当レ有二来投一、兵乱天行、成レ災相仍。宜三益警衛兼防二災疫一。

『同』貞観十二年六月十三日条

十三日甲午、先レ是、大宰府言、肥前国杵島郡兵庫震動、皷鳴二声。決二之蓍亀一、可レ警二隣兵一。是日、勅令下筑前、肥前、壱岐、対馬等国島一、戒中慎不虞上。又言、所レ禁新羅人潤清等卅人、其中七人逃竄。

『同』元慶四(八八〇)年二月二十八日条

先レ是、隠岐国言、兵庫振動、経二三日一後、庫中皷自鳴。陰陽寮占曰、遠方兵賊、起レ自二北方一。是日、太政官符下二因幡、伯耆、出雲、隠岐等国一、慎令三厳警防二護非常一。

『同』元慶五年八月十四日条

十四日庚寅、加賀国言、太政官去六月廿九日下二当道一符称、比日兵庫有レ鳴。蓍亀告云、北境東垂、可レ有二兵火一。自レ秋至レ冬、宜レ慎二守禦一者。(後略)

　これらの史料によれば、兵庫の鳴動・震動は国の辺境を脅かす遠方からの兵乱の予兆とされ、辺境諸国に対して厳重な警戒をするように命じており、九世紀後半の対外関係における緊迫した状況がうかがえる。翻って佐渡国の状況をみると、元慶元年に能登国とともに検非違使が設置され(『日本三代実録』元慶元年十二月二十一日条)、同四年には弩師が置かれており[25](『類聚三代格』元慶四年八月七日太政官符)、佐渡国もこの緊迫した状況の只中にあったことがわかる。貞観十三年の佐渡国の兵庫震動記事は、佐渡国に迫る兵乱の予兆記事と考えることができる。

　ところで、この貞観年間から元慶年間にかけては、佐渡国の諸神に対する神階奉授記事が集中してみられる時期である。貞観十六年に花村神(『日本三代実録』貞観十六年十二月二十九日条)、元慶二年に佐志羽神(『同』元慶二年十一月十三日条)、同七年に大庭神(『同』元慶七年二月二日条)がそれぞれ従五位下を奉授されている。いずれの神も式外であり、また、現存する神社との関係も未詳である。[26] 地方の神の神階奉授については、その背景としての在地における諸勢力の動向が投影されているとする木本秀樹氏の指摘がある。[27] 一方、出羽国の式内社を検討した誉田氏は、大物忌神社を除いた出羽国式内社の成立が貞観年間以降であることと、その分布が庄内地方と横手盆地に限られることから、「出羽国では、九世紀中後期になって、北方の蝦夷に対して地方行政機関を守るというきわめて政治的レベルで式内社が設けられていった」とし、[28] 式内社の決定に国家レベルの政治的な要因があったことを指摘している。佐渡国の諸神に対する神階奉授も、無論、在地諸勢力の動向を考慮する必要はあるが、同時に国家レベルの政治的要因も考える必要があるだろう。つまり、対外関係における緊張状態の中で、その最前線に位置する佐渡国の神々に対して、外敵の侵入から境内を守る境界神としての役割を期待して、神階奉授が行われたことも考えられよう。

ここで注意すべきことは、前項で述べた『日本書紀』欽明天皇五年条にみられる境界神との相違である。前述したように、欽明紀の境界神は地主神であるが、九世紀後半においては、神階奉授に示されるように、境界神が国家によって編成されている。この点は、前述した出羽国の式内社の成立時期についての誉田氏の指摘とも関わる。つまり、外敵の侵入から境内を守る境界神を、式内社や神階奉授といったかたちで、国家が編成しているのであり、ここからは古代国家の国土や境界についての認識の変化を読み取ることができるのではなかろうか。国家が国土や境界をより強く認識し、主体的に守備しようとする意識がうかがえるのであり、中世的王土思想の成立を読み取ることができるのではなかろうか。[29]

3　佐渡北山

佐渡を国土の北の境界とする認識は中世にも引き継がれる。大石直正氏によれば、中世国家の北の境界を示す史料には、「北限二佐渡国一」（妙本寺本『曾我物語』巻第九）、「北佐渡北山」（同書、巻第五）、「北は北山、佐渡の島」（『義経記』巻五）などとあり、国家の北の境界を佐渡とする認識が確認できる。[30] とくに、注目されるのは、「北山」が境界を象徴的に示す山とされている点である。「北山」は、近世以降には金北山と称されるようになるが、古くは修験の霊場で、三つの峰のうち、西側に薬師、東側に役行者が祀られるという。[31] 世阿弥の『金島集』には、

然れば伊弉諾伊弉冊の、その神の代の今殊に、御影を分て、伊弉諾は熊野の権現と現はれ、南山の雲に種まきて、国家を治め給えば、伊弉冊は白山権現と示現し、北海に種を収めつつ、菩提涅槃の月影、この佐渡の国や北山、毎月毎日の影向も、今に絶せねは、国土豊に民厚き、雲の白山もいさなみも、治る佐渡の海とかや[32]

とあり、南の熊野権現とともに、北の白山権現（伊弉冊）の治まる地としてみえ、前掲史料にみられたような佐渡北山を国家の北の境界とする認識とあわせ考えれば、中世における国土の北の鎮としての佐渡北山の性格がうかがえよう。

ところで、金北山の山頂には金北山神社が鎮座している。明治十六（一八八三）年の「神社明細帳」では、祭神を大彦命とし、由緒については、「文武天皇ノ御宇大宝元年之創立、皇朝鬼門鎮護ノ神ニテ北陸道七国ノ総鎮守ト称シ当村之内四戸ノ産土神タリ」と記す。無論、創立年などの由緒については確証を得がたいが、ここでは祭神が大彦命とされている点に注意したい。大彦命は、周知の通り、記紀に崇神朝のいわゆる四道将軍の一人としてみえ、『日本書紀』では北陸へ、『古事記』では高志道への派遣が記される。大彦命を祭神とする神社では、新潟から東北地方の日本海側に分布が集中する古四王神社が著名である。[33] 従来、古四王神社については、「古四王」を「越の王」とする解釈や、東北地方の日本海側に集中するという分布傾向などから、蝦夷の地に進出してきた畿内王権のもとでの北方開拓の神とする説が一般的であったが、『類聚国史』巻一七一、天長七（八三〇）年正月癸卯条に記される秋田城内の「四天王寺」「四天王堂社」の存在から、古四王信仰を四天王信仰に由来するものとする説が妥当であろう。[34] しかし、一方で、各地の古四王神社の多くが大彦命を祭神としていることについて、いつ頃から大彦命を祭神とするようになったのか、古四王神社をはじめとした大彦命に対する信仰の成立時期についても検討する必要があるだろう。詳細を検

討する余裕はないが、とくに金北山神社の場合、中世において国土の北の境界と認識された山であり、北陸に派遣されたことが記される四道将軍・大彦命に対する信仰の成立の問題とともに、国家の境界認識の問題とも関連してくるだろう。

おわりに

言うまでもなく、佐渡国を北の辺境とする認識は国家の側からの認識であり、これまで検討してきた佐渡国のさまざまな特質は、国家の境界に対する認識に起因する特質であり、いわば国家によって設定された特質である。このような国家によって設定された辺境としての特質を地域社会はどのように受容したのであろうか。辺境における国家と地域社会との関わりの究明が今後の課題である。

注

（1）大石直正「外が浜・夷島考」（『日本古代史研究』所収、吉川弘文館、一九八〇年）、村井章介「中世日本列島の地域空間と国家」（『アジアの中の中世日本』所収、校倉書房、一九八八年）

（2）古代においては出羽国も北の辺境と認識されていた（関市令弓箭条集解古記）。出羽国が北辺とされたことについては、熊田亮介氏が指摘するように（「古代における「北方」について」『古代国家と東北』所収、吉川弘文館、二〇〇三年）、建国の経緯や、津軽・渡島といった北方領域の管掌国となったことによると考えられ、古代には佐渡国と出羽国が北の辺境として並存していた（小口雅史「日本古代・中世における境界観念の変遷をめぐる覚書―古典籍・古文書に見える「北」と「東」―」『古代中世史料学研究　下巻』所収、吉川弘文館、一九九八年）。

（3）熊田注（2）論文及び「蝦夷と蝦狄」（熊田前掲書所収）。以下、本章で引用する熊田氏の所説はとくに注記しない限り両論文による。なお青山宏夫氏によれば、国土軸の認識が〈東―西〉から〈東北―（南）西〉へと変化するのは近世以降という(青山宏夫「雁道考―その日本図における意義を中心にして―」『人文地理』四四―五、一九九二年)。
(4) 観念的な認識としての粛慎と渡島に実在した「粛慎」については熊田氏による。
(5) 早川庄八『日本の歴史　第四巻　律令国家』(小学館、一九七四年)
(6) 鐘江宏之「「国」制の成立―令制国・七道の形成過程―」(『日本律令制論集　上巻』所収、吉川弘文館、一九九三年)
(7) 鐘江注(6)論文
(8) 熊田亮介「古代国家と「夷狄」」(前掲書所収)
(9) このほか戸令新付条や軍防令帳内資人条にも佐渡国はみられない。
(10) 佐渡国が蝦夷問題とまったく無関係であったわけではない。『続日本紀』文武天皇四年二月己亥条、『同』和銅二年七月丁卯条、『日本紀略』延暦二十一年正月庚午条
(11) 『新潟県史通史編1原始・古代』第五章第二節(山田英雄執筆担当、一九八六年)
(12) この点、辺要国としての位置づけが越後国から佐渡国へと代わったとする熊田氏の指摘は正確ではない。職員令大国条にみられるように、越後国は主として蝦夷政策の点において辺要国とされたのであり、大陸・朝鮮半島諸国との関係から辺要国とされた佐渡国とはその要因を異にする。
(13) 利光三津夫「流罪考」(『律令制の研究』所収、慶應義塾大学法学研究会、一九八一年)
(14) この点、疫鬼を境域外へ追放する追儺も同じ原理である。
(15) 村井章介「王土王民思想と九世紀の転換」(『思想』八四七、一九九五年)
(16) 狩野久「古代における鰒の収取について」(『日本古代国家の展開　上巻』所収、思文閣出版、一九九五年)
(17) 岸田定雄「延喜式の鰒について」(『民具マンスリー』二二―一〇、一九八三年)、佐藤信「宮都出土の安房の木簡」(『古代東国と木簡』所収、雄山閣出版、一九九三年)、宮原武夫「東鰒と隠岐鰒」(『古代東国の調庸と農民』岩田書院、二〇一四年。初出は二〇〇〇年)
(18) 勝部昭「隠岐鰒について」(『古代文化研究』一、一九九三年)
(19) 狩野注(16)論文
(20) 宮原注(17)論文

(21) 村井注(1)論文。『日本書紀』欽明天皇五年十二月条では、佐渡に来着した粛慎人を島民は「鬼魅」と言って恐れていることが記されている。
(22) 小口注(2)論文
(23) 誉田慶信「大物忌神社研究序説―その成立と中世への推移―」(『山形県地域史研究』八、一九八三年)
(24) 小口注(2)論文
(25) 弩師の設置理由について、太政官符では「此国本夷狄之地、人心強暴、動忘二礼儀一、常好二殺傷一」と記しており、直接的な契機を前年に発生した、浪人高階真人利風による雑太団権校尉道公宗雄の闘殺事件(『日本三代実録』元慶三年十二月十五日条)に求めている。しかし、能登国と並んで検非違使が設置されていることや、佐渡国と同年に置かれた越後国の弩師の設置理由が「此国東有二夷狄之危一、北伺二海外之賊一、防レ敵之兵、弩是為レ勝」とされていることから、佐渡国の弩師の設置も外敵に対する警戒が本質的な設置理由であろう。
(26) 新潟県佐渡郡役所編『佐渡国誌』(名著出版、一九八三年)
(27) 木本秀樹「神階奉授と越中古代社会」(『越中古代社会の研究』所収、高志書院、二〇〇二年)
(28) 誉田注(23)論文
(29) 村井注(15)論文
(30) 大石注(1)論文
(31) 『日本地名大辞典15　新潟県』(角川書店、一九九一年)
(32) 野々村戒三編『校註世阿弥十六部集』(春陽堂、一九二六年)。
(33) 古四王神社の分布については、桑原正史「古四王神社の分布」(『新発田郷土誌』九、一九七六年)を参照。
(34) 『新発田市史』第二章第三節(桑原正史執筆担当、一九八〇年)、虎尾俊哉「古四王神社と四天王寺・四王堂」(『古代東北と律令法』所収、吉川弘文館、一九九五年)、瀧音能之「古四王神社の由来について」(『歴史手帖』一二―五、一九八四年)

第三章　佐渡国の鵜

はじめに

『日本後紀』延暦二十四（八〇五）年十月二十四日条には次のような記事を載せる。[1]

庚申、佐渡国人道公全成配二伊豆国一、以レ盗二官鵜一也

この記事を扱った先行の見解としては次のようなものがある。『河崎村史料編年志』上巻では、「官鵜」とは供御の鮎をとらせるために飼養される鵜であり、古代の佐渡において官鵜が飼われ、鵜飼漁が行われていたことを想定するとともに、全成による盗犯が佐渡国外で行われた可能性も指摘する。[2]『訳注日本史料　日本後紀』では、「官鵜」に補注を付して、官鵜とは供御の鮎をとらせるために飼養していた鵜のことであり、内膳司（当初は大膳職）所属の雑供戸鵜飼により飼われており、全成はこの鵜を盗んだのであろうとする。[3]また、小林茂文氏は、鵜飼によって使用される官鵜が重視されていたことを示す事例として、樋口知志氏は鵜飼漁に使われた鵜がウミウであることを示す事例としてこの記事を例示している。[4]以上のように、これまでの見解の多くは、「官鵜」についての指摘が中心であり、佐渡国と鵜との関わりについて、より踏み込んだ検討が必要であろう。本章では、この記事を起点として古代の佐渡国と鵜との関係を検討し、さらには古代王権と鵜・鵜飼漁との関わりについて若干の考察を行う。

一　鵜の貢進

佐渡国と鵜との関わりを示す史料は、冒頭で掲げた史料のほかにもう一点ある。

『親信卿記』天延二（九七四）年八月十日(5)（　）は『続群書類従』による補足。〈　〉は割書を示す。

小鵜飼

十日、出羽貢二年料鵜□二率一、奏聞之後分二給三所鵜(飼)一、其儀、仰レ所令レ進二鵜飼等進御贄度数勘文一〈今年度数／同員数矣〉、出二右兵衛陣外一、任二進御贄次第一分給、預・出納・小舎人等相共給之、能登・□《佐カ》渡等貢、先日分給已了

出羽国から貢進された年料の鵜について、奏聞の後、「三所鵜飼」に分給する記事であるが、「能登・□《佐カ》渡等貢、先日分給已了」とされていることが注目される。この記事からは、出羽国と同様に、能登国や佐渡国からも、毎年、鵜が貢進され、鵜飼に分給されていたことが知られる。もっとも、この記事は、延暦二十四年から百七十年も後の記事であり、二つの史料を直接結びつけて考えるべきでないかもしれない。しかし、後掲の『日本三代実録』仁和三（八八七）年五月二十六日条によれば、それ以前から、大宰府から鵜が貢進されていたことが確認でき、少なくとも九世紀後半には鵜の貢進が行われていたことがわかる。延暦二十四年の記事も、佐渡国からの鵜の貢進との関わりで理解すべきであろう。すなわち、佐渡国からは、毎年、鵜が都へ貢進されていたのであり、全成が盗んだ官鵜とは、この貢進される鵜のことと考えられる。

ところで、鵜飼に使われる鵜は主にウミウである(6)。ウミウは、日本では多くが渡り鳥（候鳥）であり、越冬のために飛来し、春に繁殖地へ帰る(7)。繁殖地は、日本海側では九州北部以北、太平洋側では東北北部以北とされ、国外では、

サハリン・沿海州地方・朝鮮半島などとされている。佐渡でもウミウの繁殖がみられ、佐渡市(旧両津市)北鵜島の鳥掛島では小さなコロニーをつくって繁殖しているという[8]。また、佐渡の東北約八〇キロメートルに位置する粟島の立島は、ウミウの繁殖地として、昭和四十七(一九七二)年に国の天然記念物(「粟島のオオミズナギドリおよびウミウ繁殖地」)に指定されている。つまり、佐渡には冬季の候鳥としてのウミウとともに、繁殖地における留鳥もおり、一年中ウミウが生息していることになる。それでは、佐渡から貢進された鵜は候鳥か留鳥か。鵜を捕獲した季節が問題となるが、延暦二十四年の記事の日付は全成が断罪された日付であり、鵜がいつ捕獲されたかはわからない。そこで佐渡国以外も含めて、鵜が貢進された季節についてみてみよう。

『日本三代実録』仁和三(八八七)年五月二十六日条

大宰府年貢二鸕鷀鳥一、元従二陸道一進レ之、中間取二海道一、以省二路次之煩一、寄二事風浪一、屢致レ違レ期、今依レ旧、自二陸路一入貢焉

『親信卿記』天延二(九七四)年八月十日

(前掲)

『権記』長保二(一〇〇〇)年九月二日

出羽国年料鵜貢二進蔵人所一、載二本解文一十二率中、五率見進、其残途中死、又冷泉院一率、東宮一、左大臣家一、皆不レ満二本数一、途中死者、右・内府料又以死了

『中右記』寛治七(一〇九三)年八月二十六日

今日、能登国依レ例所レ進之鵜鶘、於二右衛門陣一蔵人左衛門尉藤永実分給、出納一人并御厨子所預一人、着二束帯一着二胡床一、小舎人一人、〈着二衣冠一、進二解文一〉一々覧畢、召二供御鵜鶘飼等一賜之、〈鵜鶘数四、儲料二合六鳥也、而於二途中一二鳥死了云々〉

これらの史料によれば、出羽・能登・佐渡からの鵜の貢進は八・九月の秋に行われていることが分かる。大宰府の史料は、鵜の貢進に先立ってなされた運送方法の指示と考えられよう。また、鵜を貢進する国が、出羽・能登・佐渡・大宰府に限られている点にも注意しておきたい。

鵜の貢進が秋に行われたのであれば、その捕獲は春から夏にかけてと考えられる。次の史料からは、鵜の捕獲が春二月に行われたことがうかがえる。

『日本三代実録』貞観十二(八七〇)年二月十二日

大宰府言、対馬島下県郡人卜部乙屎麻呂、為レ捕二鸕鷀鳥一、向二新羅境一、乙屎麿為二新羅国所一レ執、縛囚二禁土獄一、

（後略）

つまり、貢進された鵜は、冬季の候鳥ではなく、繁殖地付近に一年中生息する留鳥と考えられよう。鵜の貢進国が、出羽・能登・佐渡・大宰府に限定されているのは、これらの諸国の国内にウミウの繁殖地があったからであろう[9]。

それでは、何故、鵜の貢進は秋に行われたのであろうか。すでに指摘されているように、貢進された鵜は、鵜飼により飼養され[10]、主に供御の鮎を捕った。鮎を主要な獲物とする鵜飼漁の季節は主に夏である[11]。冬に候鳥のウミウを捕獲して、夏以前に貢進することも可能なはずである。実際、現在の長良川の鵜飼漁で使われる鵜は、茨城県日立市十王町の伊師浜で捕獲された候鳥のウミウであり、冬の間に鵜匠の元に送られてくるという[12]。候鳥のウミウであれば、より広い地域から貢進できるのであるが、それが行われなかったのはなぜであろうか。前掲史料によれば、出羽国や能登国から貢進される鵜には、運送途中に死ぬものがあり、求められた規定数に達していない。このことは鵜の運送が困難なものであったことを示すとともに、規定数を満たすために、繰り返し運送されることもあったのではなかろうか。また、貢進された野生の鵜を飼いならし、鵜飼漁に適した鵜とするための十分な訓練期間が必要なことも考慮しなければならない[13]。つまり、夏の鵜飼漁の時期に合わせて、規定数の鵜を運送し、野生の鵜を鵜飼漁の鵜として使

えるようにするための訓練期間を設定すると、鵜の貢進時期は前年の秋となり、捕獲はその前の春から夏にかけてということになる。そのため、貢進される鵜は留鳥のウミウとなり、鵜の貢進国は、ウミウの繁殖地を国内に持つ出羽・佐渡・能登・大宰府に限られるのではないか(14)。

二　鵜の御覧

官鵜を盗んだ道公全成は、伊豆国へ流された。周知のとおり、伊豆は遠流の国である(『続日本紀』神亀元年三月条、『延喜刑部式』18遠近条)。なぜ、全成はこのような重い刑に処せられたのであろうか。供御の鮎を捕る官鵜を盗んだためというのはもちろんであるが、もう少し立ち入って、貢進された鵜がどのように扱われたのかを確認し、この点について考えてみたい。

既掲の『親信卿記』天延二年八月十日の記事によれば、出羽国から貢進された鵜は、鵜飼に分給される前に天皇に奏聞されている。この奏聞は、鵜が貢進されたことの奏聞と思われるが、奏聞から分給までの過程については、『侍中群要』に次のような記載がある。

『侍中群要』御覧鵜事(15)

御二覧鵜一事

奏二覧解文一、下給之時、被レ仰下可レ有二御覧一之由上、即垂二御簾一、御厨子所鵜飼等着二舎人装束一、持二参瀧口戸一、於二御前一出之出〔入カ〕之、若鵜飼等不レ候、所衆・出納等役之、而後召二鵜飼等一□〔分カ〕給、兵衛陣前立二胡床一、蔵人・出納・御〔所脱カ〕厨子預等著之、或只於二陣屋座一行之、上古於二進物所樹下一給之云々

この記載によれば、貢進された鵜は天皇による御覧の儀式を経た後に、御厨子所の鵜飼に分給される(16)。この天皇に

よる御覧という行為が重要であろう。

ここで想起されるのは、調庸の納入過程における天皇の関わり方についての今津勝紀氏の研究である。[17]氏によれば、令制段階の調庸の納入過程において、天皇は、貢納の事実の奏上と調庸帳などの御覧という、律令文書主義を媒介とした貢納内容の確認をするが、それは令制前における「東国の調」や「任那の調」など、大王が貢納物を直接的・視覚的に確認する貢納儀礼のあり方を受け継ぎ、再編したものだという。今津氏は、天皇による調庸帳などの御覧について、貢納内容の視覚的確認を象徴化したものとするが、天皇による御覧には単なる視覚的確認にとどまらない観念的な意味があるのではないだろうか。

国見を題材として、天皇の「見る」行為について検討した関和彦氏によれば、地域支配を確認するための最も原初的な行動である国見の本質は、そこに生活する人々の日常生活や生産活動（労働）を「見る」（人々の側からすれば「見られる」）ことによって、人格的にも精神的にも、天皇による「所有」という形で支配が確認される点にあるという。[18]つまり、天皇の「見る」行為には、天皇による「所有」という形での支配関係の確認という意味があり、調庸の納入過程における調庸帳等の御覧についても、そのことによって貢納された調庸物が天皇の支配する所有物となるという意味があるのであろう。天皇の「見る」行為（御覧）をこのように考えるならば、貢進された鵜の御覧についても、そのことによって鵜が天皇の支配する所有物となるのだと考えられる。

全成が遠流という処罰を受けたのは、天皇による御覧を経て、その所有物となる鵜（＝官鵜）を盗んだためであろう。[19]このことからすれば、全成は、佐渡国からの鵜の貢進に従事しており、その過程で鵜を盗むという行為に及んだのではなかろうか。全成の断罪が鵜の貢進のあとの十月であることもこの想定を裏付けよう。

三　鵜と古代王権

前節では、各国から貢進された鵜が天皇の御覧に供せられ、天皇の所有物となることを述べた。本節では視点を変えて、古代王権が鵜をどのような鳥と認識していたのかについて考えてみたい。

小林茂文氏は、古代の鵜飼について全般的に検討され、記紀に登場するウガヤフキアヘズやウカヅクヌの分析から、鵜が王権・首長権のシンボルとして観念されていたとする。[20]しかし、これらの伝承から果たしてそのようなことが言えるであろうか。ウガヤフキアヘズの伝承は、記紀で初代天皇とされる神武の父であるウガヤフキアヘズが、鵜の羽で産屋の屋根を葺き終えないうちに誕生したことによる命名説話である。小林氏は、鵜が人間の誕生と関係する鳥であるとする谷川健一氏の見解[21]を引きながら、鵜が王権の成立と関係するとする。しかし、どのような形で関係しているのか、なお具体的な検討が必要であろう。ウカヅクヌが登場する伝承は、崇神の出雲に対する神宝の献上命令をめぐる「出雲振根」と「飯入根」「甘美韓日狭」「鸕濡渟」の対立の説話である。小林氏は、イヅモノフルネが弟のイヒイリネを殺害するために止屋淵でともに水沐する行為について、「王となるべき通過儀礼」とする守屋俊彦氏の説[22]を受けて、「王権の通過儀礼である水沐の実修を説話化したもの」とする。この理解が妥当かどうかも検討を要するが、仮に妥当なものとしても、水沐を行ったのはイヅモノフルネとイヒイリネでありウカヅクヌではない。無論、『新撰姓氏録』右京神別で出雲臣や神門臣が「天穂日命十二世孫鸕濡渟後」とされ、「国造本紀」に、「出雲国造。瑞籬朝、以㆓天穂日命十一世孫宇迦都久怒㆒定㆓賜国造㆒」とあることからすれば、首長権を継承したウカヅクヌが、「王となるべき通過儀礼」である水沐をのちに行ったという想定も可能であるが、そうであったとしても、ウカヅクヌという名は、水沐の行為に、鵜の水に「潜く」行為を重ねてイメージされた命名に過ぎず、このことから鵜が王権・首長権のシンボルとして認識されていたとするのは、やや飛躍しすぎではなかろうか。崇神記には、「大毘古命」に敗れた「武波爾安王」の軍勢の死体が、鵜のように川に浮いていたため、その川を鵜河と名付けたとする地名起源説話があるが、この説話と同様に、ウカヅクヌの名も鵜が水に「潜く」行為から命名された名と考えられよう。

古代王権の鵜に対する認識がうかがえる伝承として、まず注目したいのは、神武が吉野川の河尻に到った時に、筌を伏せて魚を捕る者がおり、神武が名を問うと、「僕者国神、名謂二贄持之子一」と答え、この「贄持之子」について「此者阿陀之鵜飼之祖」とする『古事記』の伝承である。『日本書紀』でもほぼ同じ内容の説話を載せるが、漁具は「梁」、名は「苞苴担(にへもつ)子」とされている。この説話で注意される点は、「贄持之子」という贄の貢納一般を体現する名の神が「鵜飼之祖」とされていることである。このことは、鵜飼漁によって獲得された贄物が(23)、贄物全体を象徴するものとして捉えられていることを示すのではなかろうか。小林氏によれば、鵜飼によって貢進されるのは主に鮎であり、鮎は調や庸ではなく贄や中男作物として貢進され、また、神饌としてはほとんど用いられず、主に供御物として用いられており、特殊視されているという(24)。

なぜ、鵜飼漁によって獲られた贄物(鮎)が、贄物全体を象徴するものと認識され、また、特殊視されたのであろうか。これには鵜飼漁という漁法が関係しているのではなかろうか。つまり、鵜飼漁における、鵜の「水に潜って獲物を捕らえる」という行為に特別な意味があるのではないか。

鵜の「水に潜って獲物を捕らえる」という行為で注目されるのが、『古事記』の国譲り神話の最後の場面である。国譲りを決断したオオクニヌシが、天つ神のために多芸志の小浜に「天之御舎」を造り、水戸の神の孫である「櫛八玉神」が膳夫となって「天御饗」を奉るという服属儀礼の説話(25)であるが、

水戸神之孫、櫛八玉神、為二膳夫一、献二天御饗一之時、禱白而、櫛八玉神化レ鵜、入二海底一、咋二出底之波迩一、〈此二字以レ音。〉作二天八十毘良迦一〈此三字以レ音。〉而、鎌二海布之柄一、作二燧臼一、以二海蓴之柄一、作二燧杵一而、鑽二

出火云

とあるように、膳夫のクシヤタマは鵜に化して海に潜り、海底の土で天八十毘良迦、海布の柄で燧臼、海蓴の柄で燧杵を作って、火を鑚り、この火で調理した「天之真魚咋」を献じている。無論、膳夫として「天御饗」を奉るクシヤマタが鵜に化している点が注目されるのであるが、なぜ、クシヤタマは鵜に化したのであろうか。

この点については、この服属儀礼が国譲りの総仕上げとしての、天つ神への御饗献上であることが関係しているのではなかろうか。つまり、この服属儀礼の説話で表現された「天御饗」献上の姿には、古代王権が理想とする御饗献上の形態（理想的な大王・天皇への奉仕の形態）が描かれているとは考えられないであろうか。クシヤタマは、自らが鵜と化して海に潜り、自らの身体自体を駆使して海底の土や海布・海蓴を採り、それを用いて「天の真魚咋」を調理し、献上しているのである。この「自らの身体自体を駆使する」という点こそ、古代王権が理想とする大王・天皇への奉仕の形態なのではなかろうか。鵜飼漁による贄物（鮎）が贄物一般を象徴するものと認識され、また、特殊視された要因も、鵜が自ら水に潜って獲物を捕らえる姿に、「自らの身体自体を駆使する」という、古代王権が理想とする奉仕の形態が現出している点に求められるのではなかろうか。

樋口知志氏は、海鳥であるウミウを用いる鵜飼漁には、海を起点として河川を進出経路とする、王権による内陸地域への支配の伸長を象徴する意味合いが込められており、上野や下野といった内陸部の国々からの贄の鮎製品の貢進を示す荷札木簡の存在は、鵜飼漁が特殊な政治的意図・政治的要請のもとに内陸部の国々にまで伝えられたことを示すとする。(26) 鵜飼漁の伝播の政治的意図・政治的要請としては、海と川とを結びつけ、内陸部への王権の支配の伸長を象徴する鵜飼漁を各地に伝えるということと同時に、古代王権が理想とする大王・天皇への奉仕の形態が表現されている漁法としての鵜飼漁を、各地に伝えるということもあったのではなかろうか。

注

（1）『日本紀略』『類聚国史』にも同じ記事が収載されている。
（2）『河崎村史料編年誌』上巻（両津市河崎公民館、一九五九年）
（3）『訳注日本史料　日本後紀』（集英社、二〇〇三年）
（4）小林茂文「古代の鵜飼について」（『民衆史研究』一九、一九八〇年）、樋口知志「川と海の生業」（『列島の古代史2 暮らしと生業』所収、岩波書店、二〇〇五年）
（5）新潟県『新潟県史資料編2原始・古代二』（一九八一年）。なお返り点を付した。
（6）可児弘明『鵜飼』（中央公論社、一九六六年）、樋口注（4）論文
（7）冬の渡りは十月中旬から一月下旬までで最盛期は十一月下旬。春の渡りは三月下旬から五月下旬までで最盛期は五月上旬という。可児注（6）著書
（8）『佐渡島鳥類目録』（日本野鳥の会佐渡支部、二〇〇四年）
（9）現在、石川県では七ツ島の大島・烏帽子島がウミウの唯一の繁殖地である。また、秋田県にかほ市象潟町大須郷の繁殖地は県の天然記念物に指定されている。なお、本文で掲げた『日本三代実録』貞観十二年二月十二日の記事からすれば、大宰府から貢進された鵜の捕獲地は対馬の可能性があろう。また、鵜の運送方法の指示が五月にされていることからすれば、大宰府からの鵜の貢進は他よりも少し早かったのかもしれない。
（10）鵜飼及び鵜飼漁については、小林注（4）論文、可児注（6）著書、網野善彦「中世における鵜飼の存在形態」（『日本史研究』一三五、一九七三年）などを参照。
（11）近世までの長良川鵜飼の解禁日は旧暦四月十七日。現在の鵜飼開きは五月十一日である（可児注（6）著書）。
（12）可児注（6）著書
（13）可児氏によれば、新鵜をならし、警戒心をなくしたり、あるいは訓練したりするのは、広い意味での条件反射であり、同一行動を繰り返し反復して経験させることによって習慣づけるという。注（6）著書
（14）石川県羽咋市の気多神社に伝わる鵜祭は、七尾湾に面した七尾市鵜浦町鹿渡島で捕獲されたウミウを二泊三日で神社へ運び、神前に放ち、本殿内の神鏡前の案上にとまるまでのウの動きで吉凶を占うという神事である。鵜祭については、

主に民俗学や社会学からの研究(小倉学「鵜祭の研究」『國學院雑誌』六二―一〇、一九六一年、市田雅崇「儀礼のなかの大きな物語と小さな物語―鵜祭と鵜を迎える人たち―」『國學院大學日本文化研究所紀要』第九九輯、二〇〇七年など)が進められているが、かつて能登国から毎年鵜が都へ貢進されていた歴史的事実を考慮すべきであろう。

(15)『続神道大系　朝儀祭祀編　侍中群要』(財団法人神道大系編纂会、一九九八年)による。『侍中群要』には、本文で掲げた以外にも鵜の奏聞・分給に関する次のような記載がある。

進二鸕・鷹一時
諸国進レ鸕時、奉〔奏カ〕二解文一後、蔵人於二右兵衛陣外一召二鸕飼一分給、蔵人・出納居二胡床子〔衍カ〕一、有二御覧一時、所衆取二鸕籠一参二御前一云々、御鸕所衆同持参云々、
御二覧諸国貢鵜一事
奏二解文一、下給之比、被レ仰下可二御覧一之由上、先下二廂御簾一召レ鵜、〈持来時仰二便門・陣々可レ入之由一、令レ候二北廊戸外一、或説云、出羽必覧、余未二必覧一〉随レ召々二御前一、御厨子所鵜飼著二舎人装束一持参、出之入之、了上二御簾一、若無二鵜飼一者、蔵人所并出納等持之令レ覧、〈已有二先例一〉
御覧之後給二鵜飼一事
出納一人・蔵人一人・預等召二鵜飼長等一、給〔於カ〕二右兵衛陣前一給之、〈上古例、於二進物所栗木下一給之、今其木顚倒云々、〉

(16)『侍中群要』「御覧諸国貢鵜事」には、「或説云、出羽必覧、余未必覧」とあり、出羽国以外から貢進された鵜については必ずしも御覧があるわけではない。しかし、天皇の御覧を経てから鵜飼に分給するというのが本来的なあり方なのであろう。

(17)今津勝紀「調庸墨書銘と荷札木簡」(『日本古代の税制と社会』所収、塙書房、二〇一二年、初出は一九八九年)

(18)関和彦「「見る」と日常性・天皇制」(『日本古代社会生活史の研究』所収、校倉書房、一九九四年)

(19)『訳注日本史料　日本後紀』では、全成の犯罪に対する律の適用について、一般的な強・窃盗の規定(賊盗律34・35)を想定しているが、全成が盗んだ鵜が、御覧を経て天皇の所有物となる鵜であることからすれば、賊盗律24の適用を想定すべきではなかろうか。

(20)小林注(4)論文

(21) 谷川健一「黄泉への誘い鳥―鵜」(『神・人間・動物―伝承を生きる世界―』講談社学術文庫、一九八六年)
(22) 守屋俊彦「出雲建が佩ける刀」(『出雲学論攷』所収、一九七七年)
(23) 記紀の伝承では、筌や梁による漁法であるが、「鵜飼之祖」とされていることからすれば鵜飼漁が本来のものであり、筌や梁の漁法は副次的なものであろう。
(24) 小林注(4)論文
(25) この説話の理解については森田喜久男氏による。「国譲り神話と地域社会」(吉村武彦編『律令制国家と古代社会』所収、塙書房、二〇〇五年)
(26) 樋口注(4)論文

あとがき

本書は、私がこれまでに公表してきた論考一〇本に、新稿二本を加えてまとめたものである。今、こうして見返してみると、あまりの実りの少なさに忸怩たる思いである。

序で述べたように、本書は、古代の越後・佐渡を対象地域として、古代律令国家による地域支配の実像や地域社会の実態に迫ることを目的としたものであるが、史料の極めて少ない特定地域の古代史の実態研究が未熟ながらも可能であったのは、木簡・墨書土器などの出土文字資料の出土が比較的多くあったことによる。

私と出土文字資料との本格的な関わりは、一九九五年、新潟大学大学院修士課程に進学して、新潟県内出土の墨書土器の集成作業をお手伝いさせていただいたことに始まる。当時、新潟大学の小林昌二先生と、県の文化行政課におられた戸根与八郎氏が中心となって、年に一回、新潟墨書土器検討会が開催されていた。県内の発掘調査担当者が、出土した墨書土器などを持ちよってさまざまな意見交換をする検討会では、原資料を直接手に取って見せていただくことができ、大学院に進学したばかりの私にとって、たいへん貴重な経験であった。また、大学の古代史研究室としてはとても珍しいことと思われるが、小林先生の研究室には赤外線テレビカメラ装置があり、八幡林遺跡(新潟県長岡市)をはじめとする県内各地の発掘調査で出土した木簡や墨書土器が持ち込まれていた。これらの資料の解読作業、写真撮影などに関わらせていただけたことが、私の大きな財産となった。一〇〇〇年以上前の古代人が記した文字を眼前にしていることに感動を覚えながら、解読のため、夜遅くまでモニターの画面を見つめていたことが思い出される。

博士課程に進学した一九九七年、一年間、国立歴史民俗博物館の平川南先生のもとで、出土文字資料の基礎的な研究方法を学べたことは、私にとって大きな転機となった。文字の読解を行う前に、出土した遺構や地点、出土状況などを把握し、資料の形態を詳細に観察することは、出土文字資料調査の基本として肝に銘じていることである。また、この間、古代史を学ぶ同年代の方々と出会えたことも、それまで新潟で研究していた私にとっては重要なことであった。

一九九九年の夏のある日、小林先生の研究室に柏崎市箕輪遺跡から出土した木簡が持ち込まれた。一文字目は、すぐには読めなかったが、どこかで見たことのある文字だった。何とか思い出し、湯ノ部遺跡(滋賀県中主町)の報告書で確認して、一文字目は「牒」と読めた。この木簡が、本書Ⅲ編一章で考察した「駅家村」と記された木簡であるが、「駅家村」と読めたのはもう少し後のことであった。牒の木簡を実見した翌日、当時携わっていた自治体史の編さんの関係で北蒲原郡笹神村(現、新潟県阿賀野市)を訪れた。この時、以前、暦や返抄の木簡が出土した発久遺跡の発掘調査が行われており、調査担当の方から、今回の調査で出土した木簡を見せていただいた。すぐに「解申」の二文字が読め、上申文書である解の木簡であることが分かった。この木簡が、本書第Ⅰ編などで触れた「健児」と記された木簡であるが、「健児」と読めたのは、やはりもう少し後のことだった。こうして二日間のうちに、牒と解の木簡に出会えたのであるが、このようなことは、都城は別にして、地方ではめったにないことであろう。

上記の二点以外にも、北蒲原郡中条町(現、新潟県胎内市)の諸遺跡から出土した木簡をはじめ、多くの木簡・墨書土器等の解読・調査に関わらせていただいた。言うまでもないことであるが、これらの資料は発掘調査による出土品であり、発掘調査担当者をはじめ、調査に携わられた多くの方々のご苦労の賜物である。作業員の方が作成された報告書原稿の実測図などを拝見すると、その丁寧さに頭が下がる。関係者の方々に感謝申し上げたい。

これまで、多くの方々からのご指導、ご援助をいただだいた。とくに、大学の学部時代から大学院まで、一貫してご指導いただだいた小林昌二先生からは、文字通り、言い尽くせぬほどの公私にわたるご恩を受け、また、ご迷惑をおかけした。深く感謝申し上げたい。平川南先生からは、出土文字資料研究の基礎を学ばせていただき、一年間という短い期間ではあったが充実した日々を過ごすことができた。この一年がなかったら、おそらく研究をあきらめ、別の道へ進んでいたであろう。深く感謝申し上げる次第である。本書が、これまで多くの方々から受けた学恩に対してどれほどの恩返しができたか、はなはだ心もとないが、引き続き研究を進めることによって、その責を果たしていきたい。

末筆ながら、本書刊行に際しては、高志書院の濱久年氏にたいへんお世話になった。記して謝意を表したい。さいごに、いつも温かく見守ってくれている家族に感謝したい。

平成二十七年八月

相澤　央

索　引

Ⅰ 事　項

さ行

た行

II 地名(越後国・佐渡国は除く)

た行

な行

は行

ま行

や行

わ行

Ⅲ 遺跡名（新潟県内の遺跡は県名を省略した）

Ⅳ 資料名

た行

な行

V 研究者名

【著者略歴】
相澤 央（あいざわ・おう）
1972年　新潟県生まれ
1995年　新潟大学人文学部卒業
2000年　新潟大学大学院現代社会文化研究科博士課程修了
　　　　博士（文学）
現　在　帝京大学文学部専任講師

〔主な著書論文〕
『越後平野・佐渡と北国浜街道』（共著、吉川弘文館、2005年）
「律令郡制の成立過程」（『新潟史学』43号、1999年）
「新潟県内出土墨書土器の基礎的考察」（共著、『資料学研究』1号、2004年）
「阿賀野市発久遺跡出土の「健児」木簡と古代の阿賀北」（『郷土新潟』45号、2005年）ほか

越後と佐渡の古代社会－出土文字資料の読解－
2016年2月5日第1刷発行

著　者　相澤　央
発行者　濱　久年
発行所　高志書院
〒101-0051 東京都千代田区神田神保町2-28-201
TEL03 (5275) 5591　FAX03 (5275) 5592
振替口座　00140-5-170436
http://www.koshi-s.jp

印刷・製本／亜細亜印刷株式会社

ISBN978-4-86215-154-4